BAYERNS GESCHICHTE SEIT 1960

Wolfgang Zorn

Bayerns Geschichte
seit 1960

Herausgegeben von Rolf Kießling

Redaktion: Eva Oberloskamp

Verlag Friedrich Pustet
Regensburg

Alle Abbildungen stammen vom SV-Bilderdienst, München

Bibliografische Information der Deutschen Nationalbibliothek

Die Deutsche Nationalbibliothek verzeichnet diese Publikation in der
Deutschen Nationalbibliografie; die detaillierten bibliografischen
Angaben sind im Internet über http://dnb.d-nb.de abrufbar.

www.pustet.de

ISBN 978-3-7917-2049-4
© 2007 by Verlag Friedrich Pustet, Regensburg
Gesamtherstellung: Friedrich Pustet, Regensburg
Printed in Germany 2007

Inhalt

1. KAPITEL
Im Ausgang der Ära Adenauer-Erhard

2. KAPITEL
Der „widerspenstige Freistaat" in der Zeit sozialliberaler Bundespolitik (1969–1978)

3. KAPITEL
„Strauß-Bayern" (1978–1988)

4. KAPITEL
Deutsche Wiedervereinigung, Europäische Union und Spätzeit der Regierung Kohl (1989–1998)

5. Kapitel
Berliner Republik, Globalisierung und Europa-Osterweiterung
(seit 1999)

Anhang

Geleitwort

Am 8. Juli 2004 starb Prof. Dr. Wolfgang Zorn, einer der profiliertesten deutschen Wirtschafts- und Landeshistoriker der Nachkriegszeit, im 82. Lebensjahr, mitten im Schaffensprozeß. Auf dem Schreibtisch lag noch das Manuskript des zweiten Bandes seiner Geschichte Bayerns im 20. Jahrhundert, der Fortschreibung seines 1986 erschienenen Buches, in dem er die Phase „von der Monarchie zum Bundesland", vom Ende der Prinzregentenzeit bis zum „Ausgang der Ära Adenauer-Erhard" behandelt hatte. Nun sollte die bereits seit langem geplante Ergänzung bis zur Gegenwart folgen. Der Text war geschrieben, erste Planungen für die Veröffentlichung waren schon angelaufen – doch der Tod hat ihm plötzlich die Feder aus der Hand genommen.

Es war mir als Vorsitzendem der Schwäbischen Forschungsgemeinschaft – im Zusammenwirken mit seiner Familie – ein besonderes Anliegen, das fast vollendete Werk zum Druck zu bringen: Wolfgang Zorn hat diese Forschungsgemeinschaft 1949 mit auf den Weg gebracht, über Jahrzehnte hinweg mit geprägt und bis zuletzt mit seinem Rat unermüdlich fördernd begleitet. Als Mentor der Schwäbischen Landesgeschichte hat er zudem die Verzahnung mit der Kommission für Bayerische Landesgeschichte verkörpert – sein wissenschaftliches Œuvre bringt beides eindrucksvoll zum Ausdruck.

Was unschwer zu machen schien, erwies sich freilich bei näherem Zusehen als nicht mehr ganz so einfach, und das Buch, das hiermit der Öffentlichkeit vorgelegt werden kann, bleibt in gewisser Weise ein Fragment. Nicht, weil der Autor das Konzept nicht vollendet hätte: Das Manuskript schließt den chronologischen Gang durch die jüngste bayerische Geschichte bis zur Gegenwart, d. h. bis zum Tod des Autors, ab, und was noch fehlte – wie eine eigenhändige Notiz belegt –, war lediglich eine Reflexion zum Abschluß, mit der er den Rückbezug zum Anfang herstellen wollte – insofern endet der Text etwas abrupt. Schwieriger erschien der Umstand, daß Wolfgang Zorn den Text nicht mehr kritisch durchsehen konnte, und hier sahen sich Verlag und Herausgeber gezwungen, behutsam einzugreifen: Daten und Zahlen waren zu überprüfen,

Gelenkstellen deutlicher zu markieren und die Lektüre erleichternde Überleitungen oder zum Verständnis wichtige kleinere Ergänzungen einzubringen, ohne die dem Autor eigene Darstellungsweise zu verfälschen. Frau Eva Oberloskamp hat diese Aufgabe dankenswerterweise übernommen und in vorzüglicher Weise geleistet. Der Anmerkungsapparat hält sich aus den gleichen Gründen in engen Grenzen: Der Autor hat ihn im Schreibprozeß über weite Strecken noch selbst entworfen, manches aber nur mehr andeuten können und gegen Ende zum Teil lediglich die Stellen markiert, an denen er Nachweise einbringen wollte – die freilich nicht mehr verifizierbar waren. Bei der bibliographischen Ergänzung der Titel und bei der Suche nach der vom Autor in seinen Notizen anvisierten Literatur hat meine studentische Hilfskraft Christian Krepold wertvolle Hilfe geleistet. Ihnen beiden sei für Ihre geduldige und einfühlsame Mitarbeit herzlich gedankt.

Dem Leiter des Verlags, Herrn Friedrich Pustet, der mit Wolfgang Zorn die ersten Absprachen traf, danke ich für die verständnisvolle Zusammenarbeit, seiner Lektorin Frau Heidi Krinner-Jancsik für die umsichtige Betreuung der Drucklegung.

Augsburg, im August 2006   Rolf Kießling

8

Vorwort

Im Jahr 1986 erschien mein Buch „Bayerns Geschichte im 20. Jahrhundert", gestützt auf vielseitige Auswertung der wissenschaftlichen Literatur und ergänzt durch eigene Forschung vor allem im Bayerischen Hauptstaatsarchiv München und im Institut für Zeitgeschichte München. Ich war damals Lehrstuhlinhaber für Sozial- und Wirtschaftsgeschichte und Mitarbeiter des Geschwister-Scholl-Instituts für politische Wissenschaft an der Ludwig-Maximilians-Universität München. Das inzwischen längst vergriffene Buch reicht mit seinem letzten Kapitel „Bundesland" nur bis 1967. Seine Fortsetzung bis zur nächsten großen Epochenwende war schon vor meiner Emeritierung 1991 beschlossen, jedoch wurde es nach 1990 zweifelhaft, ob dieses „Wendejahr" für Deutschland, Europa und die Welt Ende eines „kurzen 20. Jahrhunderts" bleiben würde. Ich habe mich im Blick auf die jüngsten politischen Ereignisse dann für einen Abschluß 2004 entschieden.

Der Vorteil der Landesgeschichte ist, daß sie „in Grenzen unbegrenzt" sein kann. Von dieser Vernetzung aller Teilgebiete geschichtlichen Lebens wollte ich weiterhin nicht absehen. Der Ansatzpunkt meines neuen Bandes ist aber gegenüber dem ersten ein räumlich erheblich erweiterter. Die politische und wirtschaftliche Welt hat sich seit Mitte der 1960er Jahre in revolutionärer Schnelligkeit gewandelt. Ich will versuchen, der zeitgenössischen „Globalisierung" Rechnung zu tragen: Der Prozeß, in dem Bayern sich als eigene Region föderalistisch zu behaupten sucht, soll so weit wie möglich im Kontext der Entwicklung Europas und der Welt dargestellt werden. So fordert beispielsweise die wirtschaftliche Globalisierung der großen in Bayern ansässigen Unternehmen ein für die traditionelle Landeshistorie noch ungewohntes Interesse. Mein zweites Arbeitsgebiet, die Entwicklung des geistigen und religiösen Lebens, soll aber darüber nicht zu kurz kommen.

Der Staats- und Stadtbibliothek Augsburg danke ich für jahrelange Bereitstellung und Beschaffung wichtiger Literatur, der Buchhandlung Pustet in Augsburg für Einsicht in viele einschlägige Neuerscheinungen und aktuellste Neuauflagen.

Wolfgang Zorn

1. Kapitel

Im Ausgang der Ära Adenauer-Erhard

Welt, Deutschland und Bayern
in den 1960er Jahren

Im Jahre 1966 feierte der nach Weltkrieg und Trümmerzeit im früheren rechtsrheinischen Umfang wiederhergestellte Freistaat Bayern das zwanzigste Jubiläum seiner demokratischen neuen Staatsverfassung. Der „Rechts-, Kultur- und Sozialstaat" Bayern war mit etwa 10,2 Millionen Einwohnern der zweitgrößte Staat der damaligen Bonner Bundesrepublik Deutschland, zu deren Bevölkerung er ein knappes Fünftel beitrug.[1]

Der bayerische Staat war jetzt wie niemals zuvor politisches Grenzland, in seinem Norden gegenüber dem pseudodemokratischen, von einer Sozialistischen Einheitspartei (SED) beherrschten ostdeutschen „Gegenstaat" Deutsche Demokratische Republik (DDR) mit Hauptstadt Ostberlin, im Osten gegenüber der Tschechoslowakischen Sozialistischen Republik (ČSSR), aus der 1946 die sudetendeutsche Volksminderheit fast vollständig zwangsvertrieben worden war. Das Bayern von 1966 war also Grenzgebiet zwischen zwei weltpolitischen Machtblöcken, die seit fast zwei Jahrzehnten gegeneinander einen „kalten Krieg" führten. Die Bundesrepublik Deutschland gehörte dem US-amerikanisch geführten Westbündnis Northern Atlantic Treaty Organization (NATO) an, die DDR war Mitglied des von der kommunistischen Sowjetunion dominierten Warschauer Militärpaktes. In dessen Mitgliedsland Tschechoslowakei stand eine kommunistische „Volksarmee" an der fast völlig geschlossenen und befestigten Grenze. Auf westlicher Seite lagen gerade im Vorpostenland Bayern außer den Garnisonen der Bundeswehr, ausgerüstet mit automatischen Trägern für Atomraketen, noch starke Stationierungstruppen der Amerikaner, die über Atomraketen mit Scut-Sprengköpfen verfügten. In der DDR waren neben deren „Nationaler Volksarmee" große und atomar bewaffnete sowjetische Truppenverbände stationiert. Die DDR hatte sich zudem 1961 im geteilten Berlin durch die „Mauer", an ihren übrigen Grenzen mit der Bundesrepublik durch ein Grenzsperrsystem mit stromgeladenem Stacheldraht, Wachttürmen und Schußanlagen abgeriegelt – ein „eiserner Vorhang".

13

Einziger bayerischer DDR-Übergang war die Autobahnbrücke von Tüpen nördlich von Hof.

Auch volkswirtschaftlich und gesellschaftlich standen sich Soziale Marktwirtschaft und Sozialistische Planwirtschaft an dieser innerdeutschen Grenze gegenüber. Als wirtschaftliche Westeuropa-Verflechtung hatte die französischerseits angeregte Einbindung der Bundesrepublik Deutschland in die Europäische Gemeinschaft für Kohle und Stahl (Montanunion) von 1951 das in beiden Bereichen schwache Bayern kaum betroffen. Ein auch für Bayern entscheidender europäischer Integrationsschritt war dann aber Westdeutschlands Gründungsbeitritt zu der Europäischen Wirtschaftsgemeinschaft (EWG) durch die Verträge von 1957 geworden, zunächst zusammen mit Frankreich, Belgien, den Niederlanden, Luxemburg und Italien. Ziele dieser überstaatlichen Gemeinschaft von Nationalstaaten waren die Schaffung eines gemeinsamen Marktes und die Annäherung der einzelstaatlichen Wirtschafts- und Sozialpolitik. Als Kernstück der Marktintegration wirkte die bis 1968 zu erreichende Zollunion; dazu kamen Niederlassungs- und Arbeitsfreiheit der Bürger von EWG-Staaten in allen Mitgliedsländern, Freiheit des Kapitalverkehrs und Wettbewerbskontrolle gegen Preiskartelle.

Im März 1967 wurden Montanunion, EWG und eine neue Europäische Atomgemeinschaft zu den Europäischen Gemeinschaften (EG) integriert. Die Masse der Mitgliedstaaten-Beiträge wurde jedoch durch Organisation und Regelung des Agrarmarktes in Form von Agrarmarktordnungen für Getreide, Schlachtfleisch, Milch und Milcherzeugnisse, Obst und Wein beansprucht. Dies stand in einem gewissem Grundwiderspruch zum System der Marktwirtschaft und bezweckte a) den planmäßigen Ausgleich von Angebot und Nachfrage zu angemessenen Preisen für Erzeuger und Verbraucher unabhängig vom Weltmarkt, b) die Steuerung auch durch Produktionsdrosselungen und c) die Vergabe von Subventionen sowie Überschußabschöpfungen durch vergütete EG-Ankäufe. Für Bayern, wo die Milchproduktion einen wichtigen Wirtschaftsfaktor darstellte, war besonders die Milchmarktordnung wichtig. Im finanziellen Endverhältnis von nationalen Beiträgen und Subventionseinnahmen war die Bundesrepublik längst Geberland. Organe der EG waren der Europäische Rat der Regierungs-

14

chefs, der Ministerrat der jeweiligen Fachminister, ein von den nationalen Parlamenten abgeordnetes Europäisches Parlament in Straßburg und als ausführende Behörde die Europäische Kommission in Brüssel, in welche die Bundesrepublik jeweils einen Fachkommissar entsandte, sowie schließlich für Streitigkeiten ein Europäischer Gerichtshof.

In den Kreis der weltweiten United Nations Organization (UNO) waren die Bundesrepublik und die DDR noch nicht aufgenommen – beide Staaten wurden erst am 18. September 1973, nach Abschluß des Grundlagenvertrags, UNO-Mitglieder.

In der politischen Ordnung der Bundesrepublik bildete die Länderkammer, der Bundesrat aus Regierungsmitgliedern der Länder, das entscheidende föderalistische Verfassungselement des Bundesstaats mit gemeinsamer Außen-, Sicherheits-, Wirtschafts- und Sozialpolitik, jedoch eigener Kultus- und Kulturhoheit der Länder. Bayerische Verfassung und Grundgesetz enthielten eingangs einen christlichen Gottesbezug. Bayern als eifrigster Verfechter des Föderalismus hatte in der Zweiten Bonner Kammer gemäß Einwohnerzahl zunächst fünf von 45 Stimmen. Die Erste Kammer, der parteipolitisch organisierte Deutsche Bundestag, wurde mit allgemeinem gleichem Wahlrecht der Staatsbürger direkt gewählt, mit jeweils zwei Stimmen, einer für den persönlichen Kandidaten und einer für die Partei.[2]

Stärkste Kraft im Bundestag war von 1949 bis 1972 die Fraktionsgemeinschaft von Christlich-Demokratischer Union (CDU), der Partei des Bonner Republikgründers Adenauer, und der „Schwesterpartei" Christlich-Soziale Union (CSU) in Bayern. „Union" meinte dabei auch Interkonfessionalität. Den Vorsitz der CSU hatte schon seit 1961 der ehemalige Verteidigungsminister Franz Josef Strauß inne.[3] Er war 1962 durch die sogenannte Spiegel-Affäre – sein eigenmächtiges Vorgehen gegen das wichtigste bundesdeutsche Nachrichtenmagazin – als Kabinettsmitglied gestürzt worden, blieb jedoch nach wie vor Vorsitzender der CSU-Landesgruppe in der vereinigten Bonner CDU/CSU-Fraktion.[4] Diese hatte von 1949 bis 1966 (mit einer Unterbrechung 1957–1961) in der Freien Demokratischen Partei (FDP) eine bürgerliche Regierungspartnerin. Zu den schwachen, neben der allmächtigen Sozialistischen Einheitspartei (SED) bestehenden sogenannten Blockparteien in der DDR-Volkskammer, den Ost-Christdemokraten und Ost-Liberaldemokraten, gab es nur lose Beziehungen. Den Kern der Bundestagsopposition bildete die Sozialdemokratische Partei Deutschlands (SPD), die in der DDR zum Aufgehen in der SED genötigt worden und als Einzelpartei verboten war.

Bayern entsandte ins Bonner Parlament seit der Wahl von 1966 zusammen 86 Abgeordnete, 49 von der CSU – darunter einen Wittelsbacherprinzen von Bayern und zwei Frauen – 30 von der SPD und 7 von der FDP. Nur die Länder waren laut Grundgesetz zuständig für Kultus, d. h. Kirchenfragen und Bildungswesen, wofür nicht allein in Bayern ältere Landesverträge mit den großen christlichen Volkskirchen bestanden. Ausschließlich Ländersache in der Gesetzgebung war auch die Polizei – mit Ausnahme des Bundesgrenzschutzes. Seit 1965 gab es als Teilbeschränkung der Kulturhoheit der Länder jedoch ein Bundesministerium für wissenschaftliche Forschung. Die Bundesanstalt für Arbeitsvermittlung und Arbeitslosenversicherung, Zentralsitz Nürnberg, war in Nordbayern angesiedelt.

Adenauers Nachfolger als Bundeskanzler war seit Oktober 1963 der gebürtige Mittelfranke aus Fürth, Prof. Dr. rer. pol. Ludwig Erhard, erster bayerischer Nachkriegs-Wirtschaftsminister (1945/46) und Vater der D-Mark-Währung sowie des seit 1950 aufsteigenden westdeutschen „Wirtschaftswunders". Erhard war nie Mitglied der CSU gewesen, CDU-Abgeordneter für Württemberg auch erst kurz vor seiner Kanzlerwahl geworden und nun ohne regionale Hausmacht in seiner Partei. Strauß unterstützte ihn nur als kurzfristigen Übergangskanzler. So blieb Erhard stärker als sein Vorgänger auf den Rückhalt bei den Fraktionsvorsitzenden seiner „kleinen" Koalition angewiesen.[5]

Bundeskanzler Erhard sah sich verschärft einem Grundproblem westdeutscher Außenpolitik gegenüber, das sich aus den nur mühsam verdeckbaren Spannungen zwischen dem von Adenauer klar bevorzugten engeren Bündnispartner Frankreich und den USA ergab. Die CDU/CSU-Fraktion selbst war in „Gaullisten", Europakonzept-Anhänger des Staatspräsidenten General de Gaulle, und in „Atlantiker" gespalten. Erhard galt als Atlantiker, doch wehrte er unter Berufung auf das grundsätzliche Verbot des deutschen Grundgesetzes das Ansinnen des amerikanischen Präsi-

16

denten an den Bonner NATO-Partner vom Dezember 1965 ab, sich am Krieg gegen das kommunistische Nordvietnam mit mindestens 1200 deutschen Soldaten und mit Finanzleistungen zu beteiligen.

Die USA entsandten im Vietnamkrieg seit 1964 nicht mehr nur Militärberater nach Südvietnam, sondern auch immer stärkere amerikanische Hilfstruppen, doch mußte die Bundesrepublik zunächst nur ein Hospitalschiff im Südchinesischen Meer bereitstellen und die Dollarwährung durch die Deutsche Bundesbank stärken lassen. Erhard wurde im März 1966 auch Adenauers Nachfolger als CDU-Vorsitzender. Er hatte aber mit zunehmenden innenpolitischen Schwierigkeiten zu kämpfen: Im Jahresverlauf schwächte sich das Wirtschaftswachstum ab. Preise und soziale Ansprüche stiegen, der Bundeshaushalt zeigte ernste Fehlbeträge, und der Bundesrat verweigerte eine Verkürzung des Anteils der Länder am Steuereingang.

Das „Wirtschaftswunder", das schon 1955 zu einem deutsch-italienischen Abkommen über „Gastarbeiter"-Anwerbung und 1962 zu massenhafter Anwerbung aus der Türkei geführt hatte, schien sich dem Ende zuzuneigen. Da Bundesregierung und Deutsche Bundesbank zur Konjunkturstützung keine übermäßige öffentliche Verschuldung in Kauf nehmen wollten, kam es zum Streit um die Wirtschafts- und Sozialpolitik nicht nur mit der SPD und dem ihr mehrheitlich nahestehenden Deutschen Gewerkschaftsbund, sondern auch mit der mitregierenden FDP. Die USA verlangten schließlich ultimativ direkte Finanzunterstützung für ihren Vietnamkrieg durch pünktliche Rückzahlung von Staatsdarlehen.[6] Ihre Europapolitik ging gleichzeitig zu einer Entspannung im Kalten Krieg über. Am 1. Juli 1968 unterzeichneten die USA, Großbritannien und die UdSSR einen Vertrag über die Nichtweiterverarbeitung von Atomwaffen. Die bisherige starr sowjetfeindliche Haltung der CDU/CSU-Atlantiker verlor damit ihren Rückhalt, und der Fraktionsvorsitzende im Bundestag seit 1964, der gebürtige Ostpreuße Rainer Barzel, war zu einem teilweisen Einlenken genötigt. Die Wendung schwächte auch die weltpolitische Stellung Bayerns als östliches NATO-Bollwerk.

In CDU und CSU hatten sich 1966 immer deutlicher Stimmen erhoben, die eine erstmalige Beteiligung der seit Jahren ideologisch vom klassenkämpferischen Marxismus abgerückten SPD an der

17

Bundesregierung befürworteten. Den einer Großen Koalition zuneigenden Politikern schloß sich diesmal im Bundestag auch der CSU-Vorsitzende Strauß an, obwohl die SPD – nicht die FDP – ihn selbst als neuen Bundesminister von vornherein ausschloß. Wunschkandidat der Sozialdemokraten für das Amt des Bundeskanzlers war vor allem wie schon 1962 der Westberliner Regierende Bürgermeister Willy Brandt. Führender Mann der Bonner SPD-Fraktion war der vormalige Kommunist und Moskau-Emigrant Herbert Wehner. Zu diesem hielt als Mitglied der Bonner CSU-Landesgruppe seit Jahren der fränkische Gutsbesitzer und Landrat Carl Ludwig Freiherr von Guttenberg Verbindung, der im Krieg als gefangener Wehrmachtsoffizier Mitarbeiter des britischen Soldaten-Propagandasenders „Calais" geworden und jetzt Mitglied des CSU-Landesvorstands war.[7] Strauß und er wollten die Abhängigkeit von den USA lockern und gleichzeitig die politische Abgrenzung gegen den „Ostblock" beibehalten. Brandt hatte in eine potentielle eigene Regierungsmannschaft für das Sachgebiet Bund, Länder und Gemeinden und für kulturpolitische Randgebiete den bayerischen SPD-Landesvorsitzenden bis 1963, Bibliothekar und früheren Tschechoslowakei- und England-Emigranten Waldemar Freiherr von Knoeringen berufen.

Auch um das Gesicht der CSU für die bevorstehende bayerische Landtagswahl zu wahren, ging Strauß im Oktober 1966 bis zur Empfehlung des Kanzlersturzes und verfolgte dann eine Politik des öffentlichen Abstandhaltens von der von Erhard geführten CDU. Selbst der greise Adenauer war jetzt für ein Regierungsbündnis der CDU mit der SPD. Ende Oktober traten die FDP-Bundesminister wegen Streitigkeiten im Bundeshaushalt zurück, am Tag darauf lehnte der Bundesrat einstimmig und erstmals in der Geschichte der Bundesrepublik den Haushalt der Bundesregierung ab. Schließlich forderte Bayerns Ministerpräsident seit 1962, Alfons Goppel[8], öffentlich Erhards Rücktritt. Anfang November 1966 gab der Kanzler auf und erklärte seinen Amtsverzicht.[9]

Am 10. November 1966 wählte die CDU/CSU-Fraktion nach ausdrücklicher Empfehlung des CSU-Parteivorstands den Ministerpräsidenten von Baden-Württemberg seit 1958, Dr. Kurt Georg Kiesinger (CDU), zu ihrem Kandidaten für die Kanzlernachfolge. Für das Zustandekommen einer Großen Koalition mit der SPD bildete freilich noch das geforderte gewichtige Ministeramt

18

30. November 1966: Drei Tage nach der Bundestagswahl stellten sich der noch amtierende Bundeskanzler Ludwig Erhard (r.), sein Nachfolger Kurt Georg Kiesinger (M.) und Altbundeskanzler Konrad Adenauer (l.) den Fragen der Presse.

für Strauß den inneren Hauptstreitpunkt in der sozialdemokratischen Partei, obwohl Strauß seinerseits diese als Koalitionspartner der FDP vorzog. Der SPD-Landesverband Bayern war einer der geschlossen gegen Strauß stimmenden Parteibezirke. Nach der bayerischen Landtagswahl am 20. November wählte der Bundestag am 27. November, auch mit der Masse der CSU-Stimmen, Kiesinger zum Bundeskanzler. Er war im „Dritten Reich" Reichsministerialbeamter und inaktives Mitglied der Nationalsozialistischen Partei gewesen, aber nach einem entlastenden „Entnazifizierungs"-Verfahren schon 1949 Bundestagsabgeordneter geworden.[10]

Kiesinger bildete eine Dreiparteien-Regierung von CDU, CSU und SPD, in der Brandt Außenminister und Vizekanzler war, aber Strauß das machtträchtige Finanzministerium erhielt. Ferner wurden aus der CSU der frühere Bundesinnenminister Amtsgerichtsrat Hermann Höcherl Landwirtschaftsminister,[11] der evangelische frühere Bundesschatzminister Dr. Werner Dollinger Post-

19

minister. Weiter holte sich Kiesinger Karl Theodor Freiherr von und zu Guttenberg als Staatssekretär ins Bundeskanzleramt. Der frühere Bundespostminister Fernmeldeingenieur Richard Stücklen von der CSU erhielt den Vorsitz der bayerischen Landesgruppe in der Bonner Fraktion.[12] Das erste Bundesministeramt für die bayerische SPD, das für Gesundheit, fiel an die Nürnberger Genossenschaftsangestellte Käte Strobel.[13] Ärgerlich für die föderalistische CSU war, daß sie das Ressort „Bundesrat und Länder" an die SPD abgeben mußte. Diese gewann auch für lange Zeit die Regierungsführung in Nordrhein-Westfalen, wodurch Bayern fortan das größte der CDU/CSU-Länder war.

Im April 1967 starb Adenauer. Der bayerische Landtag hielt am 26. April eine Gedenksitzung, in der Ministerpräsident Goppel Adenauers Föderalismus anerkannte, aber auch dessen temperamentmäßige Kühle gegenüber dem Süden Deutschlands vermerkte. Die SPD-regierte Stadt München benannte nur eine Stadtrandstraße nach dem ersten Bundeskanzler. Exkanzler Erhard übergab im Mai 1967 auch den CDU-Parteivorsitz an Kiesinger. Er blieb Bundestagsabgeordneter, zog sich aber immer mehr in seinen Familienwohnsitz am Tegernsee zurück, wo er 1977 verstarb.

Inmitten des Bonner Regierungswechsels brachte die bayerische Landtagswahl am 20. November 1966 der CSU zugleich Stärkung und Bedrohung. Sie verschaffte der Strauß-Partei einen Stimmenzuwachs auf 48,1% und 110 von 204 Sitzen im Münchner Maximilianeum, der SPD 35,8% und 79 Sitze, der FDP mit 5,1% nahezu das Scheitern an der 5%-Mindesthürde. Über Bayern hinaus löste die Tatsache Bestürzung aus, daß als drittstärkste Fraktion mit 7,4% Stimmenanteil die schon in anderen deutschen Länderparlamenten vertretene nationalistisch-rechtsgerichtete Nationaldemokratische Partei Deutschlands (NPD) 15 Landtagssitze eroberte. Sie wurde zwar nicht vom bundesdeutschen Verfassungsschutz, aber vor allem in der SPD als Wiederbelebung der nationalsozialistischen Bewegung angesehen. Ihre Mitgliederzahl betrug allerdings in Bayern nur etwa 6000, der erste Bayern-Vorsitzende Franz Florian Winter trat bald wieder aus der NPD aus. Fünf ihrer Abgeordneten stammten aus dem Sudetenland, zwei aus Sachsen und Schlesien. Die CSU mußte befürchten, von der neuen Partei nationalpolitisch rechts überholt zu werden, und nahm den Kampf gegen sie auf.[14]

Die NPD konnte sich dann im Landtag weniger zur Geltung bringen als zunächst befürchtet, und führte eher die anderen Fraktionen gegen sich zusammen, was mittelbar auch der Bonner Koalitionsregierung zugute kam. Außerdem konnte der berufsständische bayerische Senat, in dem auch Gewerkschaftsvertreter saßen, konservativ-stabilisierend mitwirken.

Eine entscheidende Voraussetzung, um den Radikalismus der NPD abzuwehren, war die erfolgreiche wirtschaftliche und soziale Integration des deutschen „Neubürger"-Zuzugs seit dem Kriege: die Eingliederung der Kriegsflüchtlinge und Heimatvertriebenen aus ehemaligen Ostgebieten des Deutschen Reiches, der deutschen Minderheiten aus der Tschechoslowakei und anderen Staaten des Ostblocks sowie der Flüchtlinge aus Jugoslawien. Die größten Neubürgergruppen in Bayern bildeten die Sudetendeutschen aus Böhmen, Mähren und Österreichisch-Schlesien sowie großenteils evangelische Schlesier aus dem vormals preußischen Nieder- und Oberschlesien. Die Sudetendeutschen waren 1938/39 in großer Mehrheit mit eigenem „großdeutschem" Willen von tschechoslowakischen Staatsangehörigen zu deutschen Reichsbürgern und Wehrpflichtigen geworden. Sie waren nach Vollmacht der Siegermächte durch Dekrete der ersten, noch nicht kommunistischen Prager Nachkriegsregierung des zurückgeholten London-Emigranten Präsident Benesch ausgebürgert, enteignet und über die Grenze in das von den Alliierten besetzte Deutschland abgeschoben worden. Über die sudetendeutsche Volksgruppe in der Bundesrepublik – Bayerns kulturell „vierten Stamm" – hatte der Freistaat Bayern 1954 eine besondere Schirmherrschaft übernommen. Rührige Vertretung war die Sudetendeutsche Landsmannschaft mit Sitz in München, die vor allem die Aufhebung der Benesch-Dekrete forderte.[15] Da seither jede Prager Regierung deren Widerruf ablehnte, war das Verhältnis Bayerns zu diesem Nachbarstaat doppelt belastet. Die Tschechoslowakei und die Sowjetunion zählten beide nicht zu den 36 Staaten – darunter auch Jugoslawien –, die in Bayern Konsulate unterhielten.

Keine Probleme gab es wenigstens mit dem südlichen Nachbarstaat, der Bundesrepublik Österreich. Der mit den Ländern Oberösterreich, Tirol und Vorarlberg angrenzende Staat war schon durch seinen Friedensvertrag von 1955 nach dem Vorbild der Schweiz außenpolitisch neutralisiert worden. Er durfte daher weder einem der weltpolitischen Militärbündnisse noch vorerst der Europäischen Wirtschaftsgemeinschaft angehören und war frei von fremden Truppen, durfte aber zur Verteidigung seiner Neutralität kleine eigene Streitkräfte unterhalten. Wie in Bayern bedeuteten auch hier die sudetendeutschen Vertriebenenverbände eine Belastung der Beziehungen zwischen Wien und Prag. Österreichs regionale Regierungsführung in Tirol und Vorarlberg hatte traditionell die der CSU nahestehende Österreichische Volkspartei inne.

In Bayern wurde gleich nach dem Bonner Regierungswechsel 1966 die zweite Münchner Regierung Goppel vereidigt, in der die CSU dank Abgeordnetenübertritt aus der Bayernpartei sehr bald allein regieren konnte. Ihre Parteigründer-Generation war noch durch den Minister für Ernährung, Landwirtschaft und Forsten, Dr. Dr. Alois Hundhammer[16], vertreten. Neue Minister waren der südschwäbische Landrat Dr. Bruno Merk[17] für Inneres, der Sohn des letzten Ministerpräsidenten bis 1933 Dr. Philipp Held für Justiz, der Oberpfälzer Volkswirt Dr. Otto Schedl für Wirtschaft und Verkehr sowie der Sudetendeutsche Dr. Fritz Pirkl von der Nürnberger Bundesanstalt für Arbeit und Soziale Fürsorge. Weiter im Amt blieben mit Doppelfunktion als Fraktionsvorsitzender und Minister für Unterricht und Kultus der Jurist Dr. Ludwig Huber[18], der ehemalige Handelskammerpräsident von Oberfranken Dr. Konrad Pöhner für Finanzen und der vormalige Staatskanzleileiter Franz Heubl[19] für Bundesangelegenheiten. Landtagspräsident war seit 1960 Rechtsanwalt Rudolf Hanauer (CSU).[20] In der bayerischen SPD war schon 1963 der langjährige Landesvorsitzende Waldemar von Knoeringen durch den Landtags-Fraktionsvorsitzenden (1962–1976) Volkmar Gabert abgelöst worden.

Goppels Regierungserklärung vom Januar 1967 sprach als Hauptprobleme der Landespolitik die Wiederbelebung der stockenden Wirtschaftätigkeit und den Ausgleich des Staatshaushalts an. Die Arbeitslosenzahl in Bayern wuchs im Februar noch auf durchschnittlich 5,3%, in einigen ostbayerischen Landkreisen freilich auf fast 40% an. Sie ging dann aber zurück, und das „Wirtschaftswunder" setzte sich schließlich auch hier erneut fort. Gleichzeitig wurden die vom Bund zur Krisenüberwindung aufgenommenen Staatsschulden zum letzten Mal tatsächlich wieder abgetragen. Dieser Doppelerfolg nahm der NPD den politischen

Wind aus den Segeln; ihre Münchner Landtagsvertretung konnte sich nur noch wenig zur Geltung bringen.

An der Bundesregierung der Großen Koalition wurde von der CSU und ihrer von Stücklen angeführten Bundestags-Landesgruppe wegen der Beteiligung des Parteivorsitzenden Strauß als Finanzminister und finanzpolitischem Sprecher der Fraktion nur gedämpfte Kritik geübt. Auch Brandt bestätigte später, daß Strauß ein guter Finanzminister war und sich am Bonner Kabinettstisch zurückhaltend und sachlich gab. Kiesinger meinte im Rückblick, von den Kandidaten für das Finanzministerium sei Strauß den damals nötigen Qualitäten eines Herkules am nächsten gekommen.[21] Auf die junge Generation wirkten aber immer stärker die Aufrufe Brandts, in Staat und Gesellschaft endlich politisch wie sozial mehr wirkliche Demokratie zu wagen, und seine Werbung für eine Entkrampfung der Bonner Ostpolitik.

Das Ende des staatlichen Konfessionsschulwesens

Die wachsende Fortschrittsungeduld auch in der bayerischen öffentlichen Meinung trat zunächst vor allem als Druck auf Kultusminister Ludwig Huber[22] in der Schulreformfrage hervor. Der Kampf um die schulische Chancengleichheit der Landkinder und gegen häufig noch einklassige Zwergvolksschulen war durch die 1963 eröffnete Möglichkeit zur Bildung ländlicher Verbandsschulen nur verlagert. Er verflocht sich mit liberalen und auch ökumenisch-christlichen Zweifeln am Konfessionsschul- als Regelschulprinzip. Von den überwiegend katholischen Bundesländern hatte Baden-Württemberg im badischen Landesteil bereits eine ältere Tradition der christlichen Simultanschule, wo Schüler unabhängig von ihrem Bekenntnis unterrichtet wurden, und war im Begriff, sie auf das ganze Land anzuwenden; die große Masse der Schüler besuchte dort ohnedies bereits Gemeinschaftsschulen im Konfessionssinne. Im Saarland war seit 1965 aufgrund einer Verfassungsänderung auch die „christliche Gemeinschaftsschule" als Schulform zugelassen. Rheinland-Pfalz mit etwa einem Drittel der Volksschüler in Gemeinschaftsschulen hatte die Pädagogischen Hochschulen auf eine „christlich-simultane Grundlage" gestellt. So standen die großen Konfessionsschulländer Nordrhein-Westfalen und Bayern unter der besonderen Erwartung, nachzuziehen.

Nordrhein-Westfalen, seit Dezember 1966 von einer Koalition aus SPD und FDP regiert, leitete den raschen Abbau der staatlichen Bekenntnisvolksschule durch Umbenennung des Alternativtyps „Gemeinschaftsschule" in „Gemeinschaftsschule auf der Grundlage christlicher Werte" ein. Wie dort, so ergriff auch in Bayern die FDP die erste Initiative für diese Lösung. Die Preisgabe der schulischen Bekenntnistrennung mußte auch das Zwergschulproblem entschärfen. Schon das Hubersche bayerische Volksschulgesetz von 1966 ließ nur noch mindestens vierklassige Schulen zu und gab den Grundsatz auf, daß jedes Dorf seine eigene Schule besitzen müsse. Die Zusammenlegungen waren tatsächlich oft nur durch die Aufgabe des Bekenntnisschul-Grundsatzes durchführbar. Ein von der bayerischen FDP organisiertes Volksbegehren, das einen Volksentscheid zur rechtlichen Gleichstellung einer christlichen Gemeinschaftsschule und die Bekenntnisvolksschule als öffentlichen Regelschule forderte, scheiterte im Januar 1967 knapp, da die SPD es nicht mittrug. Ähnliche Anträge der SPD-Landtagsfraktion wurden vom Bayerischen Verfassungsgerichtshof und von der Landtagsmehrheit zurückgewiesen, worauf auch die SPD ein Volksbegehren vorbereitete. Die CSU-Führung samt dem Generalsekretär fühlte sich nun aus Wahlüberlegungen heraus gedrängt, ihrerseits ebenfalls ein Volksbegehren zu beantragen, das die Bekenntnisschule einer gemeinsamen christlichen Schule mit Bekenntnis- oder gemischten Klassen opferte.

Entscheidend wurde dabei die Haltung der katholischen Kirche. Minister Huber gewann durch eine geheime Romreise am 16./17. April 1967 in einer Privataudienz das grundsätzliche Einverständnis Papst Pauls VI. für die Beendigung der reinen Konfessionsschule. Der Münchner Kardinal Julius Döpfner stimmte grundsätzlich zu. Der Apostolische Nuntius in Bonn hingegen, Erzbischof Dr. Konrad Bafile, hatte während seines Erststudiums der Naturwissenschaft 1922/23 in München gelebt und war Schützling des damaligen Münchner Nuntius Pacelli gewesen; er kämpfte nun hinhaltend für die Beibehaltung der einst auch im Reichskonkordat von 1933 zugesicherten Bekenntnisschule. Strauß hielt ihm in Bonn jedoch das Vorbild Baden-Württemberg als nachahmenswert vor. Für das SPD-Volksbegehren sprachen sich dann fast 13%, für das CSU-Begehren nur gut 17% der bayerischen Wahlberechtigten aus. Nun suchte Strauß den politischen Kompromiß und verhandelte an der Regierung Goppel vorbei mit dem Münchner SPD-Fraktionsvorsitzenden Volkmar Gabert, einem gebürtigen Sudetendeutschen mit Emigrations-Jugendjahren in England.[23] Im Februar 1968 einigten sich CSU, SPD und FDP auf eine gemeinsame Kurzformel für die Änderung des Artikels 135 der Bayerischen Verfassung. Am 25. April fand darüber in der Staatskanzlei unter Vorsitz Goppels eine Schlußbesprechung aller Beteiligten mit dem Nuntius statt.

Der gegen die Stimmen der NPD angenommene gemeinsame Gesetzentwurf des Landtags wurde dann für den Volksentscheid am 7. Juli 1968 als dritte Fassung mit zur Wahl gestellt, da die Anträge von SPD und CSU nicht mehr zurückgezogen werden konnten. Er besagte nur, daß die öffentlichen Volksschulen gemeinsame Schulen seien, in denen die Schüler nach den Grundsätzen der christlichen Bekenntnisse unterrichtet und erzogen würden, und daß das Nähere ein neues Volksschulgesetz bestimmen werde. Es bestand Einvernehmen, daß getrennter schulischer Religionsunterricht als ordentliches Lehrfach, besondere Bekenntnisklassen auf entsprechend zahlreichen Elternantrag und bezuschußte konfessionelle Privatschulen erhalten bleiben und daß trotz künftig gemeinsamer Lehrerausbildung die dafür vereinbarten Konkordatslehrstühle an den Hochschulen fortbestehen sollten.

Im Volksentscheid bevorzugten 74,8% der Abstimmenden die vermittelnde Landtagsformel und 21,6% die alten SPD- und CSU-Vorschläge. Damit war laut Verfassung ein Gesetz „vom Volk beschlossen" und dem Landtag nur das Ausführungsgesetz überlassen. Der Nuntius kam zwar im Herbst nochmals mit einem Bündel von Änderungswünschen Roms nach München, stieß aber auch bei Kardinal Döpfner nur auf das Ersuchen, die nötige Konkordatsänderung zu unterschreiben und mußte sich mit der Neuerung abfinden.

25

Landtag und Senat stimmten der Schulveränderung noch im Herbst zu. Verfassung, Konkordat, evangelischer Kirchenvertrag sowie das Volksschulgesetz wurden entsprechend geändert.[24] Nun war zugleich der Weg frei für die Überführung aller ländlichen Zwergschulen in größere Zentralschulen mit Schulbus-Zubringerdienst. Die Zahl der auf Wunsch der Eltern noch gebildeten katholischen Bekenntnisklassen ging in den Städten rasch zurück, in Nürnberg von 114 auf 23 in den Jahren 1967 bis 1969. Eine mittelbare Erweiterung der Lehrerspielräume für offene „Verweltlichung" der Grundschule wurde kirchlicherseits als nicht länger vermeidbar in Kauf genommen; für Schüler, die gar nicht am Religionsunterricht teilnahmen, wurde dann aber 1972 ein Ersatzpflichtfach „Ethik" eingeführt.[25] Kirchliche, meist klösterliche Volksschulen mit Mindestgröße konnten auch weiterhin tätig sein. Als Gymnasien blieben neben den staatlichen und städtischen auch private unter Staatskontrolle zugelassen, meist kirchlich-katholische, von Orden getragene, davon vier Fünftel nur für Mädchen. In der Regel nahmen diese jedoch auch getaufte evangelische Schüler mit auf.

Die evangelische Kirche erhielt im übrigen eine besondere Förderung im Hochschulbereich, indem der Freistaat 1967 an der Universität München erstmals eine evangelisch-theologische Fakultät begründete, die der älteren in Erlangen und der kirchlichen Augustana-Hochschule Neuendettelsau zur Seite trat. Die staatlichen Hochschulen, also die drei Landesuniversitäten München, Erlangen und Würzburg, die Technische Hochschule München, die Musikhochschule und die Akademie der Bildenden Künste in München sowie die staatlichen philosophisch-theologischen Hochschulen der katholischen Diözesen wahrten ihr traditionelles Ansehen. Für die Volksschul-Lehrerbildung sorgten staatliche Pädagogische Hochschulen.[26] Die Entkonfessionalisierung der Lehrerbildung erleichterte auch deren verlangte volle Anhebung auf Universitätsebene.

26

Das Jahr 1968

Der in seiner Schnelligkeit überraschende schulpolitische Teilrückzug auf eine zeitgemäße konservative Verteidigungslinie vollzog sich immer mehr im Schatten einer „linken" Jugend-Protestbewegung, die in der Hauptsache Studentenbewegung war und besonders eine vorsorgliche Bundes-Notstandsgesetzgebung und den amerikanischen Vietnamkrieg als allgemeinpolitische Reizthemen benützte. Die vom CSU-Innenminister vorgelegten Notstandsgesetze sollten an Stelle des Ausnahmezustands treten und offene Notstandsparagraphen des Deutschlandvertrags mit den Westalliierten von 1952 ersetzen. Die Protestbewegung erhielt immer wieder neue Anstöße auch von Studentenrevolten in den USA und Frankreich.

Nachdem bei einer Anti-Schah-Demonstration in Westberlin am 2. Juni 1967 der Student Benno Ohnesorg von einem Kriminalbeamten erschossen worden war, brach die deutsche Revolte voll aus und griff rasch auf die anderen deutschen Hochschulstädte über. Diese immer wieder gewalttätige außerparlamentarische Opposition (APO) war durch neumarxistische und anarchistische Lehren beeinflußt, vermochte aber nur geringen Anhang in der Arbeiterjugend zu gewinnen. Die DDR-Führung lehnte sie für das eigene Land ab. Auf einem SPD-Parteitag in Nürnberg im März 1968 wurde der Eintritt in eine erstmalige Bundesregierung der Großen Koalition knapp gebilligt, die Parteiführung aber von Linksgruppen – bis hin zu Tätlichkeiten – unter Druck gesetzt, schärfer Stellung gegen innenpolitische Pläne der CDU/CSU, vor allem auch gegen eine Wahlrechtsreform zu reinem Mehrheitswahlrecht, und gegen den amerikanischen Vietnamkrieg zu nehmen.

Die Auseinandersetzungen der „Neuen Linken" mit dem staatlichen System und seinen Ordnungskräften erreichten ihren Höhepunkt in den Osterunruhen 1968, die durch ein Berliner Attentat auf den Vorsitzenden des längst von der SPD getrennten Sozialistischen Deutschen Studentenbundes (SDS), Rudi Dutschke, ausgelöst wurden. Dieses Attentat radikalisierte gleichzeitig den Kampf gegen den als Aufhetzer betrachteten Hamburger Axel Springer-Verlag in Westberlin und gegen die unmittelbar bevorstehende Notstandsgesetzgebung des Bundestags sowie gegen die Justiz und Polizei. In Bayern gab es besonders an der Akademie der Bildenden Künste Protestaktionen und vor allem in München Straßenunruhen. Schon im Februar hatten Demonstranten das Amerikahaus angegriffen, und in den Ostertagen häuften sich Straßenkämpfe zwischen Jugendlichen und Polizisten. Innenminister Merk verfolgte dabei eine härtere Linie als der Münchner Polizeipräsident. Am 12. April, dem Karfreitag, stürmten etwa 400 Demonstranten die Ortsredaktion der Springerschen Bildzeitung und zerstörten darin unter anderem Schriftgut. Bei den Unruhen dort kamen am Ostermontag nachts durch Steinwürfe ein Fotoreporter und ein Student ums Leben. Demonstriert wurde auch in den Universitätsstädten Erlangen und Nürnberg.[27]

Im Mai setzten sich die Krawalle fort, jetzt vor allem gegen die bevorstehende Ergänzung des Grundgesetzes durch die Notstandsgesetze im Bundestag, die für den Verteidigungsfall, für militärische Spannungszeit, bei inneren Unruhen und Natur-

1. Mai 1968: Studentendemonstrationen am Siegestor in München gegen die bevorstehende Notstandsgesetzgebung.

katastrophen die zeitweilige Außerkraftsetzung von Länderrechten und Grundrechten ermöglichte. Diese Notstandsgesetzgebung war, indem sie die Zuständigkeiten der Bundesregierung erweiterte, zugleich ein neuer Schritt zur „Unitarisierung" der Bundesrepublik. Im Bundestag stimmten Ende Mai FDP, Teile der SPD und ein einziger Abgeordneter der CSU dagegen. Bayern willigte im Bundesrat ohne Vorbehalte ein. Im Juni war der Kern dieser Notstandsverfassung durchgesetzt.

Eine gegenläufige Entwicklung schien sich seit Januar 1968 in der benachbarten Tschechoslowakei durch den „Prager Frühling" anzubahnen, dem Versuch des Ersten Parteisekretärs Alexander Dubček, das kommunistische System auf nationaler Ebene und unabhängig von der Sowjetunion zu reformieren. Dies hatte unter anderem zur Folge, dass die Grenze zu Bayern durchlässiger wurde. Die USA suchten von hier aus eine Auflockerung des Ostblocksystems zu fördern. Ihr Münchner Ortssender ermunterte die Liberalisierungsversuche Dubčeks. Gleichzeitig verlegten sie ein drittes Divisionskommando nach Nordbayern, zuerst nach Zirndorf, dann nach Ansbach. Die Moskauer Führung deutete den Alleingang von Dubček als Vertragsbruch. Sie veranstaltete zunächst warnende Militärmanöver in der Tschechoslowakei und griff dann zur Gewalt. Der gemeinsame Einmarsch der Sowjet- und Warschauer-Pakt-Armeen erfolgte nach Vorunterrichtung der USA am 20. August. Die tschechoslowakische Armee wagte keine Gegenwehr. Der Einmarsch führte in den Bezirk Pilsen sowjetische Divisionen, welche die Westgrenze fast völlig sperrten und den Zivilwiderstand dort ohne Blutvergießen brachen. Die Grenze zu Bayern wurde wieder streng geschlossen. Jenseits verblieben nun sowjetische Stationierungstruppen, die erst im August 1969 teilweise wieder abzogen. Der so von der Sowjetunion erzwungene Regierungswechsel in Prag hatte einen schweren Rückfall in die alten Ostblockbindungen zur Folge.[28] In der Bundesregierung riet Finanzminister Strauß nachdrücklich davon ab, das Bundeswehr-Herbstmanöver „Schwarzer Löwe" wie geplant ebenfalls grenznah im Bayerischen Wald zu veranstalten; es wurde dann räumlich zurückverlegt.

Der „tschechische Panzersommer" belebte aber gerade in Bayern von neuem die Ablehnung eines kommunistischen Sozialismus sowie die nachbarlichen Bedrohungsgefühle. Gleichzeitig schwanden die Erfolgsaussichten der westdeutschen „68er Bewegung". Sie spaltete sich in revolutionär-marxistische „Traditionalisten", die eine Deutsche Kommunistische Partei (DKP) gründeten, und in anarchistische „Antiautoritäre"; auch der Sozialistische Deutsche Studentenbund (SDS) zerfiel. Einzelaktionen des Widerstandes, teils terroristischer Art, fanden keine zentrale Steuerung mehr.

München mit einem starkem Einwohneranteil von Gastarbeitern aus Jugoslawien wurde nun auch in dessen innere Auseinandersetzungen zwischen Serben und katholischen Kroaten hineingezogen. Im Oktober 1968 geschah ein Überfall mit Todesopfern auf das Büro der kommunismusfeindlichen Exilorganisation „Bund der vereinigten Kroaten" (KHNJ).

Es richteten sich nun deutliche Reformhoffnungen auf einen künftigen Wahlsieg der SPD auf Bundesebene und eine von ihr geführte Bundesregierung. Von ihr erhoffte man sich auch eine anhaltende Lockerung der West-Ost-Spannung in Mitteleuropa. Die CDU/CSU-Fraktion des Bundestags verlor dagegen zusehends an Zustimmung für ihre Politik der Nicht-Anerkennung der Ostblockstaaten. Im Jahr 1969 wurden die Stimmungsgewinne der SPD in Meinungsumfragen immer deutlicher. Sie konnte zudem mit Hilfe der FDP seit März erstmals den Bundespräsidenten, den vormals mit Adenauer zerstrittenen Innenminister und jetzigen Justizminister Dr. Gustav Heinemann, stellen.

Für den Länderförderalismus bedeuteten die im Dezember 1968 vom Bundestag beschlossene Grundgesetzänderung, die die Mitwirkung des Bundes bei sogenannten Gemeinschaftsaufgaben einführte, sowie ein großes Finanzreformgesetz eine weitere Beschränkung der Selbständigkeit. Die offensichtlich nötige Neuordnung des staatlichen Finanzwesens war eine Begründung für das Bündnis der Regierungsparteien. Die Bundesländer waren bezüglich des Finanzreformgesetzes in zwei unterschiedliche Interessengruppen gespalten. Die ablehnende Gruppe der damals finanzstarken Länder bestand aus den vier SPD-geführten Ländern Nordrhein-Westfalen, Hessen, Hamburg und Bremen, aus dem CDU-Land Baden-Württemberg und aus Bayern, dessen Bonner Landesgruppe sich aus föderalistischen Erwägungen anschloß. Der Bevollmächtigte Bayerns beim Bund, Franz Heubl, wurde von den ablehnenden Ländern zum Sprecher gegen das Strauß-Ministerium gewählt. Strauß gelang die erstaunliche Leistung, eine Einigung auf mittlerer Linie zu erreichen. Die Länder sahen sich schließlich wenigstens von einem zentralistischen „Großen Steuerverbund" verschont, und die neue finanzielle Mitträgerschaft des Bundes wurde auf einzelne genau bestimmte Aufgabenbereiche begrenzt. Als wichtigste Gemeinschaftsaufgaben mit gemeinsamer Rahmenplanung und Mischfinanzierung zu halbem Bundesanteil wurden Ausbau und Neubau von wissenschaftlichen Hochschulen, Verbesserung der regionalen Wirtschaftsstruktur und der Agrarstruktur, Bildungsplanung und Forschungsförderung festgelegt. Goppel jedoch stellte sich weiterhin gegen Strauß, die Münchner Landtagsmehrheit gegen die Bonner Landesgruppe der eigenen Partei. Besondere Aufregung im Münchner Landtag verursachte, daß nur sechs der 50 Bonner CSU-Abgeordneten und einer der bayerischen SPD-Abgeordneten gegen das Finanzreformgesetz stimmten. Im Bundesrat jedoch verzichtete Bayern wegen der anfallenden finanziellen Entlastung auf eine Ablehnung der Finanzreform. Im Januar 1969 wurde der Streit zwischen Strauß und Goppel beigelegt. Im Mai wurden drei Gesetze über diese Grundgesetzänderung verkündet.[29]

Wahlen 1969

Aus der bayerischen Staatsregierung schied Anfang 1969 der langjährige Anführer des rechten CSU-Flügels Alois Hundhammer aus. Das Landwirtschaftsministerium übernahm, nach einer Zwischenvertretung durch Dr. Otto Schedl, der frühere Bayernparteiler, Landwirtschaftsdirektor und Landrat Dr. Hans Eisenmann.

Der DGB-Bundeskongreß in München im Mai verlief äußerlich ruhig. Der Bundesparteitag der FDP in Nürnberg im Juni bestätigte den Sieg ihres linksliberalen Parteiflügels, der auf ein Bündnisangebot an die SPD als Voraussetzung zu neuer Mitregierung in Bonn setzte. Dann brachte der Wahlkampf für die Bundestagswahl von Ende September 1969 Nachwehen des Gewaltausbruchs vom Vorjahr. Schon die Eröffnungskundgebung der CSU in Nürnberg mit Kiesinger und Strauß mußte gegen Sprengung durch Gegner verteidigt werden. Eisenmanns Politik hatte u. a. die Stärkung der sozial konservativen Kräfte durch den bewußten Schutz des Bauernstandes vor strukturverändernden Folgen der EG-Agrarpolitik zum Ziel. Der Minister brachte ein Gesetz zur Förderung der bayerischen Landwirtschaft durch, das den Agrarstruktur-Entwicklungsplan der EG, der vor allem Großbetrieben zugute kam, durch einen „bayerischen Weg" zugunsten der Mittel- und Kleinbetriebe wirksamer als die Bundespolitik abwehren sollte. Das Gesetz sah nicht nur die Unterstützung von bäuerlichen Vollerwerbsbetrieben vor, sondern auch von Zuerwerbs- und Nebenerwerbsbetrieben. Weiter förderte es gemeinsame Maschinenringe für die einsetzende Technisierung der Betriebe. Dies konnte freilich bayerischen Bergbauern und Steilhangwinzern nur wenig nützen.

Die Bundestagswahl am 29. September 1969 führte insgesamt zu dem mehr oder weniger erwarteten parteipolitischen Erdrutsch zugunsten der SPD. In Bayern erzielte die CSU freilich – bei geringem Verlust – 54,4% der Stimmen und die SPD fiel sogar auf 34,6% ab, die FDP auf 4,1% und die NPD mit 5,3% auf weniger als die Hälfte ihres Ergebnisses in der letzten bayerischen Landtagswahl von 1966. Seither befand sich die NPD auch in Bayern in anhaltendem Abstieg, obwohl ihr bayerischer Landesverband vorerst der stärkste der Partei blieb und Anlehnung bei der NDP Österreichs fand.

Der erste SPD-Kanzler seit 1930 wurde Willy Brandt, in dessen Lebensweg es keine persönliche Bayern-Erinnerung gab. Wie bereits in Nordrhein-Westfalen bildete die FDP mit der SPD die neue Regierung; die CDU/CSU war in ihr nicht mehr vertreten. Das neue Regierungsbündnis nannte sich „sozialliberal", wurde aber von Strauß mit Vorliebe als „liberalsozialistisch" bezeichnet.[30] In der Bundesregierung saßen jetzt nur noch zwei Bundesminister aus Bayern, der bei München beheimatete Landwirtschaftsminister

Diplomlandwirt Oberregierungsrat Josef Ertl (FDP)[31] und weiterhin die Gesundheits-, Jugend- und Familienministerin Käte Strobel (SPD). Das Ministerium für Bundesrats- und Länderangelegenheiten, eine Stütze des Föderalismus, wurde aufgehoben; ein neues, mit Rahmenzuständigkeiten ausgestattetes Bundesministerium für Bildung und Wissenschaft beschränkte fortan die Kulturhoheit der Länder.

Die bayerische Landesgruppe der CDU/CSU-Fraktion führte weiter Richard Stücklen; in ihr erschien nun der Münchner Steueranwalt und Aufsichtsratsberater der Flick-Verwaltung Prof. Dr. Reinhold Kreile als Finanzexperte; der Flick-Justiziar Dr. Wolfgang Pohle war bereits CSU-Bundesabgeordneter und CSU-Schatzmeister. Der neue bayerische SPD-Abgeordnete in Bonn, der Porzellanindustrielle Philip Rosenthal, zugleich großzügiger industrieller Auftraggeber des bedeutenden Architekten Prof. Walter Gropius, wurde 1970 Parlamentarischer Staatssekretär im Wirtschaftsministerium, konnte sich aber gegen seinen Minister Prof. Karl Schiller mit den Vorschlägen zu rascher Arbeitnehmer-Vermögensbildung nicht durchsetzen und trat deshalb schon nach gut einem Jahr zurück.[32]

Bevölkerung, Wirtschaft und Kultur

Von den über 10 Millionen Einwohnern Bayerns lebten Ende der 1960er Jahre 1,23 Millionen allein in München, darunter schon 1968 über 100 000 Ausländer. Im Münchner Ballungsraum waren 1,7 Millionen Menschen mit Hauptwohnsitz ansässig, etwa 485 000 in Nürnberg. Weitere Großstädte mit mehr als 100 000 Bewohnern waren Augsburg, Regensburg und Würzburg. Die Zahl der Ausländer in Bayern stieg rapide von nur rund 37 000 im Jahr 1960 auf über 166 000 im Jahr 1963, wofür der Vertrag der Bundesrepublik mit der

Türkei über Gastarbeiter-Anwerbung einen zusätzlichen Schub bedeutete. Nach der Bundesvolkszählung von 1970 gehörten 69,9% der bayerischen Bevölkerung der römisch-katholischen Kirche an, 25,7% – meist in Franken – der evangelisch-lutherischen Landeskirche sowie evangelischen Freikirchen. In der absoluten Katholikenzahl war Bayern zweites Bundesland nach Nordrhein-Westfalen. Vor allem die türkischen Gastarbeiter waren und blieben meist Muslime. Die Religiosität an sich stand natürlich in einem Zusammenhang mit sozialen Veränderungen der Gesellschaft, dem Verhältnis der Menschen zur Natur und der Erweiterung ihres alltäglichen Lebenskreises.

Bayerns Wandel vom Vorkriegs-Agrarland zum modernen Industriestaat schritt ungebremst voran und wurde im Industriebereich mit seiner Arbeitsautomatisierung auch als „Amerikanisierung" empfunden. Der Anteil der Land- und Forstwirtschaft an der Zahl der Erwerbstätigen fiel bis 1970 bereits auf 12,3%. Die Landwirtschaft war schließlich schwächster Großbereich der bayerischen Wirtschaft geworden, obwohl Bayern 1960 mit knapp 38% der bundesdeutschen Milchkühe in der EWG Überschüsse exportierte. Aufgrund der landwirtschaftlich unvorteilhaften Boden- und Klimaverhältnisse und aufgrund der Betriebsgrößenstruktur mit vielen selbständigen Kleinbetrieben stand Bayern im Reineinkommensvergleich der bundesdeutschen Landwirte an letzter Stelle hinter Baden-Württemberg. Die Folge war ein unaufhaltsamer Rückgang der Bauernhofzahlen und die Umstellung vieler Höfe auf Neben- oder Zusatzerwerb. Die Masse der Landwirte blieb auf Subventionen angewiesen. Im Zuge dieses beschleunigten Schrumpfungsprozesses gab es 1966 noch rund 388000 bewirtschaftete Bauernhöfe.[33]

Auf das produzierende Gewerbe, einschließlich der Bauwirtschaft, entfielen 1970 47,2% der Erwerbstätigen, auf Handel, Verkehr und sonstige Dienstleistungen schon 39,6%. Nach der Stellung der Arbeitenden im Beruf ergab sich ein paralleles Bild. Selbständige – vom Kleinbauern, Handwerksmeister, Ladenbesitzer bis zum Arzt und Großunternehmer einer Familienfirma – waren noch 9,7%, mithelfende Familienangehörige 6,2%. Der Anteil der Beamten – einschließlich Soldaten und Lehrer aller Stufen – und Angestellten betrug zusammengenommen 38,4%, Arbeiter waren mit 45,6% vertreten. Im öffentlichen Dienst beschäftigten

34

Freistaat und Gemeinden 337 200 Arbeitskräfte, der Bund in Bayern einschließlich Bahn und Post noch einmal 200 000 Dienstkräfte. Die Bundesanstalt für Arbeitsvermittlung und Arbeitslosenfürsorge, die Oberbehörde aller westdeutschen Arbeitsämter, saß in Nürnberg. Die soziale Zusammensetzung des Landtags spiegelte nur bedingt die der Bevölkerung. In der CSU-Fraktion waren von den über 100 Abgeordneten allein 35 Beamte und Angestellte des öffentlichen Dienstes, also etwa ein Drittel, und 21 Landwirte. In der SPD-Fraktion saßen viele Gewerkschaftsfunktionäre. Erst sieben Abgeordnete waren Frauen, davon nur drei bei der CSU. Deren Familienpolitik hielt am Wunschbild des ortsgebundenen Selbständigen fest, mit (durch Bausparen finanziertem) Eigenheim und Ehefrau als Mutter und häuslicher Helferin, obwohl immer längere Berufspendlerschlangen der Angestellten schon deutliche Modernisierungswirklichkeit waren.

Um 1960 gab es aufgrund der fortschreitendenden Industrialisierung bereits folgende wirtschaftliche Ballungsgebiete: In *Altbayern* München – Dachau – Fürstenfeldbruck, Rosenheim – Aibling, Burghausen – Trostberg – Töging, Schwandorf, Amberg – Sulzbach-Rosenberg, Regensburg, Ingolstadt; in *Franken* Nürnberg – Fürth – Schwabach – Erlangen – Bamberg, Hof – Münchberg – Selb – Wunsiedel – Bayreuth – Kulmbach, Schweinfurt, Würzburg, Aschaffenburg – Miltenberg; in *Schwaben* Augsburg, Kempten – Memmingen – Neu-Ulm – Günzburg. In München, Nürnberg und Augsburg lebten schon über 35% der Einwohner nicht mehr von der Güterproduktion und -reparatur, sondern von reinen Dienstleistungen. 1970 waren in München über 81 000 Menschen im Maschinenbau und fast 83 000 in der Elektrotechnik beschäftigt, in Nürnberg fast 60 000 in der Elektrotechnik. Längst war München Sitz des (Bundes-) Deutschen Patentamts.

Das wirtschaftliche Staatsvermögen in Staatsforsten und Gewerbe sowie Bayerischer Staatsbank und teilweise Bayernwerk war erheblich.[34] Die direkten Steuererträge teilte sich das Land mit Bund und Gemeinden, es zog auch die Kirchensteuern der Großkirchen mit ein. Der ausgeglichene Staatshaushalt betrug rund neun Millionen DM. Im Finanzausgleich zwischen den reicheren und ärmeren Bundesländern gehörte Bayern nur noch knapp zu den Zuschußempfängern.

In der bayerischen Industriestruktur hatte die Elektro- und Elektronikindustrie nach der Beschäftigtenzahl den Maschinen- und Fahrzeugbau und vor allem die stark zurückgehende Textilindustrie überholt. Die sich schnell entwickelnde Elektronikindustrie konzentrierte sich seit etwa 1960 auf den Bau mechanischer Rechner (Computer) und Datenverarbeitungsanlagen mit immer kleineren Steuerungszellen für die integrierten Schaltungen (Mikrochips), hergestellt auf der chemischen Grundlage von Siliciumkristallen als Halbleiter (Silikone). Diese aus den USA importierten Neuerungen beschleunigten die Automatisierung der Industrieproduktion insgesamt.

Größtes in Bayern ansässiges Industrieunternehmen mit 1961 über 198000 Mitarbeitern im Bundesgebiet und Standorten in ganz Bayern sowie 26000 Arbeitnehmern im Ausland war der Siemens-Konzern mit Hauptsitzen in München und Erlangen.[35] Noch als Kriegsfolge zwangsverstaatlichte Siemens-Werke bestanden 1963 auch in Wien und England („Faraday-Werk"), über einhundert Auslandsvertretungen gab es in Europa, Asien, Afrika und Australien. Großbetriebliche „Industrieflaggschiffe" waren ferner die Maschinenfabrik Augsburg-Nürnberg (MAN) mit einer Nachkriegs-Tochtergesellschaft in Argentinien und seit 1963 einer Beteiligung am französischen Schwermaschinenbau in Brasilien,[36] die Bayerischen Motorenwerke München (BMW),[37] die bereits erste Tochterfirmen in Kanada und Italien eröffneten, und schwedische und deutsche Kugellagerfabriken in Schweinfurt. Der Fürther Grundig-Konzern wurde damals größter europäischer Radio-, Tonband- und Fernsehgerätehersteller mit ausländischen Tochtergesellschaften[38] – die Zahl der Fernsehzuschauer wuchs auch in Bayern seit Mitte der 1960er Jahre steil an. In Ingolstadt hatte der niederländisch-britische Ölkonzern Royal Dutch Shell 1963 eine erste Raffinerie in Betrieb genommen, 1966 folgte eine italienisch-bayerische Gesellschaft. 1967 gab es im Ingolstädter Raum fünf Raffinerien mit Ölzufuhr in drei Leitungen vom Mittelmeer her. Das erste, in amerikanisch-deutscher Zusammenarbeit erbaute Atomkraftwerk Bayerns bei Gundremmingen an der schwäbischen Donau begann 1966 mit dem Stromverkauf – neue Energiequelle für ein Binnenland, das als solches bisher fast nur Wasserkraft besaß! Hochaufragende tassenförmige Kühlwassertürme sollten künftig auch zum Bild bayerischer Flußlandschaften gehören.

Im Handel war das Fürther Warenversandhaus Schickedanz („Quelle") in steilem Aufstieg, seit 1965 verfügte es zudem über eine Frankreich-Niederlassung.[39] Als Verlagssitz zog München Vorteil aus der Isolierung des in der DDR gelegenen Leipzig. Der vom Münchner Verleger Heinz Friedrich 1960 mit Verlagen Münchens und des deutschen Sprachgebiets gegründete Deutsche Taschenbuch-Verlag (dtv) mit preiswerten Büchern im Kleinformat blieb erfolgreich. Als Versicherungsstadt war München international bedeutsam, namentlich durch die Münchner Rückversicherungsgesellschaft und ihre Berliner „siamesische Zwillingsschwester" Allianzversicherung, die seit 1949 wie Siemens ihren Hauptsitz ebenfalls in der bayerischen Landeshauptstadt hatte.[40] Zudem blieb auch die Münchner Wertpapierbörse weiter bestehen.

Reichte als Vorstufe wirtschaftlicher „Globalisierung" die Gründung von Auslandsniederlassungen ursprünglich bayerischer Konzerne zeitlich schon vor den Zweiten Weltkrieg zurück, so darf man nicht vergessen, daß auf dem ganz anderen Felde des Kirchenwesens[41] diese Verflechtungen über Deutschland hinaus eine weitaus ältere Geschichte haben. Das galt vor allem für die römisch-katholische Weltkirche mit ihrer Bindung an den Heiligen Stuhl in Rom, aber abgeschwächt ebenso für den lutherischen Weltkonvent, dann Weltbund, und auch für die kirchlichen Missionen in Afrika und Asien.

Die bayerische Verfassung gebot Religionsfreiheit und schloß eine Staatskirche aus, doch bestand keine völlige Trennung von Kirche und Staat. Das Verhältnis der Staatsregierung zu den sieben katholischen Diözesen war umfassend durch das Bayerische Konkordat von 1924 und das Reichskonkordat von 1933 geregelt, das zur evangelischen Landeskirche durch den Kirchenvertrag von 1925. Die aus der Kirchensäkularisation von 1802/03 entstandene Landesbeamtenschaft von Bischöfen, Domkapiteln und evangelischem Oberkirchenrat mit Eid auf die Landesverfassung bestand fort. An der Spitze des katholischen Klerus standen die Erzbischöfe von München-Freising und Bamberg, der Unterfranke Kardinal Dr. Julius Döpfner[42] und der gebürtige Nürnberger Prof. Josef Schneider. Der Vorsitzende der Bayerischen Bischofskonferenz, Kardinal Döpfner, war maßgeblicher Mitwirkender des 1962 eröffneten und 1965 abgeschlossenen Zweiten Vatikanischen Konzils zur Gegenwartsöffnung der Kirche gewesen, an seiner Seite der bedeutende Jesuitentheologe Prof. Karl Rahner aus Tirol, der seit 1964 an der Universität München lehrte.[43] Döpfner blieb Reformer auch in der bayerischen Umsetzung der Konzilsbeschlüsse. Der Bayerischen Bischofskonferenz gehörte nach wie vor noch der Bischof von Speyer an. Zudem war der nördliche Teil der Diözese Würzburg weiterhin in der DDR gelegen. Evangelischer Landesbischof war seit 1955 der aus Neuendettelsau gekommene konservative Mittelfranke Dr. Hermann Dietzfelbinger.[44]

Die kleinen verbliebenen Gemeinden der orthodoxen Russen, deren Mitglieder meist Flüchtlinge oder Verschleppte waren, hatten sich in solche der kommunistisch beherrschten Heimatkirche und solche der Exilkirche aufgespalten. Die protestantischen Freikirchen, die inzwischen keinerlei Ähnlichkeit mehr mit religiösen Sekten hatten, wurden teils von Amerika aus gefördert. Die 13 israelitischen Kultusgemeinden in Bayern, denen meist Nachkriegszuwanderer angehörten, waren auf rund 5000 Mitglieder angewachsen. Für islamische Gastarbeiter gab es seit 1963 nach außen hin unauffällige Gebetsräume, aber noch keine bayerische Moschee.

Das Schulwesen war nicht nur von geistiger und sozialer Bedeutung; die moderne Wirtschaftstheorie verstand es auch als eine in seinem Geldwert statistisch zu beziffernde Dienstleistung zur Bildung des Produktionsfaktors Humankapital. So war das Bildungswesen u. a. als Infrastruktur-Vorleistung des Staates für die privaten Arbeitgeber zu sehen. 1963/64 besuchten allerdings erst 15% eines bayerischen Geburtsjahrgangs ein Gymnasium, doch das änderte sich bald. Der Bayerische Rundfunk sendete Bildungs- und Schulprogramme. Der reinen Forschung diente die Bayerische Akademie der Wissenschaften mit Sitz in der Münchner Residenz.

Die Stadt München galt, auch infolge der politischen Insellage Westberlins, vielen als heimliche Kulturhauptstadt der Bundesrepublik. Die Privatgesellschaft Bavaria Filmkunst drehte seit 1964 in den Ateliers in Geiselgasteig wieder deutsche Spielfilme; 1966 wurde in München eine Hochschule für Fernsehen und Film (HFF) gegründet. Das erste westdeutsche Fernsehprogramm, die Arbeitsgemeinschaft der öffentlich-rechtlichen Rundfunkanstalten Deutschlands (ARD), bündelte nur Beiträge der Länder-Regionalsender, unter denen der Bayerische Rundfunk herausragte.[45] Ein zentrales Bundesfernsehprogramm hatten die Länder durch die Gründung eines zweiten föderalistischen Programms in Mainz, das ZDF, abgewehrt. Die Rundfunkintendanten der Länder wurden indirekt nach parteipolitischen Gesichtspunkten gewählt. 1965–1968 wurde im Nordwesten Münchens ein Fernsehsendeturm errichtet. Das mit Hauptverwaltung in München angesiedelte Goethe-Institut zur Pflege deutscher Kultur und Sprache im Ausland, seit 1963 von dem bayerischen Diplomaten Peter H. Pfeiffer[46] geleitet, unterstand dem Bonner Auswärtigen Amt. Die bundesdeutsche Max-Planck-Gesellschaft zur Förderung der Wissenschaften, im engeren Sinne der Grundlagenforschung, hatte zwar den juristischen Sitz noch in Göttingen, aber bereits mehrere Forschungsinstitute in München und Umgebung. Finanziell vom Bund mitgefördert waren vor allem das Deutsche Museum mit Meisterwerken der Naturwissenschaft und Technik in München, das kulturhistorische Germanische Nationalmuseum in Nürnberg, die Wagner-Festspiele in Bayreuth und die gegen Ende des Zweiten Weltkrieges aus Prag vertriebenen „Bamberger Symphoniker" (ursprünglich Musiker der „Prager Philharmonie"). In Bayreuth bemühte sich als alleiniger Festspielleiter seit 1966 Richard Wagners Enkel Wolfgang Wagner weiter mit internationaler Besetzung um den neuen Stil der Nachkriegsinszenierungen.[47] München, mit drei Symphonieorchestern von Staat, Stadt und Rundfunk, widmete seine eigenen Opernfestspiele besonders Mozart, Wagner und Richard Strauß. Es glänzte sowohl durch die Theater als auch durch die Museen des Staates, was jedoch in Franken und Schwaben als Fortdauer einseitiger Bevorzugung der Landeshauptstadt empfunden wurde.

Schon vor dem Krieg gefeierte konservative Kulturschaffende Bayerns standen nach wie vor in hohen Ehren; zwar gab es keinen anerkannten abstrakten oder neoexpressionistischen Maler, wohl aber beispielsweise den Bildhauer Hans Wimmer und die Komponisten Carl Orff und Werner Egk. Als große Baugestalt wirkte München mit seinem Kern des Residenzviertels wieder wie ehedem; Kriegsruine war dort nur noch das ehemalige Armeemuseum am Hofgarten, das Nationaltheater befand sich im Wiederaufbau. Im Stadtpanorama überragte noch kein modernes Wirtschafts-Hochhaus die Türme der Frauenkirche. Modernste Architektur und Kunst taten sich schwer. Und es war auch für die

Zukunft kennzeichnend, daß der bekannte Maler Ruprecht Geiger, gebürtiger Münchner, 1965 an die Düsseldorfer Kunstakademie wegging.

Die schöne Literatur[48], Roman und Lyrik, spielte im bayerischen Kultusleben traditionell eine geringere Rolle als die Musik. Deutlich gegenwarts- und sozialkritisch, auch am konservativen Katholizismus, war die Neubelebung des Altbayern-Volksstücks durch den niederbayerischen Schauspieler und Dramatiker Martin Sperr seit 1965/66. Besonders gefördert wurde der „linke" Einfluß „politisierter Literatur" auf die junge Intelligenzschicht auch durch die neue Literaturzeitschrift „Kursbuch", die 1965 von dem bayerischen Schwaben Hans Magnus Enzensberger begründet und bis 1975 allein herausgegeben wurde.[49] Literarische Gegenstimmen aus der weltlich-konservativen Intelligenzschicht ertönten in Bayern nur schwach. Die sudetendeutschen Vertriebenen hatten eigene Kulturvereine, vor allem die Ackermann-Gemeinde, benannt nach dem berühmten spätmittelalterlichen Religionsspiel „Der Ackermann aus Böhmen".

2. Kapitel

Der „widerspenstige Freistaat" in der Zeit sozialliberaler Bundespolitik

(1969–1978)

Ostverträge, Terrorismus,
Gebietsreform, Ölschock

Die politische Aufmerksamkeit und Auseinandersetzung richtete sich immer stärker auf die Außen- und insbesondere die Ostpolitik der Bundesregierung Brandt-Scheel (1969–1974). Die amerikanische Mondlandung vom Juli 1969 stärkte das Vertrauen auf die militärische Schutzmacht. Schon im November 1969 unterschrieb die neue Bundesregierung den Kernwaffensperrvertrag und verzichtete damit, auch auf amerikanischen Wunsch, auf eine eigene Atombewaffnung der Bundeswehr; die CDU/CSU hatte das jahrelang verzögert, Franz Josef Strauß hatte sogar mit Anspielung auf Deutschlands Entwaffnung im Versailler Friedensvertrag von 1919 vor einem neuen „Versailles" gewarnt. Auch jetzt blieb die nötige Bestätigung des Vertragsbeitritts durch Bundestag und Bundesrat vorerst noch aus. Der nächste Bundeskanzler, Helmut Schmidt (1974–1982), gestand erst 2001, daß die NATO damals einen atomaren Landminengürtel diesseits des „Eisernen Vorhangs", also auch in Bayern, plante – zum heimlichen Entsetzen der Bundeswehr-Spitzengeneräle. Auf deutschen Protest hin war der Plan von den Amerikanern zurückgezogen worden.[1]

Seit Januar und Februar 1970 führten Bundeskanzler- und Auswärtiges Amt Gespräche über Gewaltverzichtsverträge mit Moskau und Warschau,[2] im März traf Willy Brandt den Ministerratsvorsitzenden der DDR, Willi Stoph, in Erfurt zu einem ersten Gespräch über die Beziehungen der beiden deutschen Staaten. Die Tatsache, daß diese Politik von der FDP mitgetragen wurde, war Grund für den Rück- und Parteiaustritt ihres bayerischen Landesvorsitzenden, des nach Kriegsende aus Sachsen gekommenen Augsburger Schuhfabrikanten Dietrich Bahner, der durch Bundesminister Josef Ertl abgelöst wurde. Bahner trat zu der zunächst von einem früheren FDP-Bundestagsabgeordneten geführten Splittergruppe „Nationalliberale Aktion", dann zur „Deutschen Union" über und wurde später deren letzter Bundesvorsitzender. Im August 1970 besuchte Brandt die Sowjetunion und unterzeichnete den deutsch-sowjetischen Vertrag („Moskauer Vertrag") über gegenseitigen Gewaltverzicht, womit auch der Weg für den deutsch-polnischen Entspannungsvertrag frei war. Jedoch stand die parlamentarische Vertragsbestätigung noch aus und wurde immer stärker zum Streitgegenstand zwischen Bayern und der Bundesregierung. Wie bei Schlesien ging es ja um tatsächlichen Verzicht auf ehemaliges deutsches Heimatgebiet. Als im Bundestag 1971 dem Kanzler zum Empfang des Friedensnobelpreises gratuliert wurde, stand aus der CSU-Landesgruppe allein Exminister Höcherl zum Beifall auf. Die CSU verfolgte die sozialliberale Ost- und Deutschlandpolitik mit um so größerem Mißtrauen, als sie unmittelbare Auswirkungen auch auf das Verhältnis zu Bayerns Nachbarstaat Tschechoslowakei und zu den in Bayern lebenden Sudetendeutschen haben mußte.[3]

Die Vorstellung einer neuen Gefährdung von „links" wurde durch die innenpolitischen Nachbeben der 68er-Bewegung mit genährt, durch deren Zerfall kleine terroristisch-anarchistische Kampfbünde freigesetzt wurden. Die auch zu Gewalt gegen Menschen greifende Stadtguerillagruppe „Rote-Armee-Fraktion" stand unter Führung des Studenten Andreas Baader aus München und der norddeutschen Journalistin Ulrike Meinhof.[4] In einem Brandanschlag auf das Altersheim der Israelitischen Kultusgemeinde in München am 13. Februar 1970, der sieben Tote forderte, äußerte sich vermutlich Terrorismus von rechts. Die Täter blieben allerdings unentdeckt.

Nach einem heftigen Wahlkampf brachte die Neuwahl des bayerischen Landtags vom November 1970 einen klaren Sieg der CSU. Diese erreichte mit 56,4% der Stimmen und 124 Sitzen ihren bisher größten Erfolg seit 1946. Die SPD erzielte 33,3%, die FDP 5,5% – in Mittelfranken überwand sie sogar wieder die 10%-Hürde – und kehrte damit ins Parlament zurück. Die NPD sackte auf 2,9% ab und mußte ihr einmaliges Gastspiel im Landtag beenden; die 1968 für die Bundesrepublik wieder zugelassene Deutsche Kommunistische Partei gewann nur 0,4% der Stimmen und blieb auch künftig eine unbedeutende Splitterpartei.

Alfons Goppel wurde zum viertenmal Ministerpräsident, Otto Schedl Finanzminister. Das Wirtschaftsministerium übernahm Staatssekretär Anton Jaumann, das Kultusministerium nach Ludwig Hubers Rückzug auf den Fraktionsvorsitz der Münchner Professor für politische Wissenschaft Hans Maier (ein erst 1973 der CSU beitretender Südbadener), mit der ersten Frau in einer baye-

44

rischen Staatsregierung, Oberregierungsrätin Dr. Mathilde Berg-hofer-Weichner, als Staatssekretärin. Der CSU-Generalsekretär, Regierungsrat Max Streibl, leitete ein neues Ministerium für Landesplanung, Landesentwicklung und Umweltfragen – erstmals in der Bundesrepublik stand damit der Begriff „Umwelt" im Namen eines Ministeriums. Als neuer CSU-Generalsekretär rückte der oberbayerische Landtagsabgeordnete Rechtsanwalt Dr. Edmund Stoiber nach.[5] 1972 kehrte Maiers Amtsvorgänger Ludwig Huber als Finanzminister und stellvertretender Ministerpräsident in die Regierung zurück.

Terrorismus, Extremismus und Ostpolitik blieben an der Spitze der politischen Themen. Im Januar 1972 verabschiedeten die Regierungschefs von Bund und Ländern Grundsätze über die Mitgliedschaft von Beamten in extremen Organisationen, den sogenannten Radikalen-Erlaß, der in Bayern mit besonderer Strenge auch bei linkspolitischer Vorbelastung von Berufsanfängern Anwendung fand. In diesem Kontext stand auch das Ringen um die Reform der Hochschulgesetze, für welche der Bundestag seit 1969 das Recht der Rahmengesetzgebung besaß, und um die politischen Mitbestimmungsrechte der jeweiligen Studentenschaften. Die Festnahme des Gründerkreises der Baader-Meinhof-Gruppe (RAF) bis Juni 1972 beendete die terroristische Welle mit gezielten Mordanschlägen keineswegs.

Mittlerweile hatten sich die vier „Schutzmächte" Berlins auf ein Rahmen-Abkommen geeinigt, das vor allem freien Zugang von und nach Westberlin sicherte. Die Sowjetunion machte das Inkrafttreten von der Bonner Ratifizierung des Moskauer Vertrags abhängig. Die bayerische Regierung Goppel beschloß bereits vor Weihnachten 1971, daß die Ostverträge gegen das Grundgesetz verstießen, weil sie das Wiedervereinigungsgebot verletzten und weil deutsches Staatsgebiet an Polen abgetreten werden sollte. Strauß forderte darüber hinaus vor der CSU-Landtagsfraktion eine parlamentarische Debatte über die Ostverträge auch im Landtag, um so gegenüber der als zu nachgiebig empfundenen Schwesterpartei CDU eine harte Ablehnung deutlich zu machen. Er sagte dabei, die Bayern dürften sich nicht scheuen, die letzten Preußen zu sein, wenn die Historie dies von ihnen verlange. Die Fraktion richtete darauf eine Anfrage an die bayerische Staatsregierung, wie sie die Verträge in politischer und verfassungsrechtlicher Hinsicht beurteile und ob sie bereit sei, bei erheblichen Bedenken eine Überprüfung der Verfassungsmäßigkeit herbeizuführen. Erstmals seit 1946 befaßte sich der bayerische Landtag ausführlich mit einem außenpolitischen Thema. Auf die vom Fraktionsvorsitzenden Ludwig Huber vertretene Ablehnung solcher „Verzicht"-Verträge antwortete Goppel mit der Ankündigung bayerischen Widerstands im Bundesrat, ließ aber die Frage einer Anrufung des Bundesverfassungsgerichts offen. SPD und FDP verteidigten die Verträge. Als Richard Hundhammer, der Sohn von Alois Hundhammer als neuer CSU-Abgeordneter die KPD-Vergangenheit des Bonner SPD-Fraktionsvorsitzenden Herbert Wehner in die Debatte brachte, verließen SPD und FDP geschlossen den Sitzungssaal, und die CSU verfuhr ebenso gegenüber dem folgenden SPD-Sprecher. Nach 16-stündiger Debatte ging man zerstritten auseinander.

In den Ausschußberatungen des Bundestags lehnten alle CDU/CSU-Vertreter die Ostverträge ab, in den Beratungen des Bundesrats die Vertreter der fünf CDU/CSU-regierten Länder Bayern, Baden-Württemberg, Rheinland-Pfalz, Saarland und Schleswig-Holstein – die jedoch eine Minderheit darstellten. Abschließend beriet am 9. Februar 1972 der Bundesrat die Ost-Verträge. Goppel erstattete den Ausschußbericht und befürchtete einen Rückzug aus der Vorstellung, daß Deutschland ein Ganzes bilde, eine „Austriazierung" der Bundesrepublik 101 Jahre nach der deutschen Vereinigung im zweiten Kaiserreich.

Am 23. Februar setzte die Beratung des Vertragswerks im Bundestag ein. Staatssekretär Freiherr von Guttenberg fiel dabei als kundiger Vertreter der CSU wegen langwieriger Krankheit aus, der er noch im selben Jahr erliegen sollte. So sprach für die CSU in der ersten Sitzung Richard Stücklen und empfahl den CSU-Gegenentwurf eines „echten Gewaltverzichtsvertrags". In der zweiten Sitzung am 24. Februar erinnerte Strauß an die Hitler ermunternde Wirkung des Münchner Abkommens von 1938 und erklärte, die Verträge dienten nur der Festigung der sowjetischen Herrschaft und der Ermutigung der Linksradikalen in der Bundesrepublik, was der folgende SPD-Redner Helmut Schmidt als „Hauch von Vilshofen" bespöttelte. In der dritten Sitzung der Erstlesung warnte der frühere CSU-Generalsekretär Dr. Friedrich Zimmermann[6] vor der Ostblock-Aufrüstung. Der neue und jüngere SED-Generalsekretär in der DDR, der gebürtige Saarländer Erich Honecker, brachte nur wenige generationsbedingte Systemlockerungen.

Der Oppositionsführer, der CDU-Vorsitzende und Kanzlerkandidat der CDU/CSU Rainer Barzel, hatte gewisse Abschwächungen im Vertrag vor allem bezüglich der Westbindung der Bundesrepublik erreicht, doch verblieb im Warschauer Vertrag mit Polen die Bestätigung der Oder-Neiße-Grenze. Bayerns Absicht, die Verträge doch noch durch Anrufung des Bundesverfassungsgerichts als Grundgesetzverletzung zu Fall zu bringen, wurde weder von der Mehrheit der CDU/CSU im Bundestag noch von den CDU-regierten Ländern unterstützt. Ein alleiniger Einspruch Bayerns beim Bundesverfassungsgericht scheiterte. Vertriebenen-Landsmannschaften versuchten, Kardinal Döpfner, der 1970/71 einen Versöhnungsbriefwechsel mit dem polnischen Kirchenprimas Kardinal Wyszyński von Gnesen-Warschau geführt hatte, zu einer Stellungnahme gegen die Ostverträge zu bewegen. Das aber widersprach der päpstlichen Ostpolitik. Kardinal Döpfner besuchte dann vielmehr 1974 den Primas in Polen. Der Bundesvorsitzende der Landsmannschaft Schlesien, der beim Bayerischen Rundfunk in München tätige Redakteur Dr. Herbert Hupka, trat aus Protest gegen die Ostverträge als Bundestagsabgeordneter von der SPD zur CDU über.[7]

Mehrere Fraktionsaustritte von SPD- und FDP-Abgeordneten führten schließlich im April zu Stimmengleichheit von Koalition und Opposition des Bundestags. Daraufhin versuchte die CDU/CSU den Sturz des Bundeskanzlers mittels des vom Grundgesetz vorgesehenen Konstruktiven Mißtrauensvotums. Am 27. Februar 1972 schlug dieser Versuch fehl, weil in der geheimen Abstimmung zwei Stimmen der CDU/CSU zur erforderlichen absoluten Mehrheit fehlten. Erst 2000 stellte sich heraus, daß die eine Stimme wahrscheinlich ausgerechnet die des parlamentarischen Geschäftsführers der CDU/CSU-Fraktion, des stark verschuldeten Abgeordneten Leo Wagner war und daß dieser vermutlich als inoffizieller geheimer Mitarbeiter des DDR-Ministeriums für Staatssicherheit tätig gewesen war. Mann im Hintergrund war Honecker, Vermittler der höchstwahrscheinlich ebenfalls für die DDR-Staatssicherheit tätige SPD-Fraktionsgeschäftsführer Karl Wienand.[8] Nach dem gescheiterten Konstruktiven Mißtrauensvotum begnügte sich auch Strauß mit der Annahme einer einseitigen Gemeinsamen Erklärung des Bundestags, daß die beiden Ostverträge nicht das unveräußerliche Recht auf deutsche Selbstbestimmung berührten, daß sie nicht der friedlichen Wiederherstellung der deutschen „nationalen Einheit" entgegenstünden und keine Rechtsgrundlage für die künftigen deutschen Grenzen darstellten: Sie waren damit von deutscher Seite als nur vorläufige Abmachungen gekennzeichnet.

Am 15. Mai stellte der CDU-Bundesvorstand den Abgeordneten die Abstimmung über die Ostverträge als persönliche Gewissensentscheidung frei und löste damit heftige Auseinandersetzungen in der gemeinsamen CDU/CSU-Fraktion aus. Barzel versuchte noch eine Annäherung mit Brandt und dem Bonner Sowjetbotschafter. Die Fraktion entschied sich schließlich unmittelbar vor der Abschlußlesung am 17. Mai nach Vorschlag Barzels und Strauß' für Stimmenthaltung. In der Endabstimmung ergaben sich jedoch für den Moskauer Vertrag 248 Ja-Stimmen, 238 Enthaltungen und 10 Nein-Stimmen, für den Warschauer Vertrag sogar 17 Nein-Stimmen. Entgegen der Strauß'schen Zusage, die CSU werde sich geschlossen der Stimme enthalten, votierten von dieser fünf Abgeordnete gegen den Moskauer und den Warschauer Vertrag: die Abgeordneten Dr. Richard Jaeger, Karl Theodor Freiherr von und zu Guttenberg, der Landesvorsitzende des Deutschen Bundes der Vertriebenen Dr. Fritz Wittmann, Dr. Walter Becher und Siegfried Zoglmann – die beide ebenfalls Sudetendeutsche waren. Schon am 19. Mai nahm auch der Bundesrat bei Stimmenthaltung der CDU/CSU-Länder die Verträge mit nur vier Nein-Stimmen an. Der aus bayerischer Sicht brisante Ostvertrag mit der Tschechoslowakei wurde zeitlich noch zurückgestellt.

Hatten CSU und Regierung Goppel die außenpolitische Wende nach Osten hin nicht stärker abschwächen und die damalige Erweiterung der Europäischen Gemeinschaft um Großbritannien, Irland und Dänemark nicht sichtbar beeinflussen können, so gelang dennoch unterhalb der Schwelle der großen Politik ein regionaler Fortschritt in gesamteuropäischer Verwaltungs- und Kulturpolitik: Bayern trat 1972 einer von Tirol angeregten grenzüberschreitenden Arbeitsgemeinschaft der Alpenländer („ARGe Alp") bei, der außerdem die österreichischen Bundesländer Tirol, Vorarlberg und Salzburg, der schweizer Kanton Graubünden sowie die italienischen

Provinzen Bozen (Südtirol) und Trient und die Region Lombardei angehörten.[9] 1978 sollte die „ARGe Alpen Adria" folgen, mit den Mitgliedern Oberösterreich, Kärnten, Steiermark, Friaul-Julisch und Venetien, wobei auch die jugoslawischen Republiken Slowenien und Kroatien mitarbeiteten, seit 1981 außerdem Südtirol-Trentino sowie Bayern (bis 1988) und Salzburg als sogenannte aktive Beobachter.

Mittlerweile war München vor allem durch den erfolgreichsten Verein der 1963 begründeten Fußball-Bundesliga, den FC Bayern München, schon eine deutsche Sporthauptstadt. Es wurde zur Sporthauptstadt der Welt, als ihm die 20. Olympischen Sommerspiele 1972 zugesprochen wurden. Vorsitzender der vorbereitenden Münchner Olympia-Gesellschaft war seit 1968 Strauß, Bauherr der Austragungsstätten aber die Bundesrepublik. Im Mittelpunkt der Bauten auf dem Oberwiesenfeld stand die größte bisher errichtete Zeltdach-Halle des gebürtigen Sachsen Prof. Günter Behnisch, der an der Technischen Universität Darmstadt lehrte und in Stuttgart ein Architekturbüro unterhielt. Diese Zeltdach-Halle vermied mit schlanken Stahlträgern und durchsichtigen Dachbespannungen bewußt jede monumentale Schwere und galt als Spitzenwerk moderner deutscher Architektur. Der auf dem Olympiagelände errichtete Fernsehturm wurde „Olympiaturm" genannt. Am Rande des Geländes ließ der Autokonzern BMW ein 101 m hohes Verwaltungsgebäude, ein „Vierzylinderhaus", von dem Wiener Architekten Karl Schwanzer erbauen.

Am 26. August 1972 begannen die Olympischen Sommerspiele in München – für Bootssport auch in Augsburg und Kiel –, Spiele, zu denen auch eine Sportmannschaft Israels kam. Die anfangs gewollt „heiteren Spiele" mit der Eröffnungs-Festmusik „Gruß der Jugend" von dem in München geborenen Carl Orff und begleitendem Kulturprogramm wurden jedoch zum Schauplatz einer blutigen Tragödie, als terroristischer Judenhaß in sie einbrach. Am 5. September überfielen acht Mitglieder der palästinensisch-arabischen Organisation „Schwarzer September" das israelische Quartier im Olympischen Dorf, töteten zwei Israelis und nahmen neun Geiseln. Die Münchner Stadtpolizei war überfordert. Innenminister Bruno Merk ließ Terroristen und Geiseln wie verlangt nachts zu einem Fluchtflugzeug auf dem Bundeswehrflugplatz

Fürstenfeldbruck bringen. Der herbeigeeilte Bundeskanzler Willy Brandt versuchte telefonisch erfolglos, den ägyptischen Ministerpräsidenten zu einer Landeerlaubnis für die Maschine in Kairo zu bewegen, Bundesaußenminister Genscher und der ehemalige Münchner Oberbürgermeister Vogel[10], Vizepräsident des Organisationskomitees der Olympischen Spiele, boten sich vergebens als Ersatzgeiseln an. Strauß blieb auf dem Flugplatz nur Beobachter. Schließlich gab Merk auf dem Platz den Befehl, durch fünf – d.h. zu wenige – Polizeischarfschützen das Feuer zu eröffnen. Eine in der Fürstenfeldbrucker Klosterkaserne bereitstehende Scharfschützengruppe der bayerischen Bereitschaftspolizei blieb ohne Abruf. Den Terroristen gelang es nach dem Feuergefecht noch, die Geiseln mit Handgranaten zu ermorden. Am Ende waren elf Israelis, fünf Terroristen und ein Münchner Polizist tot. Zum Abbruch der Spiele entschloß man sich trotzdem nicht. Die drei überlebenden Terroristen wurden dann durch die Entführung eines deutschen Lufthansaflugzeuges über Jugoslawien freigepreßt.[11] Die israelische Regierung übte blutige Rache in palästinensischen Flüchtlingslagern im Libanon an von ihr verdächtigten Drahtziehern.

Der Münchner „Untergrundkrieg" zwischen nationalen und politischen Ausländergruppen ging in München besonders unter Jugoslawen bis 1974 blutig weiter. 1968–1974 fielen dort sechs Kroaten und ein Serbe politischen Morden zum Opfer. Dann brachte 1974 eine neue föderalistische Verfassung für die Bundesrepublik Jugoslawien eine vorübergehende Beruhigung.

Münchens Oberbürgermeister Hans-Jochen Vogel hatte schon im Mai 1972 Volkmar Gabert als SPD-Landesvorsitzenden abgelöst. Der Mitgliederstand der bayerischen SPD erreichte in diesem Jahr seine Höchstmarke von bald 136 000 Genossen, darunter viele Intellektuelle.[12] Die CSU stieg von 76 700 Mitgliedern Anfang 1970 auf 107 000 Ende 1972 und 122 800 Ende 1974, gegenüber rund 531 000 Mitgliedern der West-CDU in zehn Bundesländern.

Die krisenhaften Vorgänge um die Ostverträge in Bonn hielten unverändert an. Dadurch wurde ein an die Ostverträge anschließender Grundlagenvertrag der Bundesrepublik mit der DDR über die Entwicklung gutnachbarlicher Beziehungen in Frage gestellt, welcher auf der Gleichberechtigung der beiden Staaten, einer Bestätigung der Grenzen und dem gegenseitigen Gewaltverzicht basieren sollte. So brachte Bundeskanzler Brandt am 20. September 1972 im Bundestag seinerseits die Vertrauensfrage ein. Bei der Abstimmung hierüber blieb die Regierungskoalition in der Minderheit, worauf Bundespräsident Heinemann das Parlament auflöste, und für November vorzeitige Neuwahlen angesetzt wurden. Im Mittelpunkt des Wahlkampfes stand der deutsch-deutsche Grundlagenvertrag. Am 21. September 1972 verabschiedete der Bundestag in Eile und mit Unterstützung der CDU/CSU-Mehrheit ein Rentenreformgesetz, das mit großzügigen Verbesserungen auch für Selbständige die Rücklagen der Sozialversicherung verplante. In der Bundestagswahl vom 19. November 1972 kletterte die CSU in Bayern zwar wieder auf 55,1%, die SPD als bundesdeutscher Hauptgewinner aber auf 37,8% in Bayern und die mit ihr verbündete FDP auf 6,1%. In der zweiten Bundesregierung Brandt-Scheel blieb es bei zwei Ministern aus Bayern, Josef Ertl (FDP) als Minister für Ernährung, Landwirtschaft und Forsten und Hans-Jochen Vogel (SPD) als neuer Minister für Raumordnung, Bauwesen und Städtebau.[13] Indem das Postministerium um die Bereiche Forschung und Technologie erweitert wurde, verschaffte der Bund sich weitere Eingriffsmöglichkeiten gegenüber den Ländern. Vogels Nachfolger als Münchner Stadtoberhaupt war für die SPD, die bei der Stadtratsneuwahl noch über 55% erhielt, Oberstudiendirektor Georg Kronawitter.[14]

Die bayerische Regierung Goppel erneuerte im Alleingang ihren Widerstand gegen den Grundlagenvertrag. Der neue Vertrag brachte der DDR zwar noch nicht die volle völkerrechtliche Anerkennung, aber doch die internationale Gleichberechtigung; er beschränkte die Hoheitsgewalt beider deutscher Partner auf ihr Staatsgebiet und vereinbarte eine gegenseitige Anerkennung der innen- und außenpolitischen Selbständigkeit. Strauß sah in ihm eine Neutralisierung der Bundesrepublik als Vorstufe zu einer gesamtdeutschen Staatenkonföderation – stellte also Deutschlandpolitik über Partei- und Föderalismuspolitik. Auch die Bonner Landesgruppe der CSU und der CSU-Vorstand waren mehrheitlich für eine Verfassungsklage gegen den Vertrag. Im Mai stand die Entscheidung der bayerischen Staatsregierung über die Klageerhebung beim Bundesverfassungsgericht an. Vor allem die Minister Streibl und Pirkl waren dafür – Ministerpräsident Goppel zunächst da-

51

gegen. Strauß erzwang jedoch von Goppel die Einberufung einer Kabinettsitzung mit seiner Teilnahme und brachte die Mehrheit auf seine Seite. Das somit von Bayern erneut angerufene Karlsruher Gericht entschied jedoch nicht sogleich über eine Unvereinbarkeit des Grundlagenvertrags mit dem Grundgesetz. Die Klage der Staatsregierung wurde außerdem zunächst auch von einer CSU-Minderheit im Landtag nicht unterstützt, der nicht vorher darüber hatte beraten können. Auch dieser Entspannungsvertrag wurde vom Bundestag nach dessen einseitiger Vorbehaltserklärung zur Deutschen Einheit, aber unter tatsächlicher Hinnahme der „Mauer", am 11. Mai 1973 in erster Lesung angenommen. Im Bundesrat fand Bayern für eine Anrufung des Vermittlungsausschusses gegen den Bundestag keine Mehrheit; es stimmte bei der zweiten Vertragslesung noch als einziges Land mit Nein.

Anstelle von Botschaften oder Konsulaten wurden von beiden deutschen Staaten gegenseitig „ständige Vertretungen" errichtet. Als die CDU/CSU-Fraktion den Beschluß über den Beitritt der Bundesrepublik zu den Vereinten Nationen wegen des ausbedungenen Mitbeitritts der DDR ablehnen wollte, legte Barzel den Fraktionsvorsitz nieder und verzichtete auf eine Wiederbewerbung als Parteivorsitzender. Im Juni 1973 wurde Helmut Kohl, der Ministerpräsident von Rheinland-Pfalz, zum CDU-Bundesvorsitzenden gewählt. Fraktionsvorsitzender der CDU/CSU wurde der ehemalige Staatssekretär im Bundeskanzleramt, Prof. Karl Carstens. Ende Juni lehnte das Karlsruher Verfassungsgericht die bayerische Klage gegen den Grundlagenvertrag ab, den es für grundgesetzgemäß erklärte. Das Gericht formulierte jedoch die Einschränkung, daß der Vertrag nur in der vom Bayerischen Verfassungsgerichtshof festgelegten Auslegung bezüglich des Wiedervereinigungsgebots mit dem Grundgesetz vereinbar sei. Das ermöglichte es Bayern und der CSU, diese Auslegung als gewissen Erfolg ihres Einspruchs anzusehen und später als Voraussetzung der Wiedervereinigung auszugeben.[15]

Die Ostverträge machten endlich den Weg frei für die volle internationale Anerkennung der beiden deutschen Staaten. Eine Konferenz über Sicherheit und Zusammenarbeit in Europa (KSZE) in Helsinki und Genf mit Beteiligung der USA brachte die Staaten der NATO und des Warschauer Pakts bis 1975 an einen Tisch und wurde zur Dauereinrichtung mit Sitz in Luxemburg. Im

September 1973 wurden die Bundesrepublik und die DDR gleichzeitig Mitglieder der Vereinten Nationen.

Da sich die wirtschaftliche Lage in der Bundesrepublik, wie auch in der 1971 um Großbritannien, Irland und Dänemark erweiterten Europäischen Wirtschaftsgemeinschaft, aufgrund kräftigen Wachstums günstig entwickelte, schienen zunehmende Belastungen auch des bayerischen Staatshaushalts durch wohlfahrtsstaatliche Reformen des Bundes tragbar. Bei annähernder Vollbeschäftigung nahm die Anwerbung ausländischer Gastarbeiter auch nach Bayern zu. Wurden bis 1969 vor allem Italiener angeworben, so bewirkten die Verträge mit der Türkei (1961) und mit Jugoslawien (1968) nun einen Massenzuzug; die weiteren Anwerbungsländer waren Griechenland, Spanien, Marokko, Portugal und Tunesien, schließlich für Pflegekräfte auch Südkorea. Von 1960–1972 war die Zahl der in Bayern arbeitenden Ausländer von etwa 37 000 auf rund 388 000 gestiegen, die Familienangehörigen mitgerechnet, lebten rund 615 000 Ausländer in Bayern. Allein in München waren mehr als 156 000 Beschäftigte Ausländer, was 18% der gemeldeten Arbeitnehmer im Arbeitsamtbezirk München ausmachte. Die größte Gruppe nach den Jugoslawen stellten die Türken.[16]

Größter industrieller Arbeitgeber Bayerns war und blieb der Siemenskonzern. Seine österreichische Gesellschaft war erst um 1970 aus Staatsbesitz wieder an ihn übergegangen, 1972 übernahm er zudem auch niederländische Betriebe. Gut hielt sich nach schwerer Krise wieder die von Herbert Quandt beherrschte Autofirma BMW, die seit 1967 ein modernstes Werk in Dingolfing ausbaute und Konzerngesellschaften in den USA und der Schweiz bildete. An der Ingolstädter Auto Union hatte zunächst der Daimler-Benz-Konzern 1958 einen Großteil des Aktienpakets erworben, 1966 wurde sie zu 100% Tochterkonzern des Volkswagenwerks im niedersächsischen Wolfsburg. 1969 schließlich wurde sie mit den württembergischen Motorenwerken Neckarsulm zur Gesellschaft Audi NSU Auto Union AG vereinigt und baute künftig das Erfolgsauto „Audi". Der deutsche Flugzeugbau begann erst spät wieder, aber dies in Bayern. 1969 stellten die Hamburger Schiffbau- und Flugtechnik-Familie Blohm und zwei Flugzeugbauer und Erfinder aus Augsburg und München 65% des Grundkapitals der neuen Gesellschaft Messerschmitt-Bölkow-Blohm in Ottobrunn bei München.

Die fehlenden 35% finanzierten ein amerikanischer und französischer Flugzeugkonzern, Siemens und die Bayerische Landesbank für Aufbaufinanzierung. Das Unternehmen MBB war seit dem Gründungsjahr an einem Vertragswerk der französischen und westdeutschen Regierungen beteiligt, das den gemeinsamen Bau eines Personen-Großraumflugzeugs „Airbus" durch ein Finanzkonsortium Airbus Industries mit Sitz in Toulouse und München einleitete. Systemführung und Endmontage des Airbus verblieben in Frankreich. Bis 1974 traten auch Großbritannien, die Niederlande und Spanien dem Konsortium bei. Unterstützende nationale Vereinigung war die Deutsche Airbus-Gesellschaft, die sich vollständig im Besitz des Produzenten MBB befand. Deren Vorsitzender aber war der private Pilot eigener Kleinflugzeuge, Franz Josef Strauß. Der erste Test-Airbus flog 1972, der Einsatz im internationalen Linienverkehr begann 1975.[17] Erstes MBB-Zweigwerk wurde Manching bei Ingolstadt.

Der durch seine Wiederaufbaubank beteiligte Freistaat Bayern und der bayerische Sparkassenverband der Gemeinden gründeten mit je halbem Kapitalanteil eine neue Geschäftsbank, die Bayerische Landesbank in München. Im Versicherungsgeschäft hatte das unter vertraglich gleicher Kapitalbeteiligung vereinte „Machtkartell" von Münchner Rückversicherung und Allianz weiterhin Erfolge auf dem Weltmarkt, die Allianz erwarb Versicherungen auch in Amerika. Auch für das Verlagswesen war München weiterhin ein bedeutender Standort, seit 1968 war auch der große westfälische Bertelsmann-Konzern für den Unternehmensbereich Buch- und Fachverlage in München vertreten.

Als Verwaltungsmodernisierung brachten 1971 Staatsregierung und Landtag die lange erörterte, auch in den anderen Bundesländern betriebene Gebietsreform der politischen Bezirke, Landkreise und Gemeinden in Gang. Diese suchte Lebens- und Verwaltungsraum aneinander anzupassen, wobei sie jedoch die Regierungsbezirke nur wenig veränderte, und sollte leistungsfähigere größere Gemeinden und Landkreise durch nötigenfalls zwangsweise Zusammenlegung schaffen. Altgewohnt waren schon Eingemeindungen zu Städten. Allgemein ging Merks Innenministerium für Bayern immerhin schonender vor als alle anderen bundesdeutschen Flächenländer, indem es möglichst freiwillige Zusammenschlüsse zu erreichen suchte und im Gegensatz vor allem zu Nordrhein-Westfalen über drei Viertel der neuen Gemeinden mit weniger als dem Richtwert von 5000 Einwohnern, d. h. relativ kleine zuließ und 25 kreisfreie Städte beibehielt. Allerdings ließ Bayern auch mehr staatliche Außenbehörden weiterbestehen als andere Bundesländer. Der Versuch einer von Strauß ermunterten „Aktionsgemeinschaft Demokratische Gemeindegebietsreform in Bayern", noch 1977 das Inkrafttreten der Zwangszusammenlegung als Verletzung einer als grundgesetzlich ausgelegten Selbstverwaltung mittels Volksbegehren zu verhindern, mißlang. So wurden schließlich aus bisher 143 Landkreisen 71 Großkreise, von bisher 48 kreisfreien Städten blieben nur noch 25, die übrigen 23 wurden zu Großen Kreisstädten. Die Zahl der bisher knapp 7000 Gemeinden verringerte sich auf etwas mehr als 2000 Kreisangehörige Gemeinden, von denen mehr als 900 Mitgliedsgemeinden in Verwaltungsgemeinschaften waren. Kritiker beklagten vor allem die Zerstörung der dörflichen Infrastruktur.[18]

Die „Weltstadt" München mit 1,34 Millionen Einwohnern und immer dichter besiedelter Umlandregion erfuhr kaum Vergrößerung; „Großmünchen"-Pläne waren seit 1969 aufgegeben. In dem eigenen Stadtgebiet rechts der Isar wurde seit 1968 das neuerbaute Hochhaus-Stadtviertel Neuperlach bezogen, in dessen Wohnanlagen sich allein bis 1980 über 60000 Menschen ansiedelten. Rechtzeitig zu den Olympischen Spielen erhielten Stadt und Region auch ein Verkehrs-Verbundsystem von neuerbauter Untergrundbahn, Schnellbahn, Tram und Bus. Der Fernsehturm und das 1972 fertiggestellte Vierzylinder-Hochhaus der BMW-Verwaltung am Olympiapark fügten dem Stadtbild einen weiteren modernen Akzent hinzu. Münchens Stadtpolizei wurde 1975 als letzte Gemeindepolizei in der Bundesrepublik verstaatlicht.

Nürnberg, seit 1972 Kanalhafen des Rhein-Main-Donau-Kanals, wuchs durch Zuschlag von Randgemeinden auf 515000 Einwohner und entwickelte die Trabantensiedlung Langwasser. Augsburg vergrößerte sich vor allem um die beiden südlichen Nachbarstädte Göggingen und Haunstetten auf nahezu 250000 Einwohner. Die weitere Reihenfolge der Großstädte blieb mit Regensburg, Würzburg und Fürth unverändert; das räumlich vergrößerte Erlangen sollte bald, vorerst nur vorübergehend, die 100000er-Grenze erreichen. Die Spitzenzahlen der Großstädte bröckelten in der Folge durch Wegzüge ins Stadtumland überhaupt wieder etwas ab. Ein Denkmalschutzgesetz von 1973 sollte etwa 80 000 Bauten, Altstadtkerne und Bodendenkmäler in ganz Bayern vor Verfall schützen.

Der Fortgang der Schulreform schloß sich, mit der Zusammenfassung auch größerer dörflicher Volksschulen zu achtklassigen Mittelpunktschulen mit Schulbus-Zubringerdienst, an die Gemeindegebietsreform an. Zudem stand die Schulreform auch im Kontext einer Landesplanung mit einem Stufensystem von Zentralorten und mit vorgesehenen Entwicklungsachsen; diese Steuerung war durch das Raumplanungsgesetz des Bundes von 1965 und die bayerische Landesgliederung in 18 Planungsregionen von 1972 vorgeprägt. Der Schüler-Übertritt von Volks- in weiterführende Schulen nahm jetzt auch in Bayern laufend zu; er verdoppelte sich allein zu den Gymnasien zwischen 1963/64 und 1972/73 von 15% eines Geburtsjahrgangs auf 30%. Jedoch lehnte Bayern die Einführung von Jahrgangs-Gesamtschulen aus beiden Stufen ab. Der entsprechende Ausbau der Hochschulebene suchte neue regionale Entlastungsmöglichkeiten zu schaffen. Die Lehrerbildung wurde durch die Eingliederung der Pädagogischen Hochschulen in die Universitäten als bekenntnisgemischte Erziehungswissenschaftliche Fakultäten weiter umgestaltet. In Augsburg wurde 1970 unter Eingliederung der Philosophisch-Theologischen Hochschule Dillingen eine neue Landesuniversität gegründet. Bamberg erhielt zunächst eine zweiteilige staatliche Gesamthochschule (1979 Universität), Eichstätt wie Neuendettelsau eine Kirchliche Gesamthochschule. Bereits 1974 sollte dann eine weitere Landesuniversität in Bayreuth gegründet werden. Die Technische Hochschule München wurde bald Technische Universität; Würzburg erhielt die zweite – fränkische – Musikhochschule Bayerns. Einem ersten Hochschulrahmengesetz des Bundes kam Bayern aus föderalistischem Ehrgeiz mit einem eigenen Hochschulgesetz vom Dezember 1973 zuvor. Es betraf auch staatliche und private Fachhochschulen und gab ihnen als nicht im engeren Sinne wissenschaftlichen Hochschulen für anwendungsbezogene Lehre eine einheitliche Rechtsstellung. Als Reaktion auf die Studentenbewegung schrieb das Gesetz die „ständische" Gruppenvertretung von Professoren, Mitarbeitern und Studenten in der Hochschul-Selbstverwaltung und damit die Schwächung der „Ordinarienherrschaft" der auf Lebenszeit beamteten Lehrstuhlinhaber fest. Es enthielt aber auch ein politisches Ordnungsrecht und hob die stark politisierten Allgemeinen Studentenausschüsse auf. Allmählich kehrte an den Hochschulen wieder Ruhe ein. Das 1976 verabschiedete Hochschulrahmengesetz des Bundes fiel dann weniger revolutionierend aus als in München anfangs befürchtet; es nötigte Bayern nur noch zu einzelnen Anpassungen des Landesgesetzes. Reine Bundessache wurde 1973 im Zuge der Militärbildungsreform die neue süddeutsche Hochschule der Bundeswehr für Berufsoffiziere mit Schwergewicht auf Technik in München, dann Neubiberg, die künftige Bundeswehruniversität München.

In der wissenschaftlichen Forschung wurde der Zoologe der Münchner Universität Prof. Karl von Frisch 1972 Nobelpreisträger für Physiologie und Medizin, die Münchner Technische Hochschule konnte 1973 unter ihren Professoren einen Nobelpreisträger für Chemie vorweisen, den Metallstrukturforscher Ernst Otto Fischer. Der berühmte Würzburger und ehemalige Direktor des Max-Planck-Instituts für Physik in München, Prof. Werner Heisenberg, starb 1976. Die 1969 als Bundeseinrichtung zur Förderung der Grundlagenforschung eröffnete Generalverwaltung der Max-Planck-Gesellschaft blieb weiterhin im Hofgartenflügel der Münchner Residenz, und nach wie vor befanden sich in der bayerischen Hauptstadt so viele Max-Planck-Institute wie nirgendwo sonst. Das 1969 gegründete Starnberger Institut zur Erforschung der Lebensbedingungen der wissenschaftlich-technischen Welt unter Leitung des Physikers Prof. Carl Friedrich Freiherr von Weizsäcker geriet durch Warnungen vor Umweltfolgen des Wirtschaftswachstums in das politische Schußfeld und wurde schließlich als Einrichtung der Gesellschaft eingestellt. Das zu neun Zehnteln vom Bund finanzierte Max-Planck-Institut für Plasmaphysik in Garching war und blieb die wichtigste westdeutsche Großforschungseinrichtung für kontrollierte Kernfusion mit über 1000 Mitarbeitern. Die deutsche Forschungs- und Versuchsanstalt für Luft- und Raumfahrt in Porz-Wahn bei Köln, eine Bund-Länder-Gründung von 1969, unterhielt in Oberpfaffenhofen ein Forschungszentrum mit über 800 Beschäftigten. Von den Zuwendungen des Bundesforschungsministeriums an Wirtschaftsunternehmen ging 1973 der weitaus höchste Betrag nach München, hauptsächlich für Datenverarbeitung und Weltraumflug.

Der in Naturwissenschaft, Technik und Wirtschaft genährte Glaube an die grenzenlose „Machbarkeit" konnte sich mit religiösem Glauben nur schwer verbinden. Im katholischen Kirchenbereich wurde die vom Konzil nicht entschiedene Einzelfrage der religiösen Zulässigkeit der Geburtenbeschränkung durch vorbeugende Pilleneinnahme[19] zu einer Familien und Gemeinden bewegenden Auseinandersetzung. Papst Paul VI. berief den Münchner Kardinal Döpfner zum Vorsitzenden einer römischen „Pillenkommission". Döpfner hatte jedoch selbst gegen ein völliges Pillenverbot Bedenken und legte keinen einhelligen Kommissionsbeschluß vor. Trotzdem schloß sich das päpstliche Rundschreiben „Humanae Vitae" der Minderheitsmeinung für eine unbedingte Verurteilung an. Es erwies sich auch in Bayern als nicht durchsetzbar und führte damit, wie sich zeigen sollte, zu einem Verlust an päpstlicher Autorität in Dingen der Lebensführung.

Offensichtlicher bereitete zudem die unerwartete Beschleunigung des schon vor dem Vatikanischen Konzil sichtbaren Rückgangs des Priesternachwuchses auch in Bayern Sorgen. In dem Jahrfünft 1968–1972 war die Verhältniszahl der geweihten Neupriester zu je 100 000 Katholiken in der Erzdiözese München-Freising die schlechteste unter allen deutschen Bistümern; Passau und Eichstätt wiesen trotz starken Rückgangs noch die besten deutschen Zahlen auf. Bayernweit erlaubte jedoch der Einsatz ausländischer, vor allem polnischer und kroatischer Priester die Schließung mancher personeller Lücke.

In Würzburg eröffnete Kardinal Döpfner 1971 eine Gemeinsame Synode der Bistümer in der Bundesrepublik, die sich der Durchführung und Anwendung der Konzilsbeschlüsse widmen sollte und etwa zur Hälfte aus Laien bestand. Sie tagte dann in Abständen bis 1975 und stieß mit ihren Reformanordnungen in Pfarrgeistlichkeit und Gemeinden auf manches konservative Unverständnis. Die beschlossene Einführung von gewählten Pfarrgemeinderäten blieb seitens Roms kirchenrechtlich unbestätigt und von später wieder erlahmender Wirksamkeit.[20] Karl Rahner kehrte 1971 nur vorübergehend an die kleine Hochschule für Philosophie seines Jesuitenordens nach München zurück. Die Provinz München-Nymphenburg der Englischen Fräulein wagte 1973 die Gründung einer Provinz (Süd-)Korea. Von dort kamen auch neue Nonnen in bayerische Klöster.

Der Deutsche Evangelische Kirchentag 1971 wurde in Augsburg als Ökumenisches Pfingsttreffen in gemeinsamer Verantwortung mit dem Zentralkomitee der deutschen Katholiken veranstaltet. Die Vorsitzenden der Veranstalterverbände waren damals der spätere Bundespräsident Dr. Richard Freiherr von Weizsäcker (CDU) und der Oberbürgermeister von Münster Dr. Albrecht Beckel (CDU). In der Arbeitsgruppe „Entwicklung – Verantwortung der Christen" beteiligte sich auch Strauß an der Diskussion. Kardinal Döpfner und Landesbischof Dietzfelbinger wirkten im Schlußgottesdienst mit. Die Teilnehmerzahl war jedoch infolge innerevangelischer Spaltungen auf etwa ein Viertel gegenüber dem vorigen Evangelischen Kirchentag gesunken, und die Beteiligung eines Ordenspriesters an einer nicht genehmigten gemeinsamen Kommunion in einer katholischen Kirche wurde durch die Kirchenbehörde bestraft.[21] Der ökumenisch enttäuschende Versuch eines gemeinsamen deutschen Kirchentags fand bis 2003 keine Wiederholung. Die Synode hatte, unter Festhalten am lutherischen Eucharistiesakrament, 1974 auch die in der Schweiz vereinbarte „Leuenberger Konkordie" reformatorischer Kirchen in Europa angenommen, die eine volle Abendmahls- und Kanzelgemeinschaft zwischen lutherischen und reformierten Kirchen brachte und 1976 auch vom Landesbischof und Landeskirchenrat unterschrieben wurde.[22]

Die Verschärfung der politischen Auseinandersetzung im Lande ließ die Parteienkritik an einer Volksbeeinflussung durch Rundfunk und Fernsehen zunehmen. Ein Bürgerkomitee aus SPD, FDP, Gewerkschaften, überraschenderweise Bund der katholischen Jugend und Einzelpersonen veranstaltete im Juli 1972 ein erfolgreiches Volksbegehren „Rundfunkfreiheit". Es richtete sich gegen eine von der CSU grundsätzlich erwogene Zulassung privater und privatwirtschaftlich abhängiger Sendeanstalten neben dem Bayerischen Rundfunk im ARD-Verbund. Durch den Volksentscheid sollte deren Verbot zugunsten öffentlich-rechtlicher und dadurch „freier" Anbieter gestützt werden. Die Landtagsmehrheit lehnte im Dezember die von Innenminister Merk bejahte Rechtsgültigkeit des Begehrens ab. Im Mai 1973 wurde dann aber doch ein Volksentscheid über einen Zusatz zur bayerischen Verfassung zugelassen, der die Freiheit des Rundfunks und Fernsehens gerade durch ihre Betreibung in öffentlicher Verantwortung und in öffentlich-rechtlicher Trägerschaft vorläufig festschrieb. Der Volksentscheid, der im Frühsommer stattfand, fand die erforderliche Mehrheit; die Landesverfassung wurde am 1. Juli 1973 dementsprechend ergänzt.[23]

Die trotz zunehmender öffentlicher Verschuldung scheinbar gesicherte Fortdauer des bundesdeutschen „Wirtschaftswunders" schien im Herbst 1973 plötzlich gefährdet zu sein durch den Ausbruch des vierten Nahostkrieges nach dem gemeinsamen Angriff Ägyptens und Syriens auf Israel. Dieses behielt aber die Oberhand. Anfang November beschlossen die arabischen Ölausfuhrländer, solange ihre Ölförderung um ein Viertel herabzusetzen, bis die von Israel besetzten Palästinensergebiete befreit seien. Die Folge war eine sprunghafte Steigerung der Ölpreise und eine Energiekrise auch in der Bundesrepublik. Ein Energieeinsparungsgesetz des Bundestags mußte eilends Verbrauchsbeschränkungen herbeiführen; es kam zum Sonntagsfahrverbot für private Kraftfahrzeuge und zu Absatz- und Beschäftigungsschwierigkeiten in der Industrie. Die weitere Anwerbung von Gastarbeitern aus Ländern

Blick in die Münchner Ludwigstraße: Die internationale Ölkrise führte am 25. November 1973 zum ersten autofreien Sonntag.

außerhalb der erweiterten Europäischen Gemeinschaft wurde verboten. Die Ölindustrie des Ingolstädter Raums wurde durch den Schock schwer getroffen. Die Auswirkung dieses wirtschaftlichen Rückschlags ging tiefer als die von 1966/67. Die Enthüllung der kurzfristigen Verwundbarkeit der westdeutschen und nicht zuletzt südbayerischen Wirtschaftsblüte erschütterte jedoch das Vertrauen in die Fähigkeit der Regierungen zur Krisenbewältigung nicht grundsätzlich. Das „soziale Netz" der Bundesrepublik erwies sich als hinreichend zuverlässig. Freilich wuchs gerade im kohlearmen Bayern das Interesse an eigener Atomkraft und außerdem an der von der Bundesregierung vereinbarten Lieferung sowjetischen Erdgases über die wieder voll sowjethörige Tschechoslowakei ab 1973 – was von den Amerikanern mit Mißtrauen beobachtet wurde.

Die Entspannungspolitik der Bundesregierung Brandt-Scheel wurde nun mit der Unterzeichnung eines Prager Vertrages vom 11. Dezember 1973 fortgesetzt. Dieser Gewaltverzichts- und Grenzvertrag mußte – aus Gründen des Rechtsschutzes für die Sudetendeutschen als ehemalige Bürger der Tschechoslowakei – besondere Schwierigkeiten überwinden. Schließlich wurde in Artikel I und II des Vertrages erklärt, daß beide Seiten das Münchner Abkommen von 1938 nach Maßgabe des Vertrags als nichtig betrachteten und daß dieser die Rechtswirkungen, die sich aus der Anwendung des Abkommens 1938–1945 ergäben, insbesondere bezüglich der Staatsangehörigkeit, nicht berühre und keine Grundlage für tschechoslowakische materielle Ansprüche bilde. Auf diese Weise wurde die Unverletzlichkeit der bestehenden Grenze festgeschrieben, es blieb aber die strittige Frage offen, ob das Münchner Abkommen von Anfang an als erzwungen nichtig war oder erst infolge seines Bruchs durch Hitler ungültig wurde. Der Sudetendeutsche Rat und die Bundesversammlung der Sudetendeutschen Landsmannschaft legten gleichwohl mit Unterstützung der bayerischen Regierung Rechtsverwahrung gegen den Prager Vertrag ein. Der Bundestag nahm das Gesetz zum Vertrag aber am 10. Juli 1974 mit 262 gegen 167 Stimmen an; die Abgeordneten der CSU, voran natürlich der Vorsitzende der Sudetendeutschen Landsmannschaft, aber auch Strauß, stimmten mit Nein. Im Bundesrat erhoben Bayern mit Minister Pirkl als Sprecher und die Ländermehrheit Einspruch gegen den Prager Vertrag und verzögerten damit noch seine Gültigkeit.[24] 1974 trat der deutsch-tschechoslowakische Vertrag über die Ungültigkeit des Münchner Abkommens in Kraft. Danach waren die Sudetendeutschen immer tschechslowakische Staatsbürger geblieben, hatten aber, indem sie die Angliederung an Deutschland in einer Volksabstimmung bejaht hatten, gegen Staatsbürgerpflichten verstoßen.

Noch vor dem Prager Vertrag wurde ein rüstungspolitischer Entspannungsfortschritt von deutscher Seite besiegelt. Mit dem Gesetz vom Februar 1974 trat die Bundesrepublik endlich, gegen erneute Bedenken der CSU wegen einer Beschränkung der bundesdeutschen Souveränität, dem internationalen Kernwaffensperrvertrag über die Nichtverbreitung von Atomwaffen rechtskräftig bei und verzichtete damit wie auch die DDR auf die eigene Verfügung und Herstellung von Atomwaffen.

Die Energiekrise konnte 1974 im wesentlichen als überwunden gelten. Jedoch zeigten sich immer deutlicher die Grenzen der Verwirklichung überzogener Zukunftserwartungen der Regierungsära Brandt-Scheel. Die Gewerkschaft Öffentliche Dienste, Transport und Verkehr (ÖTV) brachte im Februar Bund, Länder und Gemeinden durch einen harten Arbeitskampf zur schrittweisen Annahme von überzogenen Lohnsteigerungen um 11–12,5%. Die Gewerkschaften der Privatwirtschaft gerieten dadurch in Zugzwang, und die Autorität des Staates an sich sowie das Ansehen des Kanzlers sogar in der eigenen Partei wurden beschädigt. Brandts Sturz erfolgte dennoch überraschend schnell – mitten in der Umsetzung des Deutschlandvertrags mit der DDR unter Mitwirkung des SPD-Fraktionsvorsitzenden Herbert Wehner. Im April kam die Tätigkeit eines DDR-Spions im engsten persönlichen Mitarbeiterkreis Brandts zutage. Am 6. Mai traten Kanzler und Bundesregierung zurück, Brandt blieb jedoch Parteivorsitzender.[25] Der FDP-Vorsitzende und Außenminister Scheel wurde noch vor der Wahl eines neuen Bundeskanzlers zum Bundespräsidenten gewählt.

Den Nachfolger Brandts stellte für die fortbestehende sozialliberale Koalition wieder die SPD: Es war der bisherige Bundesfinanzminister Helmut Schmidt. Außenminister und Vizekanzler wurde der FDP-Vorsitzende, Innenminister Hans-Dietrich Genscher, ehemals DDR-Flüchtling. Ertl behielt das Landwirtschaftsministerium, Hans-Jochen Vogel wurde Justizminister, der Zeitungswissenschaftler und frühere bayerische SPD-Landtagsabgeordnete Dr. Peter Glotz, ein Egerländer mit tschechischer Mutter, wurde parlamentarischer Staatssekretär im Bildungsministerium, dann aber bald Stadtstaatssenator in Westberlin. Der norddeutsche Führungsvorrang in der Bundespolitik verstärkte sich somit weiter, was der CSU willkommene Angriffspunkte verschaffte. Im Juli 1974 setzte der Bundestag den deutsch-tschechoslowakischen Vertrag endgültig durch.

Die bayerische Landtagswahl von Ende Oktober 1974 bescherte der CSU und der Regierung einen Triumph, den sie noch nie erreicht hatte und auch nicht mehr übertreffen sollte: Sie erzielte 62,1% der abgegebenen Stimmen – die absolute Erfolgs-Höchstzahl bis heute –, in 27 Stimmkreisen über 70%, in München über 49% (gegenüber 48% für die SPD). Im Landtag besetzte die Partei nun 132 von 204 Sitzen. Die FDP konnte mit 5,2% und nur 8 Abgeordneten keine Fraktion mehr bilden. Die vierte Regierung Goppel, die von der CSU alleine bestritten wurde, blieb personell nahezu unverändert. Das Justizministerium übernahm der evangelische Staatssekretär Dr. jur. Karl Hillermeier mit Frau Dr. jur. Mathilde Berghofer-Weichner als Staatssekretärin. Das noch vor der Wahl durch ein Gesetz errichtete Landesamt für Verfassungsschutz unterstand dem Innenminister.

Als außenpolitischen Überraschungscoup gegen den Gewichtsgewinn des Sowjetblocks unternahm Strauß im Januar 1975 als CSU-Vorsitzender eine Reise in die Volksrepublik China, die ebenfalls kommunistisch regiert, aber national rußlandfeindlich war. Daß er sich öffentlich vom greisen Revolutions- und Parteiführer Mao Zedong empfangen ließ, erregte weltweites Aufsehen, weckte aber auch Bedenken über die politische Unberechenbarkeit des maßgeblichen Sprechers für Bayern in Deutschland. Zu einem Gegenbesuch kam der chinesische Außenminister bald darauf nach München.

Die CSU und die bayerische Regierung unterstützten weiterhin entschieden die europäische Bewegung föderalistischer Prägung. 1976 trat die CSU einem neubegründeten Zusammenschluß nationaler christlich-demokratischer Parteien, der Europäischen Volkspartei (EVP) mit Sitz in Brüssel bei. Um auch Österreich in den internationalen christlich-demokratischen Parteienbund einbeziehen zu können, schloß man noch die Gründung einer weiteren Europäischen Demokratischen Union mit Sitz in Wien an.

Strauß' „Kreuth" gegen die CDU und Ausklang der Regierung Goppel

Der Vorsitzende der CSU führte um die Mitte der 1970er Jahre eine mit Hilfe des Münchners Dr. Friedrich Zimmermann (Generalsekretär der CSU von 1956–1963) gut organisierte echte Volkspartei, die seit 1957 in Bayern ohne Unterbrechung regierte. Die von Strauß später sein Lebenswerk genannte Partei war in ihrer Alleinherrschaft in München von keiner Opposition mehr abzulösen. Bei enger Verflechtung mancher ihrer Staatssekretäre und Abgeordneten mit Führungskreisen der Wirtschaft wurde sie auch durch deren Spenden kräftig unterstützt. Die Mitgliederzahl lag 1977 über 159 000. In der beruflichen Zusammensetzung der Mitglieder 1970 –1974 waren 35% Selbständige (einschließlich Bauernfamilien), 19% Angestellte, immerhin 16% Arbeiter (einschließlich Lehrlinge), 13% Beamte, Geistliche, Richter und Soldaten und 9% Rentner und Pensionäre. Im ganzen überwogen Kleinbürger- und Kleinbauerntum. Frauen waren mit 12,93% im Jahr 1979 noch schwächer vertreten als in der CDU, bei der der weibliche Anteil der Mitglieder zwischen 1970 und 1978 von 13,61% auf 20,57% anstieg. Die Frauen stellten jedoch einen ganz erheblichen Teil der CSU-Wähler.[26]

Strauß selbst zog für sich in seiner Leidenschaft für Außen- und Weltpolitik ein Wirken in Bonn vor, doch war klar, daß er im Blick auf sein Wunschziel der Kanzlerschaft dem Vorsitzenden der größeren CDU, Helmut Kohl, dem er sich auch an Kampfstärke überlegen fühlte, bei einer Kandidatur für die Bundestagswahl 1980 würde eigentlich den Vortritt lassen müssen.

Dr. phil. Helmut Kohl, fast 15 Jahre jünger als Strauß, wurde als Sohn eines nach der Pfalz versetzten kleinen staatlichen Steuerbeamten aus Unterfranken in der Großchemiestadt Ludwigshafen geboren. Als Gymnasiast war er noch Schüler-Flakhelfer der Luftabwehr-Artillerie gewesen. Im Unterschied zum ursprünglichen Gymnasiallehrer Strauß ging er von Anfang an den Weg des Berufspolitikers. Mit einer zeitgeschichtlichen Arbeit über die pfälzische CDU promoviert, stieg er vom Mitglied der Jungen Union über den Landtag, den Fraktions- und Landesvorsitz rasch zum Ministerpräsidenten von Rheinland-Pfalz auf (1969), das etwa ein Drittel der Einwohnerzahl Bayerns aufwies.[27]

Daß Strauß sich noch 1974 beim gemeinsamen Alpenwandern in Bayern mit Kohl hatte fotografieren lassen, verdeckte das wahre Verhältnis beider nur mühsam. Der Bayer griff auf die Erinnerung an die Weimarer Zeit zurück, in der sich 1919 der Landesverband Bayern der Deutschen Zentrumspartei von dieser getrennt und die konservativ-föderalistische „Bayerische Volkspartei" gegründet hatte. In der Reichspräsidenten-Wahl von 1925 hatte sie sogar gegen den Zentrumskandidaten für Hindenburg, den preußischen Generalfeldmarschall des Weltkriegs, mit Erfolg geworben. Der Plan war nun, das Gewicht der CSU durch ihre Ausweitung auf alle Bundesländer zu erhöhen, also im Endergebnis die dortige CDU-Wählerschaft zu spalten. Innerhalb der CSU hatte es freilich bisher an Meinungsverschiedenheiten zwischen Bonner Landesgruppe und Münchner Landtag, auch zwischen Parteivorsitzendem und Ministerpräsident nicht gefehlt, aber Strauß traute sich zu, die Oberhand zu behalten und so in Bonn Kohl rechts zu überholen.

Zunächst stellte er die Forderung, Kohl müsse als gemeinsamer Kanzlerkandidat sein Mainzer Ministerpräsidentenamt aufgeben und als Abgeordneter ganz in die Bundeshauptstadt übersiedeln. Kohl sagte unter der Bedingung zu, dass er den CDU/CSU-Fraktionsvorsitz erhielte. Strauß reagierte mit einem offenen Angriff auf die sozial-politische „Linke" in der CDU, besonders im Ruhrgebiet. Im SPD-regierten Stadtstaat Bremen entstand schon ein „Freundeskreis Franz Josef Strauß" als möglicher Vorläufer einer ersten außerbayerischen Parteifiliale der CSU. Der damalige Vorsitzende der Bonner CSU-Landesgruppe Dr. Friedrich Zimmermann räumte später als Minister einer Regierung Kohl ein, Strauß habe Kohl (wie auch er selbst) „gewaltig unterschätzt". Kohl selbst spottete dann in seinem Erinnerungsbuch, der Bayer habe ihn für ein „Weichei" gehalten; 2003 fügte er in einem Fernseh-Interview hinzu, Strauß sei im Machtkampf trotz seiner lauten Töne kein wirklich „starker Mann" gewesen.

Der äußere Anstoß zum Angriff gegen die CDU ging von der Landesgruppe aus. Zimmermann lud die Mitglieder für den 18./19. November 1976 zu einer Klausur-Aussprache über die verlorene letzte Bundestagswahl in die CSU-Tagungsstätte Wildbad Kreuth, ein früheres Wittelsbacherschloß bei Tegernsee. Die Tagesordnung war allgemein gehalten, eingeweiht in den Putschplan waren außer Strauß und Zimmermann nur der neue Generalsekretär Gerold Tandler, gebürtiger Egerländer und bisher Bankbeamter der Bayerischen Vereinsbank. Der Parteivorsitzende referierte zunächst über die Lehrerbildung, doch dann brachte der besonders erfolgreiche Deggendorfer Abgeordnete Franz Handlos den plötzlichen Beschlußvorschlag ein, die Fraktionsgemeinschaft mit der CDU im Bundestag nicht mehr zu erneuern. Der Antrag wurde mit 30 gegen 18 Stimmen bei zwei Enthaltungen angenommen, ohne daß Strauß führend in die Diskussion eingriff oder ein konkretes Verhalten gegen die erwartbare Gegenwehr der CDU vorschlug. Die öffentliche Mitteilung über den Beschluß ohne Vorbenachrichtigung Kohls und sogar des übrigen CSU-Vorstands führte zur schwersten Krise zwischen den „Schwesterparteien" seit der Entstehung der Bundesrepublik. Der CDU-Vorsitzende Kohl wurde allerdings nicht unvorbereitet getroffen. Er hatte schon vorsorglich Verbindungen für einen Gegenschlag in den CSU-Parteivorstand und in das Drittel der Landesgruppe, das gegen die Parteientrennung war, und auch zu Strauß-Kritikern im Münchner Landtag und der Regierung geknüpft. So wurde „Kreuth" über Erwarten heftig auch zu einer inneren Krise der CSU selbst, und der Herrschaft Strauß' innerhalb der Partei.

Sofortiger offener Widerstand erhob sich vor allem in der fränkischen CSU um den evangelischen stellvertretenden Parteivorsitzenden und ehemaligen Bundespostminister Werner Dollinger. Der bayerische Innenminister Merk warf Strauß ein „nationalliberales Verständnis" der Partei vor. Der Bezirk Mittelfranken und die – der CDU angegliederte – Junge Union blieben mit der Forderung nach einem bayerischen Sonderparteitag nicht allein, doch leitete Strauß keine Vorbereitungen dafür ein. Von den Parteibezirken hielten nur Oberbayern unter Streibl und die Oberpfalz unter dem Grenzlandbeauftragten Staatssekretär Markus Sackmann uneingeschränkt zu ihm. Ein Konvent der Kreisverbände war ebenfalls gegen die Fraktionstrennung. Ministerpräsident Goppel und seine übrigen Minister hielten sich zunächst vorsichtig zurück. Kirchlicherseits waren nicht nur der evangelische Landesbischof, sondern auch die katholischen Bischöfe gegen den Kreuth-Beschluß. Seitens der CDU-Führung drohte Generalsekretär Prof. Kurt Biedenkopf mit der Gründung eines CDU-Landesverbandes Bayern. An die 10 000 Bürgermeister, Kreis-, Land- und Gemeinderäte der CSU in Bayern sahen ihre Amtspfründe in Gefahr, sollte die CDU sich in Bayern etablieren.

Jetzt griff Strauß den Rivalen Kohl unmittelbar und öffentlich an. Auf einem „Jugend-Parteitag" der von Wiesheu geführten Jungen Union in Bayern in der Münchner Filiale der Strauß freundlich gesonnenen Brathendlfirma „Wienerwald" sagte er am 24. November 1976 über den unterschätzten CDU-Vorsitzenden erregt: „Er ist total unfähig, ihm fehlen die charakterlichen, die geistigen und die politischen Voraussetzungen, ihm fehlt alles dafür…" Er fügte hinzu: „Am Ende dieses Parteitages nach kontroverser Diskussion werde ich im Norden der Bundesrepublik eine freiheitliche Deutsche Volkspartei ausrufen… Dann können Sie auch mich als Landesvorsitzenden vergessen…" Er schleuderte Anklagen auch gegen die CDU-Mitverantwortlichen der Ostverträge, vor allem Barzel, gegen den CDU-Chef in einer SPD-geführten großen Koalition in Niedersachsen Ernst Albrecht, das Bundesvorstandsmitglied Richard von Weizsäcker sowie die Vertreter der „Links-CDU", den Ex-Bundesminister für Arbeit Hans Katzer und die von ihm angeführten Sozialausschüsse der CDU. Bereits am 27. November konnte Kohl die Straußworte im Nachrichtenmagazin „Spiegel" und in der „Süddeutschen Zeitung" lesen. Die Richtigkeit des heimlichen Mitschnitts war nicht zweifelhaft, Strauß dementierte auch nicht. Wer die Aufnahme hergestellt und sofort an die Presse weiterleitet hatte, blieb ungeklärt.

Noch am gleichen Tag erklärte der CSU-Vorstand, die Partei verzichte auf eine bundesweite Ausdehnung, sei aber nicht zur Rücknahme des Kreuther Beschlusses bereit. Erst drei Wochen

6. Dezember 1976: Helmut Kohl und Franz Josef Strauß teilen der Presse mit, daß das Kreuther Spitzengespräch zwischen CDU und CSU keine Einigkeit über die Fortführung der Fraktionsgemeinschaft im Bundestag brachte.

später, Anfang Dezember, widerrief dann die Bonner Landesgruppe selbst den Beschluß.[28] Biedenkopf ließ den Versuch eines Außenseiters, in Landshut einen CDU-Landesverband zu gründen, gerichtlich unterdrücken. Am 12. Dezember wurde der Friede zwischen CSU und CDU öffentlich besiegelt – doch änderte die CDU ihr Parteistatut vorsorglich so, daß ihr Auftreten nun theoretisch auch in Bayern möglich war. Strauß gab das Vorhaben einer Kanzlerkandidatur bei den Wahlen 1980 keineswegs auf – was Kohl auch wußte.

Die innere Auseinandersetzung in der CSU hatte Rückwirkungen in der bayerischen Staatsregierung. Aus ihr traten 1977 zwei wichtige Kreuth-Gegner, Innenminister Merk und Finanzminister

Huber, aus und nahmen stattdessen Präsidentenämter in großen Landeskreditinstituten an. Nachfolger Merks wurde Justizstaatssekretär Dr. Alfred Seidl, ehemals Strafverteidiger im Nürnberger Kriegsverbrecherprozeß und weiterhin Anwalt des Berlin-Spandauer Dauerhäftlings und Stellvertreter Hitlers im „Dritten Reich", Rudolf Heß. Nachfolger von Finanzminister Huber, dem ein zu enges Verhältnis zum großen Parteispendengeber Flick und auch zu Biedenkopf vorgeworfen wurde, wurde Umweltminister Max Streibl; dessen bisheriges Ressort ging an seinen Staatssekretär Alfred Dick über.

Franz Heubl, Staatsminister für Bundesangelegenheiten, wurde für den Fall eines Strauß-Erfolgs 1980 Interesse an der Nachfolge Goppels nachgesagt – so wie ihm auch folgende Äußerung auf einem Bonner Bierabend 1976 zugeschrieben wird: „Für den bayerischen Ministerpräsidenten braucht's einen Herrn, und Strauß ist kein Herr." Strauß gelang es, Heubl zu einer Art „Ergebenheitsbrief" zu nötigen, nicht jedoch ihn als stellvertretenden CSU-Vorsitzenden zu stürzen. Er verhinderte aber einen aussichtsreichen Platz Heubls auf der Landesliste für die 1980er Wahl.

Seit Mitte der 1970er Jahre zeichneten sich in Deutschland Probleme durch Strukturveränderungen der Wirtschaft ab. Diese waren natürlich auch von Bayern nicht fernzuhalten. Obwohl Eisenmanns „bayerischer Weg" möglichst viele kleine Bauernbetriebe retten wollte, und obwohl die Ausfuhr der bayerischen Ernährungswirtschaft sich 1965–1975 im Nennwert versiebenfachte, sank auch die Zahl der im Freistaat als Haupterwerb bewirtschafteten Bauernhöfe zwischen 1960 und 1978 von rund 400 000 auf 322 000. Was den Einsatz von landwirtschaftlichen Produktionsmitteln in Bayern betraf, gab es zwischen 1950 und 1979/80 geradezu revolutionäre Veränderungen: Die körperliche Arbeit von Menschen war von anfangs noch 31% auf 4%, der Einsatz von Arbeitstieren von 36% auf null gefallen, Brennstoffe und Strom waren von 10% auf 48% gestiegen, Düngemittel und Maschinen von 23% auf ebenfalls 48%.[29] Die Einkommen bäuerlicher Familienbetriebe konnten seit Mitte der 70er Jahre dem Einkommensanstieg im Gewerbe immer weniger folgen. 1975 wurde eine EG-Bergbauern-Richtlinie zur wirtschaftlichen Förderung der Berggebiete erlassen. Trotzdem war das durchschnittliche Realeinkommen der landwirtschaftlichen Vollerwerbsbetriebe in Bayern 1978/79 das niedrigste unter den Bundesländern. Der Weg in die weitere Ausklammerung des Agrarbereichs aus dem Gesamtsystem der Marktwirtschaft erwies sich zunehmend als Einbahnstraße.

Dem stand gegenüber, daß Bayern zu Beginn der 70er Jahre im Industrialisierungsprozeß seinen Rückstand voll aufgeholt hatte. Bayern zählte zwar 1975 immer noch zu den deutschen Flächenstaaten, die vorwiegend Agrarland waren, der Anteil der in Land- und Forstwirtschaft Beschäftigten betrug jedoch nur noch 12,8%. Im Zeitraum 1958–1978 wies der Freistaat nach Beschäftigtenzahlen das stärkste Industriewachstum unter allen Bundesländern auf, freilich nach Regionen und Zweigen sehr unterschiedlich. Der Anteil des produzierenden Gewerbes, vom Handwerk bis zu großindustriellen Unternehmen, war schon auf 44,4% gewachsen, womit Bayern nach Baden-Württemberg, Nordrhein-Westfalen und Hessen an vierter Stelle lag. In der Industriedichte stand der Beschäftigtenanteil in der Gruppe Maschinen- und Fahrzeugbau einschließlich Panzerfahrzeuge bei 21,2%, jener der Elektroindustrie bei 14,8%, der Anteil der Textilindustrie nur noch bei 5,9%. Dabei gab es örtlich eine teils starke Ballung einzelner Industriezweige: In Erlangen und Regensburg (beide Siemens) entfielen allein auf die Elektroindustrie 73,9% beziehungsweise 53,9% der Industriebeschäftigten. Im Maschinen- und Fahrzeugbau, dem Auto- und Flugzeugbau waren es in Schweinfurt für Kugellager 93%, in Ingolstadt für Autos 83,7%, in Augsburg (MAN) 44,5%. In Nürnberg-Fürth waren die beiden Bereiche Elektroindustrie und Maschinenbau von gleichermaßen großer Bedeutung.

Der Siemenskonzern, zweitgrößtes privates Industrieunternehmen der Bundesrepublik, stieg unter dem Aufsichtsratsvorsitz von Dr. Peter von Siemens und dem Vorstandsvorsitz von Dr. Bernhard Plettner weitweit auf über 300 000 Beschäftigte. In Bayern selbst war das Unternehmen 1975 mit über 109 000 Mitarbeitern in nicht weniger als 50 Haupt- und Nebenstandorten vertreten. Die größten waren München mit rund 45 000, Erlangen mit 20 500 und Nürnberg-Fürth mit 10 300 Beschäftigten.[30] Der MAN-Konzern Nürnberg-Augsburg mit einem Fahrzeugwerk in München meldete rund 60 000 Arbeitnehmer. Größter Kapitaleigner von Messerschmitt-Bölkow-Blohm war der Freistaat Bayern mit über 24%; nach dem Verkauf des Blohm-Anteils 1975/76 kamen als weitere bayerische Gesellschafter Siemens, die Bayerische Vereinsbank und die Allianz-Versicherung hinzu. MBB hatte als größtes deutsches Luft- und Raumfahrtsunternehmen zunehmend auch Luftrüstungsaufträge und wuchs schnell auf etwa 20000 Mitarbeiter. Die Firma arbeitete außerdem an einer Satellitenträger-Rakete mit, die von einer europäischen Raumfahrtagentur vorbereitet wurde. Die Bundesrepublik war daran zu einem Viertel beteiligt, die Leitstelle dafür saß in Germering-Unterpfaffenhofen bei München. In Oberpfaffenhofen, Kreis Starnberg, gab es jedoch auch ein Werk der Konkurrenz-Gesellschaft für Luft- und Raumfahrt Dornier, deren Sitz in Friedrichshafen war und die vom Nachbarbundesland Baden-Württemberg unterstützt wurde. Teil der Flick-Konzerngruppe wurde der Panzerbau von Krauss-Maffei mit vier Auslands-Tochtergesellschaften, darunter einer in Südafrika. Die Bedeutung Münchens in Handel, Verkehr und Verlagswesen und durch seine großen Kredit- und Versicherungsinstitute nahm von neuem zu. Das Fürther Versandhaus Quelle betrieb 1976 als größtes Europas auch 25 Warenhäuser.

Der Aufbau der bayerischen Atomindustrie forderte einen hohen und kostspieligen technischen Aufwand. Das Isar-Kernkraftwerk Niederaichbach war lediglich von 1972–1974 in Betrieb, die bis zur seiner Stillegung erzeugte Energie entsprach nur 18 Tagen Vollast. Grund für die Stillegung war die Aufgabe der hier verwendeten Siemens-Entwicklungslinie mit Schwerwasser-Druckröhrenreaktor. Die Problemruine wurde schließlich zum schrittweisen Abriß ab 1978 freigegeben. In unmittelbarer Nähe war dafür ein neues, wesentlich größeres Kernkraftwerk der RWE-Bayernwerk GmbH Isar I/Ohu mit Siedewasserreaktor im Bau und seit 1977 in Betrieb, ein Werk Isar II geplant.

Im Oktober 1976 fanden erneut die Bundestagswahlen statt. Es war kaum verwunderlich, daß die im eigenen Lande so erfolgreiche CSU ihr Gewicht möglichst sichtbar für den Sturz der sozialliberalen Regierung einsetzen wollte. Die CSU erhielt in der Wahl am 3. Oktober in Bayern 60% Stimmen und somit 53 Bundestagssitze – ein solches Ergebnis hatte sie zuletzt 1957 erzielt.

Auf das Bundesgebiet bezogen hatte die CSU freilich nur 10,6% der Stimmen erreicht. Die SPD fiel im Freistaat auf 32,8% zurück, aber ihr Koalitionspartner FDP hielt sich mit 6,2% gut. Der

CDU/CSU-Kanzlerkandidat, der CDU-Vorsitzende Helmut Kohl, verfehlte die für den Bonner Regierungswechsel nötige Mehrheit knapp. Die zweite Regierung Schmidt-Genscher behielt Josef Ertl als Landwirtschaftsminister und Hans-Jochen Vogel als neuen Justizminister. Die langjährige Führerin der FDP im Münchner Landtag, Dr. Hildegard Hamm-Brücher,[31] inzwischen hessische Staatssekretärin, wurde 1977 von Genscher zur parlamentarischen Staatssekretärin im Auswärtigen Amt berufen. Vogel gab nun den Vorsitz der zerstrittenen bayerischen SPD an den oberfränkischen Landtagsabgeordneten und Rehauer Landrat Dr. Helmut Rothemund ab. 1978 übernahm der Staatssekretär des SPD-Landesverbandes Dieter Haack das Bundesministerium für Raumordnung, Bauwesen und Städtebau.

Im bayerischen Senat betonte dessen langjähriger Präsident Hippolyt Freiherr Poschinger von Frauenau, Vorsitzender des Bayerischen Waldbesitzerverbandes, die Bedeutung der Landwirtschaft. Als neuer Präsident des Bauernverbandes zog der oberfränkische Gutslandwirt und frühere CSU-Bundestagsabgeordnete Adam Sühler in die zweite Kammer ein. Deren Zusammensetzung blieb vom sozialen Strukturwandel vorerst unberührt. Ein Volksbegehren, das die zusätzliche Vertretung von Sport-, Naturschutz- und Behindertenorganisationen im Senat forderte, scheiterte Ende 1977. Der Münchner Optikunternehmer Professor Rudolf Rodenstock, Präsident der Industrie- und Handelskammer für Oberbayern, wurde 1978 Präsident des Bundesverbandes der deutschen Industrie.

Für die Reformpolitik der Bundesregierung erwies sich die wirtschaftliche Stagnation als immer stärkere Bremse. Seit 1975/76 wurde die Rentenkrise, die dauernde finanzielle Überlastung der Sozialversicherungen, zum kaum mehr zu verdeckenden Problem. Im Bereich des Ehe- und Familienrechts gaben die Reformen der Bundesgesetzgebung von 1976/77 mehr und mehr den individuellen Emanzipationsgedanken und dem offenen sozialen Wertepluralismus Raum; das Scheidungsgesetz ersetzte das einseitige Verschuldens- durch das geschlechtsneutrale Zerrüttungsprinzip. Dies stellte zunehmend eine Herausforderung für die sich christlich nennenden Parteien und vor allem für die Kirchen dar. Der plötzliche Herztod von Kardinal Döpfner im Juli 1976 schuf Raum für eine konservative Abschwächung in der Umsetzung der vatikanischen Konzilsbeschlüsse. Sein Grabdenkmal in der Münchner Frauenkirche von dem Bildhauer Hans Wimmer zeigt ihn als knienden Beter ohne Bischofsmütze vor dem Kruzifix.

Nachfolger als Erzbischof wurde im Folgejahr der in Marktl am Inn bei Altötting geborene frühere Regensburger Professor für Fundamentaltheologie und Dogmatik Joseph Ratzinger, 1977 ebenfalls Kardinal. Zuvor eifriger Konzilsmitarbeiter und Reformer, wandelte er sich seit 1968 zum theologisch Konservativen.[32] Neuer Erzbischof von Bamberg wurde der Domkapitular Dr. Elmar Maria Kredel, der alsbald auch zum katholischen Militärbischof der Bundeswehr ernannt wurde. Zu den Kurienkardinälen in Rom gehörte schon seit 1976 der frühere Eichstätter Bischof Prof. Dr. Joseph Schröffer. Ratzinger setzte Döpfners Bemühen um die Beziehungen zu den polnischen Bischöfen fort. Noch zu Lebzeiten Döpfners hatte der damalige Bischof von Krakau Karol Józef Wojtyła das KZ Dachau besucht. 1978 kam Wojtyła an der Seite des Primas von Polen Stefan Kardinal Wyszyński erneut nach Bayern und predigte im Münchner Liebfrauendom. Der ukrainisch-katholische Apostolische Exarch für Deutschland und Skandinavien in München erhielt eine eigene Bischofskathedrale. Bayerns Kultusminister Dr. Hans Maier war seit 1976 Präsident des Zentralkomitees der deutschen Katholiken und damit auch der deutschen Katholikentage. 1978 wurde die Philosophisch-Theologische Hochschule in Passau zur staatlichen Universität; allerdings scheiterte der Plan einer gemeinsamen Einrichtung mit Österreich.

In der evangelischen Kirche wählte 1975 die Landessynode den Bayreuther Kreisdekan Dr. Dr. Johannes Hanselmann zum Landesbischof.[33] Durch das Engagement der Synodengruppe „Aktionsgemeinschaft Offene Kirche", die den bisherigen Konservativismus abschwächte, wurde 1976 schließlich auch in Bayern für Theologinnen die Volleinsetzung zum Gemeindepfarramt ermöglicht. Unter den orthodoxen christlichen Kirchen in Bayern dauerten die Spaltungen fort. Kleine orthodoxe Ausländerkirchen bestanden für Serben, Griechen, Ukrainer und Russen. Die russisch-orthodoxe Auslandskirche in der Bundesrepublik gab ihrem Oberhaupt nun auch den Titel eines Bischofs von München und Süddeutschland, der Vikar des Moskauer Patriarchats saß als Bischof von Westdeutschland gleichfalls in München und in Wien.[34]

Die geistige und kulturelle Gesamtstimmung der 70er Jahre reichte von verbreiteten utopischen Hoffnungen und Ideen einer befreienden Kulturrevolution bis zur Zukunftsangst vor Umweltgefährdungen und technischen Katastrophen. Als führender Vertreter moderner geometrisch-leuchtfarbiger Malerei wurde oft Prof. Rupprecht Geiger genannt, der südwestlich von München wohnte, aber seit 1965 an der Düsseldorfer Kunstakademie lehrte. Gegen moderne Strömungen begann sich die Verklärung einer vorindustriellen, vermeintlich heilen Vergangenheit – auch der 1950er Jahre – Bahn zu brechen. Ein bayerisches Denkmalschutzgesetz von 1973, das Altstadtbezirke unter Veränderungsverbot stellte, sollte weitere Verluste an historischem Baubestand verhindern. Großen schöpferischen Kulturleistungen war die Zeit gerade in Bayern nicht günstig. München blieb vor allem durch Staatsoper und Staatsschauspiel, Museen und Kunstgalerien großer süddeutscher Kulturmittelpunkt. Das Haus Siemens errichtete 1973 eine große private Stiftung in München und Zug/Schweiz für die alljährliche internationale Vergabe eines Ernst von Siemens-Musikpreises, des „Nobelpreises für Musik", der aber auf längere Zeit nicht nach Bayern vergeben wurde. Die Trägerschaft der Bayreuther Opernfestspiele übernahmen 1973 über eine Richard-Wagner-Stiftung je zur Hälfte der Bund und der Freistaat Bayern.

Dieser „Neuromantik" stand in Schauspiel und Film eine „linke", scharf sozialkritische Neubelebung des teils mundartlichen Volksstücks gegenüber. Der pessimistisch-psychologisierende schwedische Filmregisseur Ingmar Bergman verlegte 1976 seinen Wohnsitz nach München und übernahm hier mehrfach im Staatsschauspiel Inszenierungen; er klagte allerdings später über die Münchner „durchpolitisierte Gesellschaft" und kehrte nach neun Jahren nach Schweden zurück. Seit Jahresbeginn 1978 wurde das bayerische Studienprogramm für Nachhol- und Weiterbildung zum vollen Zusatzprogramm des Bayerischen Rundfunks und Fernsehens ausgebaut.[35]

Der westdeutsche Terrorismus erreichte im Jahr 1977 einen Höhepunkt. Die verurteilten Gründer der Baader-Meinhof-Gruppe begingen in der Haft Selbstmord, zwei von ihnen im Gefängnis München-Stadelheim. Dem Versuch, die Erinnerung an den Hitlerputsch in Bayern wach zu halten, galt ein Sprengstoffangriff auf das

Münchner Verlagsgebäude der „Deutschen Nationalzeitung", die der Verleger Dr. Gerhard Frey als Vorsitzender der Deutschen Volksunion (DVU) gegründet hatte. Für diese vom Verfassungsschutz als extremistisch eingestufte Splitterpartei der sogenannten „Alten Rechten" hatte im Vorjahr Hans-Ulrich Rudel – Oberst und hochdekorierter Sturzkampfflieger im Zweiten Weltkrieg – im Münchner Bürgerbräukeller eine Gefallenengedenktafel für die Opfer des Hitlerputsches von 1923 enthüllt und damit einen politischen Skandal ausgelöst. Der ganze Bau wurde daraufhin abgerissen. Als der Bundeswehr-Generalinspektor und kommandierende General der bundesdeutschen Luftflotte Walter Krupinski, wie Rudel Ritterkreuzträger der Wehrmacht, und sein Stellvertreter Karl Heinz Franke dann die Einladung Rudels zu einem Traditionstreffen in einem Bundeswehr-Fliegerhorst guthießen, kam es im November 1976 zu einer „Generalskrise" der Bundeswehr und zur Entlassung beider. In einer heftigen Bundestagsdebatte im Februar 1976 griff Zimmermann, wie Strauß ehemaliger Wehrmachtsleutnant, als Hauptredner der CDU/CSU Georg Leber (SPD) scharf an und machte ihn als Verteidigungsminister für die „Rudel-Affäre" verantwortlich; 1978 schließlich mußte Leber von seinem Ministeramt zurücktreten.

Mittlerweile wurde das öffentliche Vertrauen auf eine rasche Lösung der politischen Probleme durch erfolgreiche Wirtschaftspolitik der Bundesregierung um so brüchiger, je offenkundiger die staatliche Konjunkturförderung das Ziel der Vollbeschäftigung verfehlte. Bei steigender Inflation und Zunahme der Verschuldung öffentlicher Haushalte führte das Eingreifen des Staates in die Wirtschaft nur zu einer Stagflation, die in anhaltende Wachstumsstockung überzugehen drohte. Die Stimmung der Unsicherheit ließ andererseits auch aus Bayern Rufe nach tatkräftigem Handeln des Staates erklingen, nach einem Kanzler, der mehr als nur nüchterngeschickter „Krisenmanager" wäre.

Die Einbindung der Bundesrepublik in die Europäische Gemeinschaft und das NATO-Bündnis brachte in den späteren 1970er Jahren verschiedene Einwirkungen von außen, namentlich durch die amerikanische Militär- und Handelspolitik, mit sich. Infolge der Wehrpflichtabschaffung der USA von 1973 waren deren Truppen in Bayern jetzt nur noch Berufssoldaten und Freiwillige.

Die Gasttruppenstärke sank dadurch jedoch nicht.[36] Die amerikanischen Sender „Radio Free Europe" und „Radio Liberty" in München, die „Rundfunksprachrohre" in den Ostblockraum, erreichten 1975 mit über 2000 Beschäftigten die Spitze ihres Personalausbaues. Die CSU suchte auch weltpolitisch weiterhin eine eigene Stimme zur Geltung zu bringen, die teilweise auch abweichend von der CDU war. Bayern beantragte im Bundesrat eine deutsche Entschließung zur 1975 in Genf tagenden Konferenz über Sicherheit und Zusammenarbeit in Europa (KSZE), an der auch die USA und die Sowjetunion teilnahmen. München verlangte, die Bundesregierung solle bei einem Beitritt zur KSZE vier Vorbehalte benennen: den Fortbestand Gesamtdeutschlands, den Friedensvertragsvorbehalt, die Wahrung des Wiedervereinigungsrechts und die Bekräftigung der Bindung Berlins an die Bundesrepublik. Der Bundesrat lehnte jedoch diesen Antrag als unnötig ab. Die in der Schlußakte der Europäischen Sicherheitskonferenz von Helsinki vorgesehene Fortsetzung der Entspannungspolitik wurde dann durch mehrere Entwicklungen verzögert. Eine Wende bedeutete 1976 der Amtsantritt des demokratischen Präsidenten Jimmy Carter in Amerika, der die Menschenrechtsfrage im Ostblock laut einklagte. Er entließ den in Franken geborenen Außenminister und Fürther Ehrenbürger Prof. Henry Kissinger, der sich noch im Juni in Bayern, im Bayerischen Wald, mit dem Regierungschef der Republik Südafrika getroffen hatte. Trübungen des westdeutsch-amerikanischen Verhältnisses suchte besonders Strauß gegen Bonn auszuwerten. 1977 ließ er sich vom chilenischen Generaldiktator Augusto Pinochet festlich empfangen, dann vom burisch-rassistischen Ministerpräsidenten Südafrikas Balthazar Johannes Vorster.

Ministerpräsident Goppel hatte 1975 als neuen Amtssitz das Münchner Prinz-Carl-Palais bezogen und mehrere politische Auslandsbesuche gemacht, 1976 auch mit einer Bundesratsdelegation in Moskau. 1978 wurde er 73 Jahre alt. Der CSU-Vorsitzende Strauß entschloß sich, seine eigene Kanzlerkandidatur als gemeinsamer Anwärter von CDU und CSU in der Bundestagswahl von 1980 auf dem abgesicherten Wege „vom Kurfürst zum Kanzler" anzustreben, den vor ihm schon Kiesinger von Baden-Württemberg und Brandt von Berlin aus erfolgreich beschritten hatten. Er meldete daher schon im März 1977 seinen Wunsch auf Nachfolge im

Amt des Münchner Regierungschefs nach den Landtagswahlen im Herbst 1978 an. Goppel, der auch nach seiner ungewöhnlich langen Amtszeit noch voll leistungsfähig war, lehnte allerdings einen vorzeitigen Rücktritt ab. Der „Spiegel" beeilte sich, mit einer Meinungsumfrage zu erhärten, daß auch die große Mehrheit der bayerischen Bevölkerung diesen Verzicht Goppels nicht wünschte. Es war ein Kräftemessen zwischen zwei echten, aber verschiedenen Altbayern. Goppels Sohn Thomas erinnerte sich 2001 zum Verhältnis seines Vaters zu Strauß: Es „war so wie das zwischen zwei Löwen. Allerdings hat mein Vater den Rudelführer nie angezweifelt. Aber er hat sein eigenes Revier souverän geführt."[37] Die Münchner Stadtrats- und Oberbürgermeister-Neuwahl im März 1978 gaben der CSU weiteren Auftrieb durch Heimerfolge: Sie konnte mit dem Staatssekretär im Innenministerium der letzten Goppel-Regierung Erich Kiesl erstmals wieder das Münchner Stadtoberhaupt stellen – Unterbrechung einer jahrzehntelangen SPD-Tradition. Strauß' Zusammentreffen mit dem sowjetischen Generalsekretär Marschall Breschnew bei dessen Bonnbesuch im Mai unterstrich wiederum den Anspruch der CSU, auch in der großen Politik mitzureden.

Zur Landtagswahl im Oktober 1978 trat erstmals in Bayern auch die neue und neuartige, aus Bürgerinitiativen gegen Atomkraft und für Umweltschutz sowie aus Gruppen der Friedensbewegung und Frauenrechtsbewegung entstandene Protestpartei der „Grünen" an. Die „Umweltpartei" war als „basisdemokratische" Regionalpartei bisher in den Parlamentswahlen von Hamburg, Niedersachsen und Hessen aufgetreten – ohne die 5%-Grenze zu erreichen. Die Wahl führte – wie voraussehbar – zu einem erneuten, wenngleich leicht geminderten CSU-Sieg mit 59,1% der Stimmen. In München überholte die CSU mit 46% die SPD überraschend weit. Die Opposition brachte es auf 31,4% bei der SPD und 6,2% bei der FDP; die Grünen blieben mit 1,8% der Stimmen vorerst weit unter der 5%-Hürde. Minister Franz Heubl wurde Landtagspräsident. Die Wahl von Strauß zum Ministerpräsidenten am 6. November verlief problemlos. Der CSU-Generalsekretär Georg Tandler übernahm das Innenministerium, der CSU-Bundestagsabgeordnete Rechtsanwalt Dr. jur. Diplomvolkswirt Peter Schmidhuber das Ministerium für Bundesangelegenheiten.

Der gebürtige Oberpfälzer Goppel, von Strauß immer wieder wie ein Untergebener behandelt, blieb als eine Art bürgerlich-katholisch-barockes Vaterdenkmal in Öffentlichkeit und Gesellschaft gegenwärtig. In seiner ganzen Regierungszeit hatte seine Person nie durch irgendwelche Skandalaffären Kritik hervorgerufen. Das manchmal wie aufgesetzt wirkende kämpferische Pathos seiner Parteireden verblaßte, und er fand mit den allseits gefallenden Lieblingsworten „Liberalitas Bavarica" und „Extra Bavariam non est vita" weiterhin breite Zustimmung. Zusammen mit seiner westfälischen Frau begründete er als persönliche, gerade nicht auf Bayern begrenzte sozial-humanitäre Hilfsorganisation eine seinen Namen tragende Ausbildungsstiftung für Kinder in der Dritten Welt. Die liberale Publizistik verglich ihn zum Abschied mit einem gemütlichen alten Kachelofen, der bei Minus-Temperaturen schmückte, wärmte und schützte. Die Parlamentstätigkeit des „Landesvaters" endete im Juni 1979 mit seiner Wahl in das erste Europaparlament in Straßburg, die für die CSU bzw. Europäische Volkspartei (EVP) über 62% der Bayern-Stimmen und damit 8 der 14 Sitze des Freistaats brachte. Goppel zog in Straßburg zusammen mit dem CSU-Landeslisten-Spitzenkandidaten, dem Schriftsteller Dr. Otto von Habsburg ein, der seit 1978 deutscher Staatsbürger in Bayern war, am Starnberger See wohnte, aber erst 1982 CSU-Parteimitglied wurde.

Auf die Rückkehr des CSU-Vorsitzenden Franz Josef Strauß nach München richteten sich auch innerhalb der Partei unterschiedliche Erwartungen. Vor allem war bis 1979 unklar, ob diese Rückkehr nur ein Zwischenspiel bleiben sollte und würde. Es hing letztlich entscheidend vom Straußbild der außerbayerischen Wähler ab, ob zum erstenmal in der deutschen Geschichte ein echter und typischer Altbayer mit politischem Machtwillen die Zügel der bundesdeutschen Politik führen sollte.

3. Kapitel

„Strauss-Bayern"

(1978–1988)

Kampf ums Kanzleramt

Der stämmige Münchner Metzgerssohn und Gymnasiallehrer Franz Strauß war im Zweiten Weltkrieg Reserveoffizier der Artillerie gewesen. Nach dem Krieg wurde er als Vertrauensmann der Amerikaner von diesen in das Landratsamt Schongau geholt – und damit in die praktische Politik. Zu diesem Zeitpunkt nahm er den Zweitvornamen Josef an. Strauß war einer der Mitbegründer der CSU auf lokaler Ebene. Der Mann mit der hohen und schlagfertigen Intelligenz und der außerordentlichen Rednergabe zeigte mit Vorliebe seine klassisch-humanistische Bildung vor. Ebenso wußte er aber selbst ein breites Bierzeltpublikum im ländlichen Altbayern mit Humor und auch im Dialekt mit seinen langen und die ganze Welt durchmessenden Reden zu fesseln. Er war ein demokratischer „Vollblutpolitiker", ein Volksparteiführer, der politische Urgefühle des Landes unmittelbar ansprach als die meisten bayerischen Regierungschefs des Jahrhunderts vom gerade hier üblichen Beamtentyp. Er befriedigte die öffentlichen Stimmungen nicht nur (wie auch Goppel es gekonnt hatte), sondern vermochte zudem, sie für Machtkämpfe, ja für neuerliche Vorstellungen einer besonderen Sendung Bayerns in Deutschland, im vereinigten Europa und in der ganzen Welt zwischen China, Südamerika und Afrika zu mobilisieren. Nach eigenem Bekenntnis war er „mit Leidenschaft Außenpolitiker". Gleichzeitig hatte er als ehemaliger Wehrmacht-Heeresartillerie-Offizier einen immer latent vorhandenen militärischen Grundzug behalten und schätzte vorauseilenden Gehorsam. Freilich wirkte er, rastlos zwischen Weltschauplätzen und bayerischem Inland pendelnd, immer wieder in Worten entschlossener als im wirklichen Handeln. Als Kraftmensch und Technikfreund zeigte er sich als Pilot schneller Kleinflugzeuge der Öffentlichkeit. Sein praktischer Geschäftssinn war für viele Bayern ein vertrauter Charakterzug und schuf so eine gewisse Bürgernähe.

Seine Ehefrau Marianne, eine Volkswirtin, stammte aus einer wohlhabenden südostbayerischen Brauerfamilie. Strauß' Familienleben – mit Landhaus am Tegernsee und gehorsamen Kindern – wirkte eher bieder und trug teilweise geradezu barocke Züge. Abgesehen vom Freizeitvergnügen der Jagd, dem Strauß gelegentlich nachging, blieb sein Leben jedoch ohne persönliche Luxusbedürfnisse. Strauß' Freunde waren vielfach Aufsteiger in der bayerischen Wirtschaft. Das Ferienhaus des alten „Gaullisten" stand an der französischen Mittelmeerküste.

Nur zu passenden Landesanlässen trat Strauß in bayerischem Trachtenanzug oder als Ehren-Schützenhauptmann der Gebirgsschützen auf. Sein Katholizismus schloß, wenn er auf Widerstand stieß, rüde politische Kritik an den Bischöfen nicht aus; 1978 sagte er in einem engeren Parteikreis von sich, er habe nie der „kleriko-konservativen Richtung in der CSU angehört". Zur bildenden Kunst besaß Strauß kein näheres Verhältnis, die modernen Richtungen lehnte er offen ab. Als Lieblingsmaler nannte er Tizian, Raffael und aus neuer Zeit Eduard Grützner, als Lieblingsmusiker Johann und Richard Strauß, als Lieblingsschriftsteller den Brandenburger Theodor Fontane und den Böhmerwäldler Adalbert Stifter, als versäumten Wunschberuf Geschichtsprofessor. Im Urlaub las er aber Kriminalromane.[1]

Die planvolle Berechnung des erfahrenen Realpolitikers – oder, in den Worten seiner Tochter, „populistischen Denkers" – wurde gelegentlich durch ein ungezügeltes, kraftmeierisches Aufbrausen durchbrochen. In dieser Hinsicht hing Strauß die Spiegel-Affäre von 1962 auf lange Dauer in der öffentlichen Meinung nach. Seine politischen Gegner zahlten ihm seinen schlagfertigen, treff- und beifallsicheren Spott über ihre Schwächen mit grober Verteufelung seiner Persönlichkeit oder mit „Bayernkini"-Verulkung heim.

Die Vorstellung einer Einheit von CSU und Freistaat Bayern wurde von Strauß durch neue Symbole unterstrichen: Für das Parteiwappen übernahm er bestimmte Elemente des Staatswappens: eine einzelne hellblaue Raute mit einem goldenem Löwen. „Löwe und Raute" waren auch auf der weiß-blau-lindgrünen Parteiflagge zu sehen. Als Staatsflagge zog er der einfachen weißblauen die Rautenflagge vor. Der bayerischen Bereitschaftspolizei stiftete er später eine eigene weißblaue Truppenfahne mit großem Staatswappen, und sie erhielt auch Rautentrommeln für den königlich-bayerischen Präsentiermarsch, der gespielt wurde, wenn ihre Ehrenkompanie zum Empfang von Staatsgästen antrat: So hatten ausländische Besucher einer Bayernflagge die gleiche Verneigung zu erweisen wie in Bonn der Bundeswehrflagge. Im 1980 neu gebildeten Territorialheer der Bundeswehr erhielten auf Bayerns Betreiben die drei bayerischen Heimatschutzregimenter die Namen „Altbayern", „Franken" und „Schwaben". Straußens moderner Nostalgie für die Monarchie entsprach auch die Wiederbelebung des staatlichen Bayerischen Maximiliansordens für Wissenschaft und Kunst durch eine Stiftung im Jahr 1981.

Seine erste Regierungserklärung im November 1978 schien einen neuen bayerischen Stil gegenüber Bonn anzukündigen: Als wichtige Aufgaben hob Strauß hervor, den Föderalismus „aus einer defensiven Haltung herauszuführen" und die Mischfinanzierungen von Bund und Ländern wieder abzuschaffen. Er vermied aber, eine bayerische Sonderrolle bei der Einklagung der Länderinteressen hervorzuheben, und bezeichnete sich selbst als „letzten Preußen" unter den Politikern der Bundesrepublik. Es blieb offen, ob Strauß damit auf den alten Nationalstaat des Deutschen Reichs mit seinen ost-elbischen Gebieten und den CSU-Widerstand gegen Brandts Ostverträge anspielte oder ob er sich auf die sogenannten alt-preußischen Tugenden bezog. Jedenfalls übernahm Bayern noch zwischen Landtagswahl und Regierungswechsel eine Patenschaft für die Landsmannschaft Ostpreußen (Sitz Hamburg) und überließ ihr Räume des einstigen fränkischen Deutschordensschlosses Ellingen als Patenschaftsgabe.

Die entscheidende Auseinandersetzung um die gemeinsame Kanzlerkandidatur der CDU/CSU stand für die Wahlen des Jahres 1980 unter dem Zeichen des Verzichts des Partei- und Fraktionsvorsitzenden Kohl auf den unmittelbaren Wettlauf zwischen zwei gebürtigen Staatsbayern: Kohl wich dem Nahkampf aus und suchte an seiner Stelle den viel jüngeren stellvertretenden CDU-Ministerpräsidenten von Niedersachsen Ernst Albrecht vorzuschieben; für Strauß, dem somit nicht einmal ein ebenbürtiger Konkurrent gegenüberstand, mußte dies zusätzlich verletzend sein. Er erneuerte, von Friedrich Zimmermann gedrängt, nachdrücklich seinen Anspruch. Ende Mai 1979 beschloß der CDU-Bundesvorstand mit großer Mehrheit, Albrecht zu benennen. Das CSU-Präsidium antwortete mit der Forderung, vor der Personal- eine Strategiediskussion zwischen den Unionsparteien zu führen. In der CDU waren vor allem der Vorsitzende in Westfalen-Lippe Kurt Biedenkopf und der hessische Landesvorsitzende Alfred Dregger für eine Kanzlerkandidatur Strauß'. Die Entscheidung wurde schließlich – entgegen Kohls Absicht – in die Bundestagsfraktion verlagert. Nach siebenstündigem Redekampf votierten in ihr am 2. Juli in einer Probeabstimmung 135 Abgeordnete für Strauß und 107 für Albrecht. Die Befürworter hofften, er werde in Süddeutschland so viele Stimmen bringen, wie er im Norden die CDU kosten könne. Kohl sagte darauf der Straußkandidatur loyale Unterstützung zu und übte sich in berechnender Geduld. Auch in anderer Hinsicht konnte die CSU auf Bundesebene Erfolge verzeichnen: Die Europawahl für das Straßburger Parlament im Juni 1979 zeigte die CDU/CSU gemeinsam im Aufwind; die CSU trat hier als Einzelpartei auf und erhielt 8% der bundesdeutschen Stimmen und damit neun Sitze in der Fraktion der Europäischen Volkspartei.

Als Aufsichtsratsvorsitzender der Deutschen Airbus-Gesellschaft konnte Strauß seinen außenpolitischen Einfluß nutzen – eine Tätigkeit, die nicht nur dem Unternehmen diente, sondern auch bayerische Arbeitsplätze sicherte. Abseits der Politik versuchte er sich zusammen mit seinem Sohn Max aber auch als reiner Privatunternehmer, so beispielsweise als Teilhaber einer Immobiliengesellschaft in Kanada FMS („Franz und Marianne Strauß") – eine Investition, die jedoch für das Vermögen seiner Ehefrau Spekulationsverluste brachte. Ferner war Strauß Gesellschafter der Firma „Contact", die u. a. Aufträge vom bayerischen Staat erhielt. In seiner Anfälligkeit für die Vermengung von Politik und Geschäft auch zum eigenen Vorteil lag eine besondere Schwäche und Verwundbarkeit. Sein Privatvermögen wurde auf viele Millionen DM geschätzt.

Kohl nannte Strauß zwar öffentlich einen Querulanten, vermied aber stets persönliche Herabsetzungen. Kohls Favorit für das Kanzleramt Albrecht war in der Annahme von Parteispenden für die CDU aus der Wirtschaft und in deren gesetzwidriger Verheimlichung selbst auch nicht zimperlich. Im Unterschied zu Strauß jedoch vermied er im Staatsamt eine unmittelbare persönliche Vorteilnahme; vielmehr erkaufte er sich Abhängigkeiten von CDU-Abgeordneten und damit Machtgewinn, vor allem durch heimliche Zuschüsse für Wahlkampfwerbung. Was Strauß anbelangt, räumten seine Nachfolger in der CSU Theodor Waigel und Max Streibl in späteren Parteispenden-Untersuchungsausschüssen des Bundestags und des Landtags über die Rolle des Spendenhändlers Karlheinz Schreiber ein, sie hätten mit Strauß seit Jahren wegen der Verquickung von Politik und Geschäft Differenzen gehabt.[2] Der CSU-Generalsekretär seit 1978, Rechtsanwalt Dr. Edmund Stoiber, Strauß' späterer Nachfolger als Ministerpräsident, der in dieser Hinsicht seinerseits vorsichtig war, nannte ihn sogar einmal einen „Raffer". Der Oberbayer Stoiber, war mit einer gebürtigen Sudetendeutschen verheiratet. Er war der Sohn eines kleinen Kaufmanns in Wolfratshausen, Kreis Tölz, seine Mutter stammte vom Niederrhein. Er kam aus der Jungen Union, aber als Abgeordneter nicht aus der Bonner Landesgruppe, sondern aus dem Landtag, und hatte noch kaum Auslandserfahrungen sammeln können. Die Zusammenarbeit mit dem linkskatholischen CDU-Generalsekretär und Wahlkampfleiter Heiner Geißler war problematisch. Bei der Finanzierung des Wahlkampfes scheute die CSU nicht die Verwendung heimlicher Spenden, die sie über den oberbayerischen Waffenhändler, das CSU-Mitglied Schreiber, über den Parteijustiziar und verdeckte Schweizer Konten erhalten hatte – was erst lange nach Strauß' Tod aufkam.

Die sozialliberale Bundesregierung unter Helmut Schmidt und Hans-Dietrich Genscher hatte seit dem Frühjahr mit zunehmenden wirtschaftlichen Schwierigkeiten zu kämpfen. Ihre sozial- und wohlfahrtsstaatliche Reformpolitik wurde immer mehr durch die gleichzeitige Inflation, Dauerarbeitslosigkeit und Staatsverschuldung gebremst. Auch der 1978 aus dem bayerischen SPD-Landesverband nachgerückte Bundesminister für Raumordnung, Bauwesen und Städtebau Dieter Haack, ein Badener, hatte mit dem Schrumpfen der Investitionsmittel zu kämpfen.

Außenpolitisch weckte das amerikanisch-sowjetische Abkommen über Rüstungsbeschränkung zwischen US-Präsident Jimmy Carter und dem sowjetischen Staatsoberhaupt Leonid Breschnew vom Juni 1979 (SALT-II-Vertrag) Hoffnungen, die sich bis Jahresende ernüchternd zerschlugen. Im Dezember verabschiedete der NATO-Rat angesichts der Installierung neuer sowjetischer Mittelstreckenraketen auf maßgebliches Drängen von Bundeskanzler Schmidt einen vorsorglichen Gleichgewichts-Doppelbeschluß über die Stationierung ebenfalls neuer, moderner Marschflugkörper und Mittelstreckenraketen ab 500 km Reichweite mit Atomsprengköpfen in Europa. Die Aufstellung sollte bis Ende 1983, auch mit „vorgeschobenen" amerikanischen Abschuß-Systemen in der

Bundesrepublik, erfolgen. Die weiterreichenden Marschflugkörper sollten dabei linksrheinisch, die Raketenrampen in Württemberg und Südwestbayern bereitgestellt werden. Die Sowjetunion sah in diesem Versuch der Friedenssicherung durch Abschreckung eine neue Bedrohung. Ihr militärischer Einmarsch in Afghanistan Ende 1979 beschleunigte zusätzlich die Rückwendung zu Stimmungen und Verhaltensweisen des „kalten Krieges". Die noch geplante amerikanisch-sowjetische Rüstungsvereinbarung wurde vom US-Senat nicht mehr angenommen.

Im März 1980 reiste Strauß nach Washington und sicherte Präsident Carter seine volle Übereinstimmung mit einem härteren Kurs gegenüber der Sowjetunion zu – wodurch er sich vom grundsätzlichen Festhalten des Bundeskanzlers am Entspannungs- und Verhandlungskurs distanzierte. Kurz darauf hielt Strauß als Ministerpräsident eine lange und umfassende Rede im Bundestag, in der er Schmidts Bericht zur Lage der Nation heftig attackierte.

Da sich die SPD in Bonn den Nachrüstungsplänen nicht von vornherein widersetzte, erhob sich die westdeutsche Friedensbewegung zu neuer außerparlamentarischer Kampfstimmung und Breitenwirkung. Ihr schloß sich 1979 der ehemalige Kommandeur der Würzburger 12. Panzerdivision der Bundeswehr Generalmajor Dr. Gert Bastian an, der 1980 aus dem Armeedienst verabschiedet wurde. Bastian lebte mit seiner Familie in München und war bis 1963 CSU-Mitglied gewesen. Mit der Rüstungsfrage – insbesondere was die atomare Rüstung anbelangt – hing auch die Umweltschutzfrage zusammen. Bereits im Vorfeld der Europawahl im Juni 1979 war erstmals auf Bundesebene eine „Sonstige politische Vereinigung – Die Grünen" gebildet worden. Mit Blick auf die Bundestagswahl wurde im Januar 1980 die Bundespartei „Die Grünen" gegründet. Sie wuchs als politische Sammlung eines schon ausgebildeten „alternativen Milieus" rasch an. Die „Grünen" bezeichneten sich als ökologisch, sozial, basisdemokratisch und gewaltfrei; sie wollten eine parlamentarische Alternative auch zur sozialliberalen Regierungsmehrheit darstellen. Ihr Symbol war die grüne und gelbe Sonnenblume, besonderes Anliegen ein hoher Führungsanteil von Frauen. Im März 1980 gelang den Grünen in der baden-württembergischen Landtagswahl der Einzug ins Stuttgarter Parlament. Den Bundesvorsitz der Grünen führte ab Juni 1980 ein eng befreundeter Dreierkreis: General a.D. Gert Bastian, die aus Bayerisch-Schwaben stammende EG-Verwaltungsrätin i.R. Petra Kelly, die bis 1979 SPD-Mitglied gewesen war, und die gelernte Dramaturgin Claudia Roth aus Augsburg. Ihre Hauptanhängerschaft gewann die neue Partei auch in Bayern in den großen Städten und deren Umland.[3] Dieser neuen Partei hielt in Bayern insbesondere die CSU entgegen, daß für die Wirtschaftskraft des Freistaats gerade angesichts der Ölkrisen die Kernenergie von erheblicher Bedeutung sei und daß die Rüstungsindustrie eine größere Rolle als in anderen Bundesländern spiele.

Im Frühsommer 1980 verschärfte sich der Bundeswahlkampf. Als der rechtsliberale französische Staatspräsident Valéry Giscard d'Estaing im Juli auf Staatsbesuch in die Bundesrepublik kam, bat Kanzler Schmidt ihn ausdrücklich um Verzicht auf einen Empfang in München, aus dem Strauß politischen Vorteil ziehen könnte. Giscard begnügte sich ungern mit der Verlegung des Bayernbesuchs nach Würzburg.

Eine Reihe von Ereignissen in Bayern wirkte kurz vor der deutschen Bundestagswahl mittelbar auf diese ein: Das zur Staatskanzlei gehörige und als großer Ausstellungsveranstalter eben erst aktiv gewordene und damals noch in München angesiedelte Haus der Bayerischen Geschichte eröffnete in der Landeshauptstadt und in Landshut eine umfassende Ausstellung zum 800. Jubiläum des Regierungsantritts der Wittelsbacher in Bayern. Daß die Teile der Ausstellung zur Neuzeit Kurfürst Maximilian I. und König Maximilian I. in den Mittelpunkt stellten, lenkte die Aufmerksamkeit auf die politisch-katholische und auf die Rheinbund-Vergangenheit des Landes, auf deren Gegensatz zur protestantischen und preußischen Überlieferungslinie Deutschlands. Die Umwandlung der kirchlichen Gesamthochschule Eichstätt in die erste und einzige Katholische Universität der Bundesrepublik, die von einer Stiftung der bayerischen Bischöfe getragen, aber zu neun Zehnteln vom Freistaat finanziert wurde, schien in eine ähnliche Richtung zu weisen. Hinzu kam ein Ereignis, das geeignet war, ins Bayernbild Braunfarbe zu malen, und das allgemeines Entsetzen auslöste: Es erinnerte bestürzend an rechtsradikale Gewalttaten der Weimarer Zeit, als im September 1980 der Geologiestudent Gundolf Köhler, ehemaliges Mitglied der rechtsextremen „Wehrsportgruppe Hoffmann", auf dem Münchner Oktoberfest eine Bombe zündete und so sich selbst und 12 ahnungslose Wiesenbesucher tötete und 219 Personen zum Teil schwer verletzte. Daß das Fest nach kurzer Unterbrechung fortgesetzt wurde, erfuhr geteilte Beurteilung. Bis heute bleibt unklar, ob es Auftraggeber für das Attentat gab.[4] Die Verdächtigung, die bayerische Terrorismusbekämpfung beobachte – wie vor 1933 – einseitig die Gefahren von links, bot sich als zeitlich willkommener Wahlkampfstoff an.

Ein CSU-Parteitag in München Ende September 1980 stärkte Strauß den Rücken; er wurde mit 98% der Stimmen zum Parteivorsitzenden wiedergewählt. Das Leitwort des Parteitags „Mit aller Kraft für Deutschland" führte jedoch zu Unsicherheit innerhalb des CSU-Parteivolkes hinsichtlich der Frage, wie weit man im Falle des Wahlerfolgs Bayern in Deutschland aufgehen lassen sollte. Eines der Wahlplakate der CSU trug die Aufschrift „Damit ein Bayer Kanzler wird – CSU". Strauß selbst stürzte sich mit größtem Einsatz in der ganzen Bundesrepublik in den Wahlkampf, er sprach in 130 Versammlungen mit insgesamt rund 2,5 Millionen Besuchern und fuhr sogar in ein Ruhrbergwerk ein. Die wichtigsten Wahlkampfthemen waren die Wirtschafts- und Sozialpolitik und die Staatsverschuldung. Besondere Erregung verursachten aber immer noch die Rückgriffe in Deutschlands „braune Vergangenheit", so etwa Strauß' Vorwurf an die SPD, schließlich sei der Nationalsozialismus auch eine Variante des Sozialismus gewesen, und Stoibers Auslassung, Nationalsozialisten seien in erster Linie Sozialisten gewesen. Die Grünen nannte Stoiber im „Straußton" eine „trojanische Sowjetkavallerie". Die linken Wahlkämpfer sahen dies umgekehrt, manche verglichen Strauß mit Hitler und sprachen von einer drohenden autoritären „Machtergreifung" und mentaler Kriegsbereitschaft. Strauß' unmittelbarer Wahlgegner Bundeskanzler Schmidt verkündete, Strauß dürfe deshalb nicht ans Ruder, weil er sogar für seine eigenen politischen Freunde unkalkulierbar sei und sich selbst nicht unter Kontrolle habe. Die FDP-Führung hielt gegen eine drohende Alleinregierung der CDU/CSU unter einem Kanzler Strauß an ihrem bisherigen sozialliberalen Bündnis als geringerem Übel fest. Bekannte Schriftsteller wie Günter Grass malten Gefahren einer Strauß-Kanzlerschaft literarisch aus, und fast 20 neue Bücher über Strauß erschienen mit dem Ziel, „Jagd auf den politischen Unhold" zu machen.[5]

Kanzler
für Frieden
und Freiheit

Sicherheit für
Deutschland

SPD

Diesmal geht's ums Ganze

Für die Regierung
Schmidt/Genscher,

gegen Allein-
herrschaft einer Partei,
gegen Strauß.

Diesmal F.D.P.

Die Liberalen

September 1980: Wahlplakate der führenden Politiker anläßlich der am
5. Oktober bevorstehenden Bundestagswahl. V.l.: Franz Josef Strauß
(CDU/CSU), Helmut Schmidt (SPD) und Hans-Dietrich Genscher (FDP).

Die Wahlbeteiligung am 5. Oktober 1980 war mit knapp
88% höher als 1972 und 1976. CDU und CSU erreichten jedoch
zusammen nur nahezu 44,5% der Zweitstimmen und verfehlten
damit die absolute Mehrheit deutlich, ihr Anteil war sogar um 4,1%
niedriger als 1976, während die FDP merklich hinzugewann. Die
CSU als Einzelpartei erzielte im Gebiet der Bundesrepublik gut
10,3%, die CDU 34,2%; gegenüber der Wahl von 1976 verlor die CSU
0,3% und die CDU 3,8%; bei den 18- bis 24jährigen Jungwählern
büßte die CSU 7,8% ein, die CDU nicht weniger als 26% – und zwar
vor allem bei den weiblichen. In Bayern selbst konnte die CSU mit
57,6% der Stimmen ihr zweitbestes Bundeswahlergebnis verbuchen
– über 13% mehr als die Unionsparteien im Bundesdurchschnitt
erhalten hatten – und sie gewann damit 89 Sitze in Bonn. Dieser
innerbayerische Strauß-Erfolg konnte aber die Verluste im übrigen
Bundesgebiet nicht wettmachen. In Baden-Württemberg erzielte
die CDU 4,8% weniger als bei den letzten Bundestagswahlen, behielt aber immerhin mit 48,5% der Stimmen die Mehrheit. Im
„Kohl-Land" Rheinland-Pfalz ergaben sich 45,6% für die CDU (ein
Verlust von etwa 4,3%), im Saarland 42,3%. In allen anderen Bundesländern lag der CDU-Anteil bei etwa 40%: In Schleswig-Hol-

stein fiel er gegenüber 1976 von über 44 auf knapp 39%, in Niedersachsen von 45,7 auf 39,8%, in Nordrhein-Westfalen von 44,5 auf 40,6%, in Hessen von 44,8 auf 40,6%. Die CDU-Rückschläge waren also im mehrheitlich evangelischen Norddeutschland besonders schwer. Doch auch von den katholischen Wählern im Bundesbereich hatten nur 56% CDU/CSU gewählt – gegenüber 63% im Jahr 1976 für den Kanzlerkandidaten Kohl. Die Grünen, die zum ersten Mal bei einer Bundestagswahl antraten, waren durch die Abspaltung einer neuen, zur politischen Mitte hin orientierten Ökologisch-Demokratischen Partei (ÖDP) geschwächt worden. Sie erhielten nur 1,5% – im Wahlbezirk München-Mitte erzielte jedoch ihr Kandidat General Bastian 10,7% der persönlichen Stimmen. Hauptgewinnerin war die FDP mit 10,6% der Stimmen.

In Bayern eroberte die SPD nur Nürnberg, zwei von den fünf Münchner Wahlkreisen und Hof. In ganz München sank jedoch der CSU-Anteil gegenüber 1976 ab. In allen Wahlkreisen Niederbayerns, der Oberpfalz, Frankens und Schwabens lag das Zweitstimmen-Ergebnis der CSU nicht über, sondern – teilweise deutlich – unter demjenigen von 1976, in München-Land lag der Verlust bei über 9%. In seinem eigenen Wahlkreis Weilheim erhielt Strauß unverändert 64,5% der Erststimmen, die CSU verlor jedoch auch hier 2% der Zweitstimmen, ihr Ergebnis sank auf 64,6% zugunsten der FDP. Auch diesmal gab es Bestwahlkreise mit CSU-Mehrheiten von über zwei Dritteln, so etwa Rottal-Inn mit 70,4%, Deggendorf mit 70,3%, Straubing mit 68,2% und Bad Kissingen mit 67,7%. Daß der Anteil der CSU-Abgeordneten an der CDU/CSU-Fraktion im neuen Bundestag mit 22% höher war als je zuvor und danach, daß 40 Abgeordnete direkt gewählt waren, die CSU-Landesgruppe 52 Köpfe stark wurde – all das war dem Verlierer Strauß kein Trost. Heute wird vielfach geurteilt, er wäre letztlich doch nur ein Kanzler von des Fraktionschefs Gnaden geworden.

Strauß war jedenfalls enttäuscht und verbittert, vor allem über die nicht ausreichende Unterstützung der CDU-Wähler, nicht nur im Norden, über die Beziehung Kohls zu Genscher und zur FDP und über das Verhalten von Presse und Fernsehen, die nach seiner Meinung zu mindestens vier Fünfteln der „Linken" zuzurechnen waren. Er nahm seinen Abgeordnetensitz in Bonn zeitweilig nicht wahr. Kohl vermied jede öffentliche Schadenfreude, wurde aber unter der Hand erneut eigener Kanzlerkandidat der CDU. Die

CDU/CSU-Fraktion setzte nun eine Strategiekommission für ihre gemeinsame Politik ein, in der Strauß sich zum „Motor" zu machen wußte und Kohl im Anspruch auf volle Mitbestimmung kleine Niederlagen zufügte. Die zweite sozialliberale Regierung Schmidt-Genscher behielt die Minister Josef Ertl und Hans-Jochen Vogel sowie Hildegard Hamm-Brücher. Vogel wurde jedoch schon im Januar 1981 von seiner bedrängten Partei als Regierender Bürgermeister nach Westberlin gebeten, wo er bald darauf in der Neuwahl dem CDU-Bewerber Richard Freiherr von Weizsäcker unterlag. Die Bonner Außenpolitik wurde durch den Ausgang der US-amerikanischen Präsidentenwahl vom November 1980 noch schwieriger, die den konservativen Republikaner Ronald Reagan ins Weiße Haus brachte und damit eine schärfere Haltung der USA im Ost-West-Verhältnis auf Jahre hinaus festschrieb. Reagans kostspieliges Rüstungsprogramm eines „Kriegs der Sterne", das den Abschuß anfliegender Sowjetraketen schon im Weltraum ermöglichen sollte, brachte die Moskauer Führung in Bedrängnis, da für die Sowjetunion das hochgetriebene Wettrüsten nur noch auf Kosten der zivilen Wirtschaftszweige durchzuhalten war. Schmidt hatte in seiner eigenen Partei, in der Uneinigkeit bezüglich des NATO-Beschlusses herrschte, nun auch mit wachsender antiamerikanischer Kritik zu kämpfen.

Die politische Enttäuschung der Bundestagswahl für CSU und CDU wurde im katholischen Bayern im November 1981 durch einen seit dem 18. Jahrhundert nicht mehr erlebten Höhepunkt des kirchlichen Lebens abgelöst: Der polnische Papst Johannes Paul II. machte einen ersten Pastoralbesuch in der Bundesrepublik und kam auch nach München und Altötting. In München nahmen an einer Papstmesse auf der Oktoberfestwiese rund 700 000 Menschen teil.[6] Im gleichen Monat erhielt Kardinal Joseph Ratzinger die Berufung als Kurienkardinal nach Rom und zwar als Präfekt der wichtigsten Kurienbehörde, der Glaubenskongregation; er wurde somit zum zweiten Verantwortlichen des Lehramts nach dem Papst, zum Vorstand des „Heiligen Offiziums", der vormaligen Inquisition. Zugleich wurde er Dekan des Kardinalskollegiums und Mitglied der Kongregation für die Bischöfe. Unter seinem Einfluß wurde dann der Bischof von Speyer, der konservative Pfälzer Friedrich Wetter, zu seinem Nachfolger in München erkoren. Damit setzte sich eine kirchlich konservative Wende in der Erzdiözese fort, die den Verzicht auf weitere Reformwagnisse mit sich brachte. Eine selbständige politische Stimme der bayerischen Amtskirche auch gegenüber der Strauß'schen CSU wurde zunehmend leiser.

CDU-Politikmacht in Bonn – CSU-Wirtschaftsmacht in München

Mittlerweile verschlimmerte sich die Krise der sozialliberalen Bundesregierung, so daß ein Regierungswechsel in Sicht kam. Die Arbeitslosenzahl der Bundesrepublik stieg. Selbst der Siemenskonzern, der 1981 einen Beschäftigtenstand von weltweit rund 338 000 Mitarbeitern, davon 44 000 in Bayern, erreicht hatte, ging 1982 zum Wiederabbau von Arbeitsplätzen über.

Zu den weltpolitischen und wirtschaftlichen Unsicherheiten kam weiterhin die Terrorismusfurcht. Im Dezember 1980 wurden in Erlangen ein jüdischer Verleger und seine Lebensgefährtin von einem Mitglied einer verbotenen neonazistischen „Wehrsportgruppe" ermordet. 1981 gab es bei einem Bombenanschlag auf das Gebäude des amerikanischen Senders „Radio Free Europe" mehrere Verletzte, und bei München kamen in einer Schießerei mit der Polizei zwei bewaffnete Rechtsextremisten zu Tode. Im Juni 1982 erschoß in einer Nürnberger Tanzdiele ein Rechtsextremist drei Ausländer und dann sich selbst.

Als dauerhaftes Problem für die innere Sicherheit sollte sich die Tätigkeit islamistischer Organisationen sowie der Kampf zwischen Israel und den Palästinensern, der teilweise auch im Ausland ausgetragen wurde, erweisen. Im Juli 1982 erfolgte ein Bombenanschlag auf die Abfertigungshalle für Flüge nach Israel im Münchner Flughafen Riem mit Verletzten. Die Regierung Syriens erhob 1982 den Vorwurf, ein von ihr militärisch niedergeschlagener

Aufstand der Moslembruderschaft in einer Provinzhauptstadt sei vom Münchner Ortsverein „Islamisches Zentrum" vorbereitet worden. Das türkische weltlich-staatliche Religionsamt in Ankara gründete gegen dieses Zentrum und seine Werbung unter den Gastarbeitern auch in München einen eigenen Ortsverein für religiöse Betreuung.

Die Zahl der Bewerber um politisches Asyl in der Bundesrepublik stieg in der ersten Jahreshälfte 1980 steil an. Ein Grund hierfür waren die nach dem Tode des jugoslawischen Staatschefs Marschall Josip Broz Tito ausbrechenden inneren Unruhen, die sich auch auf Deutschland auswirkten. Der bayerische Staatsschutz verzeichnete für 1981–1983 drei Mordversuche und fünf Sprengstoffanschläge gegen Exilkroaten, meist in und um München. In Wolfratshausen starben 1981 und 1983 drei Exilkroaten. Nur in einem Fall wurden die Hintermänner in Belgrad ausfindig gemacht.

Um die Jahresmitte 1982 waren empfindliche Einkommensverluste durch Inflation, Steuerdruck – als Folge einer ausufernden Staats- und Gemeindeverschuldung – und Firmenzusammenbrüche unübersehbar. Der außenpolitische Wert des sozialliberalen Mittelwegs zwischen Entspannung und Treue zum USA-Bündnis verlor im öffentlichen Bewußtsein an Gewicht gegenüber den wirtschaftlichen Krisenerscheinungen. Auf dem SPD-Bundesparteitag im April 1982 in München gelang es Bundeskanzler Schmidt zwar, seine „Sicherheitspartnerschaft" mit den USA im Sinne der NATO durchzusetzen, doch mußte er wirtschaftspolitisch vom linken Parteiflügel geforderte Beschlüsse hinnehmen: Diese richteten sich gegen das rein marktwirtschaftliche Wachstumsprogramm des FDP-Wirtschaftsministers Otto Graf Lambsdorff und rissen im Bonner Regierungsbündnis vollends einen Graben auf. Die Kritik an Lambsdorff wurde dadurch verschärft, daß dieser öffentlichen Angriffen wegen seiner Verwicklung in eine Parteispendenaffäre, die sogenannte Flick-Affäre, ausgesetzt war. In der Folge waren allein in Bayern 32 Ermittlungsverfahren wegen illegaler Parteispenden-Handhabung anhängig, die im Falle der CSU ebenso wenig zum Nachweis strafbaren Verhaltens führten wie ein Untersuchungsausschuß des Bundestags 1983–1985.

Im September 1982 endete die Regierungskrise mit dem Rücktritt Genschers und der übrigen FDP-Minister. Dem kurzen

Siechtum einer SPD-Alleinregierung folgte der offene Übergang der FDP-Führung ins Lager der CDU/CSU. Am 1. Oktober 1982 wurde Kanzler Schmidt durch einen Mißtrauensantrag gestürzt, der von der CDU/CSU und der Mehrheit der FDP-Abgeordneten getragen wurde. Kohl trat als Nachfolger an die Spitze einer CDU/CSU/FDP-Regierung – und gelangte somit doch an das Ziel seines Ehrgeizes. Er schlug unverzügliche Neuwahlen für 1983 vor, um so der von ihm verkündeten nicht nur parteipolitischen, sondern auch geistig-moralischen „Wende" eine demokratische Bestätigung zu verleihen.

Strauß hatte in der Septemberkrise die FDP angegriffen; sollte diese in den bevorstehenden Wahlen scheitern, würde ihm dies das nun begehrte Amt des Außenministers in einer Alleinregierung der Unionsparteien und möglicherweise sogar in einer Großen Koalition mit der SPD verschaffen. Vorerst stand dem jedoch im Wege, daß Genscher das Amt des Außenministers als Preis für den Bündniswechsel für sich beanspruchte. Ferner lief bereits der Wahlkampf für die bayerische Landtagsneuwahl am 10. Oktober 1982 mit Strauß als CSU-Spitzenkandidat auf vollen Touren. Er äußerte später den Verdacht, der Regierungswechsel in Bonn sei durch Kohl und die FDP zeitlich so angesetzt worden, daß er selbst wegen der Bayernwahl nicht gleichzeitig für ein Bonner Ministeramt – Kohl hatte ihn für das Finanzministerium vorgesehen – bereitstehen konnte. In der Tat war es ein Sieg Kohls über Strauß, daß er den Bayern aus seinem ersten Kabinett heraushalten konnte. Zwischen Strauß und dem Landesgruppenvorsitzenden Zimmermann, der sich nicht sofort für Strauß eingesetzt hatte und jetzt sogar das von Kohl angebotene Amt des Innenministers annahm, kam es zum dauernden Bruch. Richard Stücklen wurde Bundestagspräsident.

In der Bundesregierung Kohl-Genscher blieb für die FDP Ertl Landwirtschaftsminister; als zweiter Bayer neben Zimmermann wurde der FDP-Politiker Rechtsanwalt Hans Arnold Engelhard Justizminister. Die Staatsministerin im Auswärtigen Amt Hamm-Brücher schied als offene Kritikerin des FDP-„Verrats" an Schmidt aus und wurde durch den Studienrat Jürgen Möllemann, einen gebürtigen Augsburger, ersetzt, der die FDP Nordrhein-Westfalens führte.[7] Für die CSU wurde Werner Dollinger Bundesminister für den Verkehr, Regierungsdirektor Dr. Oscar Schneider Wohnungsbauminister und der Hauptgeschäftsführer des Verbandes der Keramischen Industrie in Selb, Rechtsanwalt Dr. Jürgen Warnke, ein Berliner, Minister für wirtschaftliche Zusammenarbeit, also Entwicklungshilfe. Bundesminister für besondere Aufgaben und Chef des Kanzleramtes wurde der Badener Dr. Wolfgang Schäuble. Neuer Vorsitzender der Landesgruppe im Bundestag wurde der Bauernsohn aus Bayerisch-Schwaben Dr. Theodor Waigel, Ministerialdirektor im bayerischen Finanzministerium.

Die folgende Landtagswahl 1982 in Bayern ergab einen – wiederum etwas geringeren – absoluten CSU-Sieg von 58,3% der Stimmen, der jedoch einen Anstieg auf 133 Sitze im Landtag mit sich brachte. Alle übrigen 71 Sitze erhielt die SPD auf ihre 31,9%, da die FDP die 5%-Hürde diesmal ebensowenig erreichte wie die Grünen. Es gelang der SPD immerhin auch, der CSU die Münchner Direktmandate großenteils wieder abzunehmen. Strauß stellte am 27. Oktober sein zweites Kabinett vor. Darin überließ Innenminister Tandler sein Amt dem vorherigen Justizminister Karl Hillermeier und übernahm statt dessen den CSU-Fraktionsvorsitz im Landtag. Der bisherige Fraktionsvorsitzende Rechtsanwalt August Lang wurde Justizminister, Generalsekretär Stoiber Staatssekretär in der Staatskanzlei. Präsident des bayerischen Senates war seit 1981 der CSU-nahe Bad Kissinger Oberbürgermeister Dr. Hans Weiß. Der erneute Wahlerfolg der CSU in Bayern und die Niederlage der FDP mußten für den Bundeskanzler beunruhigend sein. Kohls Regierungserklärung vom 13. Oktober betonte dementsprechend den Willen, Länder und Gemeinden wieder mehr zu ihrem Recht kommen zu lassen; die Aufgaben, die sie in der föderativen Ordnung wirksamer als der Bund erfüllen könnten, sollten sie künftig selbst wahrnehmen.

Als 1982 die Vergleichszahlen über die Wirtschaftsleistung der Bundesländer bekannt wurden, kam für den Zustand der deutschen Wirtschaft der Begriff „Stagflation" auf. Es ergab sich, daß von allen Bundesländern nur Bayern gegenüber dem Vorjahr noch ein geringes Wachstum erzielt hatte. Allerdings war dies nicht gleichbedeutend mit der Entwicklung der Beschäftigung. Der Winter 1982/83 ließ die Arbeitslosenzahl im Arbeitsamtsbezirk Nordbayern hochklettern: Die Arbeitsämter Passau, Deggendorf und Schwandorf meldeten 26,5%, 24% und 22,5% Erwerbslose.

Alle politischen Überlegungen richteten sich auf die

vorgezogene Bundestagswahl vom 6. März 1983. Der Wahlkampf seitens der CSU entbrannte mit besonderer Heftigkeit, vor allem deshalb, weil die SPD den früheren Münchner Oberbürgermeister Hans-Jochen Vogel, ihren Bonner Fraktionsvorsitzenden, als Kanzlerkandidaten gegen Kohl aufstellte und weil Strauß ganz offenkundig auf ein Scheitern Kohls zu rechnen schien und sich für die eigene Person Hoffnungen für Bonn machte. CDU und CSU warben mit der Wahlparole „Aufwärts mit Deutschland – jetzt den Aufschwung wählen".

Die Wahl wurde ein voller Erfolg für die Regierung der westdeutschen „Wende" und gerade auch für die CDU. Sie bestätigte Kohl überzeugend in seinem Amt. Allerdings verfehlten CDU und CSU eine absolute Mehrheit – was Strauß darauf zurückführte, daß die CDU/CSU die Wahlwerbung der FDP um Zweitstimmen geduldet hatte. So blieb Kohl erneut auf das Dreiparteienbündnis mit der FDP angewiesen. Der CSU-Anteil in Bayern war leicht auf 59,2% gestiegen, auf das Bundesgebiet gerechnet 10,6%, womit die Strauß-Partei weit vor der durch inneren Streit zerrissenen FDP zweitstärkste Partei mit 53 Bonner Sitzen ihrer Landesgruppe war. Die in sich uneinige SPD erhielt in Bayern nur noch 29,4%, die FDP 6% der Stimmen, die Grünenpartei hier nur 4,9%, im Bund aber genug für den Parlamentseinzug. In der Direktwahl konnte die SPD nur noch einen einzigen Abgeordneten aus Bayern für München-Mitte nach Bonn senden; sie verlor sogar die Wahlkreise Nürnberg I und II und Hof an die CSU. Die Grünen erreichten nun in München 7,5%; für sie kamen aus Bayern Gert Bastian, Petra Kelly und Claudia Roth in den Bundestag.

Da der Kanzler das Außenministerium nicht der FDP und das Finanzministerium nicht dem norddeutsch-evangelischen CDU-Flügel entziehen konnte, bot er Strauß das Verteidigungsministerium mit seinen internationalen NATO-Beziehungen sowie das Vizekanzleramt an. Das war Strauß zu wenig. Er entschloß sich, wiederum als Ministerpräsident in Bayern zu bleiben, forderte jedoch Zugeständnisse an seine Partei; Kohl bot daraufhin der CSU einen fünften Bundesministerposten an. Teile der CDU/CSU-Gemeinschaftsfraktion unterzeichneten zu Beginn der neuen Parlamentsperiode einen Vertrag, welcher der CSU in allen Fragen, die den Föderalismus betrafen, unabhängig von der Fraktionsmehrheit ein Vetorecht einräumte. Dies sollte auch der Begrenzung außenpolitischer Zugeständnisse an die EG dienen, die der Bund über die Länder hinweg beschließen konnte; ein solches Mitspracherecht hatte der Münchner Landtag schon 1980 gefordert. Die CSU erhielt zum zweitenmal in der Geschichte der Bundesrepublik einen fünften Bundesminister, und zwar den Allgäuer Milchbauern und Agrarpolitiker Ignaz Kiechle. Ihre anderen Minister blieben im Amt, doch mußte die CSU das Amt des Bundestagspräsidenten an die CDU abgeben. Von einem Wiederabbau der „zentralistischen" Bundesministerien für Bildung und Wissenschaft sowie Forschung und Technik war nun nicht mehr die Rede. Auch Strauß' Bundesratspräsidentschaft 1983/84 brachte weniger föderalistische Wendeanstöße als vermutet.

Bundespräsident wurde 1984 der Regierende Bürgermeister von Westberlin Richard Freiherr von Weizsäcker; Präsidentenkandidatin der Grünen war die frühere Ehefrau des Komponisten Carl Orff, die in und bei München lebende katholische Schriftstellerin Luise Rinser.

Die von der CSU scharf angeklagte „sozialistische Mißwirtschaft" wurde in der Tat zunächst durch sparsamere Haushaltspolitik zurückgedrängt, doch die Durchsetzung der angekündigten moralischen Wende befriedigte christlich-konservative Wählerkreise auf die Dauer nicht. Untätigkeit etwa in der Frage der Legalität von Abtreibungen und die Fortsetzung der vorsichtigen, auch die DDR schonenden Ostpolitik wurde dem Einfluß der FDP angelastet. Mit gemischten Gefühlen hinsichtlich einer wirtschaftlichen Abhängigkeit vom „Osten" wurde betrachtet, daß seit 1981 sibirisches Erdgas über die Tschechoslowakei und den Grenzpunkt Waidhaus nach Bayern und bald auch durch dieses nach Oberösterreich und nach Frankreich floß.

Völlig vor den Kopf gestoßen war die CSU nicht erst, als der Ministerpräsident im Juli 1983 mit seinem Privatflugzeug in die Tschechoslowakei, nach Polen und dann in die DDR reiste, um sich dort mit Staatsrats- und Parteichef Erich Honecker zu treffen, sondern bereits im Juni 1983, als er mit Zustimmung Kohls der Außenhandelsbank der DDR einen günstigen bundesdeutschen Großkredit mit voller Bundesbürgschaft von einer Milliarde DM vermittelte, gewährt durch ein Bankkonsortium unter Führung der Bayerischen Landesbank und ihrem Präsidenten Ludwig Huber, dem früheren Kultus- und dann Finanzminister Bayerns. Die Hoffnungen auf Gegenleistungen der DDR, etwa durch die Gewährung größerer Freiheiten für deren Staatsbürger, erfüllten sich nur teilweise: An der geschlossenen Staatsgrenze wurden Selbstschußanlagen abgebaut, und die Bestimmungen für die Ausreise erleichtert.

Die so ausgelöste innere Parteikrise der CSU spiegelte sich unter anderem darin, daß Strauß auf dem Münchner Parteitag im Juli 1983 bei der Wiederwahl zum ersten Vorsitzenden nur noch 79% der Stimmen erhielt – 1981 waren es fast 97% gewesen. Stoibers Anteil fiel unter 50%, und er entging nur knapp der Abwahl aus dem Parteivorstand. Der erfolgreichste CSU-Direktkandidat im Bundestag, Franz Handlos, und der Abgeordnete des Oberallgäus, Ekkehard Voigt, traten aus der Partei aus und gründeten im November zusammen mit dem Journalisten Franz Schönhuber eine neue rechtsdemokratisch-nationale Partei, die „Republikaner". Schönhuber, als Metzgerssohn im Chiemgau geboren, war Unterscharführer der SS-Leibstandarte gewesen, später dann ein Anhänger von Strauß und Träger des bayerischen Verdienstordens. Das Parteizeichen der Republikaner wurden drei blaue Wittelsbacher-Rauten aus der zweiten Staatsflagge.[8]

Die Republikaner waren für Strauß gefährlicher als die NPD, jedoch gelang es ihm bald, das Vertrauen in seine politische Führung zurückzugewinnen und auch die Vertriebenenverbände zu beschwichtigen – vor allem, was die scheinbare Anerkennung der deutschen Teilung anbelangte. Zu weiteren Fraktionsaustritten im Bundestag und im Landtag kam es nicht. Die Parteistrategie von Strauß geriet allerdings bezüglich der Wählerwerbung in eine Zwangslage. Einerseits wollte er verhindern, daß es rechts von der CSU noch eine parlamentsfähige Partei gebe; andererseits versuchte er, wirtschaftsliberale Anhänger der FDP herüberzuziehen und die Partei so doch noch aus ihrer parlamentarischen Schlüsselrolle als Zünglein an der Waage zu stoßen. Die Aussichten hierfür schien ein besonders eindrucksvolles Wachstum der Wirtschaft in Bayern wesentlich verbessern zu können.

Die Selbstdarstellung des Ministerpräsidenten wies inzwischen geradezu monarchische Züge auf. Gelegentlich sagte er – gewiß nur im Scherz – in bezug auf seine Person: „Meine Vorgänger, die Wittelsbacher". Eine ähnliche Spaßatmosphäre herrschte, als er 1983 beim Münchner Fastenzeit-Starkbieranstich mit Königskrone und Hermelinmantel dargestellt wurde. Zu seinem 70. Geburtstag jedoch ließ sich Strauß (inzwischen Witwer) vor der Münchner Feldherrnhalle mit seinen drei Kindern und einigen seiner Minister von 60 bayerischen Trachtenkapellen öffentlich huldigen, die für ihn den Bayerischen Defiliermarsch spielten.[9]

Der Freistaat mit seinen 10,8 Millionen Einwohnern gehörte im Finanzausgleich zwischen den Bundesländern zwar noch bis 1987 zur Empfängerseite der „armen", d. h. zuschußberechtigten Länder. Er war aber ein Zuzugsland mit raschen Fortschritten der Industrialisierung und des Dienstleistungsbereichs, insbesondere im Großraum München-Oberbayern; 1986 wurden 41% des bayerischen Bruttoinlands-Produkts allein in Oberbayern erwirtschaftet. Seit 1980 war München Sitz des Europäischen Patentamts. Die positive Stimmung nach dem Regierungswechsel in Bonn kam gerade den in Bayern angesiedelten „spitzentechnischen" Wachstumsindustrien zugute – Industriezweigen, in denen die angewandte Forschung, der wirtschaftliche „Rohstoff Geist" hohes Gewicht hat. Dazu trugen vor allem Wissenschaftler der Münchner Technischen Universität bei. Professor Klaus von Klitzing, der seit 1980 einen Lehrstuhl an dieser Universität innehatte, erhielt 1985 den Nobelpreis für Physik – freilich erst nach seinem Weggang aus Bayern. Der in München geborene Immunbiologe Professor Georges Köhler, der in der Schweiz arbeitete, erhielt den Medizin-Nobelpreis 1984 und arbeitete später an einem Max-Planck-Institut in Starnberg. Der ebenfalls aus München stammende Biochemiker Professor Robert Huber empfing den Chemie-Nobelpreis 1988 zusammen mit zwei Mitarbeitern des Max-Planck-Instituts Planegg-Martinsried bei München. 1989 ging der Nobelpreis für Physik an den Münchner Professorensohn und ehemaligen TH-Studenten Wolfgang Paul, 1991 der für Medizin und Physiologie an den gebürtigen Landsberger Erwin Neher und den Zellbiologen Professor Bert Sakmann, der an der Münchner TH und Universität studiert hatte.

Auch in der Industrie wurde intensive Forschung betrieben. Der Elektroriese Siemens erzielte nach dem Erwerb des nun auch in den USA produzierenden Elektrochemie-Konzerns Wacker-Chemie, München-Burghausen, Markterfolge, aufgrund derer München mit dem berühmten kalifornischen Elektronikstandort Silicon Valley gleichgesetzt werden könnte. Bis 1984 wuchs die wissenschaftsbezogene Elektronikindustrie in der Region München auf etwa 50 000 Arbeitsplätze. Der Siemenskonzern spielte dabei eine Führungsrolle. Seine Mitarbeiterzahl wuchs 1987/88 im Inland auf rund 223 000, im Ausland auf 130 000. Von den Inlandsarbeitsplätzen entfielen 1987 132 700, noch weit über die Hälfte, auf Bayern, davon 51 700 auf Werke in München, 30 200 auf Erlangen und 12 200 auf Nürnberg und Fürth. Im Unternehmensbereich Energie / Automatisierung spielte der Bau von Kernkraftwerken eine entscheidende Rolle. Der Umsatz in den USA wurde 1977–1987 auch durch zahlreiche Firmenaufkäufe auf fast ein Fünftel des Auslandsgeschäfts gesteigert. Zum wichtigsten Auslandsstandort wurden die USA, wo Anfang 1988 bereits 47 Fertigungsstätten der Siemens Corporation lagen. Diese waren in der Tochtergesellschaft Siemens Business Communications System, Santa Clara/Kalifornien, zusammengefaßt.

Sieben Firmen teilten 1979 die deutschen Industrielieferungen an die Bundeswehr unter sich auf, darunter aus Bayern Krauss-Maffei, München (Flick-Gruppe), MBB und Dornier, Friedrichshafen-Oberpfaffenhofen. Der deutsche Rüstungsexport war jedoch gering.

Deutlichen Auftrieb erhielt auch die Ausdehnung anderer bayerischer Großunternehmen ins Ausland. Standort der größten BMW-Auslandsfabrik wurde Steyr in Oberösterreich von BMW Austria Salzburg. Weitere Teilkonzernsitze bestanden schon 1979 in der Schweiz, den Niederlanden, Belgien, Frankreich, Italien und Großbritannien, aber auch in den USA und Kanada als BMW US Holding, BMW of North America und BMW Eastern Canada, in Australien als BMW Australia sowie in Niederländisch-Curaçao, Südamerika und Südafrika als BMW Overseas Enterprises. Strauß selbst eröffnete 1983 ein BMW-Werk in Südafrika, im Schwarzen-„Homeland" Bophuthatswana bei Pretoria, wobei er sich bei der südafrikanischen Regierung auch für die Freilassung des Schwarzenführers Mandela einsetzte. Der MAN-Konzern, München, fusionierte den Dieselmotorenbau mit einem dänischen Unternehmen und eröffnete 1984 ein Türkei-Zweigwerk, MAN-Motor, in Ankara. 1986 fusionierte er mit seiner ehemaligen rheinischen Obergesellschaft Gutehoffnungshütte Oberhausen und zählte 1989 etwa 62 000 Beschäftigte. 1988 eröffnete MAN im polnischen Posen ein Omnibuswerk. Das Volkswagen-Zweigunternehmen Audi Ingolstadt beschäftigte 1988 39 900 Mitarbeiter, davon einen kleineren Teil auch in Neckarsulm. Krauss-Maffei hatte Unternehmensgruppen in Österreich, Frankreich, Großbritannien und Italien.

Der MBB-Konzern als weitaus größter deutscher Luft- und Raumfahrt-Hersteller und „Prunkstück der Rüstungsindustrie" gliederte sich 1981 die Vereinigten Flugtechnischen Werke Bremen ein, das deutsche Fokker-Heinkel-Nachfolgeunternehmen, und zählte 1987 etwa 38 500 Beschäftigte. Das Stammkapital stellten nun überwiegend die Bundesländer: Bayern zu über 24%, Hamburg und Bremen mit zusammen über 28%; bayerische Mitaktionäre waren außer Siemens noch Allianz und Bayerische Vereinsbank. Dem Aufsichtsrat saß jetzt Finanzminister Streibl vor. Neben Deutsche Airbus waren als Hauptkapitalgeber im Airbus-Konsortium weiterhin auch französische, britische und spanische Unternehmen beteiligt.[10]

Der Stuttgarter Daimler-Benz-Konzern, größter „Industrieriese" der Bundesrepublik, übernahm 1985 fast zwei Drittel des Dornier-Kapitals. MBB bildete mit dem lebhaft mit den USA zusammenarbeitenden Diehl-Konzern eine Gesellschaft für Raketentechnik. Diese und die Bayerische Landesanstalt für Aufbaufinanzierung erwarben 1985 von Flick die Aktienmehrheit der Rüstungsfirma Krauss-Maffei, die damit auch zu bald einem Drittel dem Freistaat gehörte.

In Nordbayern war der Grundig-Konzern im Abstieg begriffen. Der Schweinfurter Konzern FAG Kugelfischer der Familie Schäfer jedoch beherrschte zusammen mit dem schwedischen SKF den deutschen Kugellagermarkt und hatte über 30 000 Beschäftigte. Als größtes Handelsunternehmen überschritt die Schickedanz-Gruppe in Fürth 1985 zeitweilig die Beschäftigtenzahl 40 000.

Was die Energiefrage anbelangt, suchte man den Raffinerieabbau in Bayern durch den beschleunigten Bau von Kernkraftwerken auszugleichen: Auch am Main, bei Grafenrheinfeld nahe Schweinfurt, wurde nun ein Druckwasserreaktor errichtet. 1984 konnten rund 49%, 1986 schon gut 60% des bayerischen Energieverbrauchs aus Kernkraft gedeckt werden. Das Kernkraftwerk Isar II in Essenbach-Ohu bei Landshut ging 1988 in Betrieb und erhöhte den Anteil der Kernkraft an Bayerns Stromversorgung auf rund 70%; die bayerischen Strompreise waren nun im Vergleich mit den anderen Bundesländern die günstigsten.

Bayern belegte auch deutsche Spitzenplätze, was den Besitz großer Vermögen anbelangt. Eine amerikanische Untersuchung von 1987, die die 25 reichsten Einzelpersonen der Welt auflistete, nannte aus der Bundesrepublik den Münchner Friedrich Karl Flick, Johanna Quandt, die in Kiel lebende Witwe von Herbert Quandt, und Johannes Fürst von Thurn und Taxis aus Regensburg, den größten privaten Forstbesitzer Europas mit 28000 ha Wald; eine andere Studie von 1988 glaubte Flick zu den Besitzern von mehr als 2 Milliarden Dollar (3,8 Mrd. DM) rechnen zu können, Gustav Schickedanz (Quelle) und Fürst von Thurn und Taxis zu den einfachen Dollarmilliardären. Nach der deutschen Vermögensteuer-Statistik verfügten in Bayern ansässige Vermögenssteuerpflichtige im Durchschnitt über 27 Millionen DM.

München war ferner 1986 mit 346 Buchverlagen und 11300 verlegten Buchtiteln auch die weitaus größte Verlagsstadt der Bundesrepublik und nach der Titelzahl die zweitgrößte der Welt nach New York. Konzentration und Multinationalität schritten in diesem Bereich weniger sichtbar, aber nicht minder rasch voran. Die deutsch-amerikanische Medien-Verlagsgruppe Bertelsmann (Gütersloh) umfaßte 1987 über 30 Verlage, davon neun in der Unternehmensgruppe München. Sie verlagerte zwar ihr Zentrum weitgehend nach München, erzielte aber etwa zwei Drittel ihres Buchumsatzes in ausländischen Tochterverlagen. Die Grenzen zwischen Druckschriftenverlag, Rundfunk, Film und Fernsehen wurden schrittweise übersprungen.

Mit der Bavaria Ateliergesellschaft Geiselgasteig und der staatlichen Hochschule für Fernsehen und Film in München hatte die Stadt auch auf letzterem Feld die Führung vor Berlin übernommen. Nach der Bonner Wende von 1982 griff die CSU ihren 1973 zurückgestellten Wunsch nach der Zulassung des Privatrundfunks wieder auf. 1984 beschloß der Landtag ein Gesetz für die Erprobung privater Rundfunkangebote und anderer Mediendienste in Bayern. Der Staat bildete zur Kontrolle der Privatanbieter einen Medienrat. Bald darauf wurden kommerzielle Fernsehsender durch einen Medienstaatsvertrag des Bundesrates auch bundesweit zugelassen. Die bayerische Staatsregierung kam der Kontrollpflicht über die Privatanbieter, die sie besonders förderte, durch Errichtung einer Landeszentrale für neue Medien nach. Im Unterhaltungs-Fernsehgeschäft ergriff der seit 1956 aufgestiegene internationale

Filmhändler Leo Kirch aus München die neue Chance. Der fränkische Winzersohn hatte sich seit der Kreuth-Krise der CSU zunehmend der CDU zugewendet. Die 1988 gebildete landesweite Hörfunkkette „Antenne Bayern" lag hauptsächlich in den Händen der Mediengesellschaft der bayerischen Tageszeitungen, der Großverlage Axel Springer (Berlin) und Burda (München) und des Ufa Radio Bayern.

Die erstaunlichen Wachstumserfolge der hochtechnischen Industrie sowie des Geld- und Kommunikationswesens in Bayern konnte Anton Jaumanns Wirtschaftsministerium mit einer gewerblichen Mittelstandsförderung verbinden, etwa durch Errichtung von staatlichen Technologieberatungszentren in München und Nürnberg-Erlangen. Diesen Erfolgen standen jedoch Probleme der Landwirtschaft gegenüber, die 1981 die größte bäuerliche Protestdemonstration in München seit dem Krieg veranlaßten. Die schwierigste Auswirkung der EG-Einbindung war die Agrarpolitik Brüssels, die mit dem Problem der stetig anwachsenden Übererzeugung nicht fertig wurde und trotzdem die größeren Betriebe, ja „Agrarfabriken" begünstigte. Die Zahl der Erwerbsbetriebe war in Bayern zwischen 1960 und 1986 von rund 400 000 auf 241 200 gesunken; Ende 1987 waren davon 47% Haupterwerbsbetriebe. Die durchschnittliche Betriebsgröße der Höfe betrug in der Mitte der 80er Jahre in Bayern 14 ha gegenüber 35 ha im Bundesland Schleswig-Holstein und 30 ha in Niedersachsen. Arbeitsplätze für Nebenerwerbslandwirte standen in den Landesteilen sehr ungleich zur Verfügung.

Wegen der Absatzschwierigkeiten auf dem europäischen Gesamtmarkt setzte die Milchmarktreform der EG von 1984 die Milchmengengarantie um 8% herab, beschränkte die national festgesetzten Milchquoten auf Vollerwerbsbetriebe und führte eine Abschlachtprämie für Milchkühe ein. Die Bundesrepublik verordnete diese Beschränkung in Form einer Hofquote je Erzeuger. 1988 suchte die EG auch die Übererzeugung von Getreide und Ölpflanzen zu drosseln, indem sie zum einen ihre Garantiepreise herabsetzte und zum anderen die allgemeine Teilstillegung von Ackerflächen förderte. Für die Entschädigung der Bauern mußten teilweise auch Bund und Freistaat aufkommen.

Von der Gesamtausfuhr der bayerischen Wirtschaft gingen 1988 allein 14,5% in die USA gegenüber 9,5% im bundesdeutschen Durchschnitt; wichtigstes Exportgut waren Automobile. Nach der amerikanischen Börsen- und Dollarkrise vom Herbst 1987 betonte Strauß beim Neujahrsempfang 1988 für das Konsularkorps, der erstmals im Kaisersaal der Residenz stattfand, der Freistaat für sich alleine sei mit einem Jahresausfuhrwert von 38 Milliarden Dollar inzwischen das zwölftgrößte Exportland der Erde – wenn man die Warenausfuhr der deutschen Bundesländer zum Dollarkurs mit der von souveränen Staaten auf eine Ebene stelle.

Der DDR-Partner von Strauß in der heiklen Angelegenheit des Milliardenkredit war Dr. Alexander Schalck-Golodkowski der als Chef der Außenhandelsorganisation „Kommerzielle Koordination" vor allem für die Devisenbeschaffung zuständig war. Er war jedoch auch Staatssekretär im DDR-Ministerium für Staatssicherheit im Militärrang eines Oberst und hatte dem Minister laufend zu berichten. Als Vertreter der für den Kredit bürgenden Bundesregierung war an den Gesprächen zwischen Strauß und Schalck-Golodkowski der CDU-Staatsminister im Kanzleramt Philipp Jenninger beteiligt. Eine Nebenrolle – allerdings auf privater Ebene – spielte der zeitweilige oberbayerische CSU-Schatzmeister Josef März: Er war Chef eines Rosenheimer Fleisch-Konzerns, der auch in Argentinien und Togo Filialen unterhielt sowie an einer DDR-Tarnfirma beteiligt war. Strauß setzte sich dafür ein, daß diese und dann auch eine Buchloer Schlachtbullen-Importfirma ein Monopol für die zollfreie Einfuhr von DDR-Billigfleisch erhielten. Sämtliche Importe aus der DDR in die Bundesrepublik, jährlich rund 40 000 Tiere, gingen nach Bayern. Schalck-Golodkowski gestand nach seiner Flucht in den Westen 1988, damals sei es bei erstmals drohender Zahlungsunfähigkeit der DDR finanziell um deren Sein oder Nichtsein gegangen. Mit dem Wissen der USA hatte Bonn entschieden, diese Lage nicht zu einer weltpolitischen Krise werden zu lassen.

Als Strauß im März 1984 auf der Leipziger Messe mit Honecker zusammentraf, konnte er diesem sogar einen zweiten Kredit von fast einer Milliarde DM versprechen, der allerdings nicht mehr aus Bayern gegeben werden sollte; nach einer Polen- und Tschechoslowakeireise traf er den DDR-Chef im Juli erneut. Ein Spionageabwehr-Offizier der DDR-Staatssicherheit behauptete 1990, Strauß sei „bestochen" gewesen, er habe für den ersten Kredit eine Vermittlungsprovision erhalten. Berliner Polizei und Justiz vermuteten, daß es sich dabei um 2% der Gesamtsumme, also 20 Millionen DM gehandelt habe, die er mit März geteilt habe. Ein Untersuchungsausschuß des Bundestags 1991 zur sogenannten Schalck-Affäre ergab dafür jedoch keinerlei Hinweise. In Strauß' Gesprächen mit Schalck-Golodkowski ging es seit 1983 allerdings auch um Rüstungsgeschäfte, z. B. von MBB, wobei Strauß immerhin offen eine Atombewaffnung der Bundesrepublik vertrat. Kohl sei dafür nur „etwas feige und ein Spießbürger."[11] Im Dezember 1986 machte der Ministerpräsident einen Staatsbesuch in Saudi-Arabien, überließ aber die anschließenden Verhandlungen über bayerische Rüstungsexporte seinem ältesten Sohn Max Strauß, der Jurist war.

Anfang der 1980er Jahre wurde auch Bayern vom Konflikt um die Aufstellung neuer NATO-Mittelstrecken-Atomraketen erfaßt. Im November 1983 trafen in Mutlangen (Baden-Württemberg) die ersten amerikanischen Pershing-Raketen ein, gleichzeitig kündigte die Sowjetunion die beschleunigte Aufstellung neuer Kurzstreckenraketen in DDR und Tschechoslowakei an. In der Folge wurde Neu-Ulm, die damals zweitgrößte amerikanische Garnison im Freistaat nach Nürnberg, ein Hauptplatz des Kampfes gegen Atomstandorte in Bayern. Im Neu-Ulmer Militärgelände wurde eine Raketenoperationsbasis für das südöstliche Drittel der Mittelstreckenraketen angelegt, die gemäß dem von der Bundesregierung gebilligten NATO-Nachrüstungsbeschluß im amerikanischen Truppensektor der Bundesrepublik aufzustellen waren. Die Neu-Ulmer Basis wurde mit atomaren Pershing-II-Raketen und der Hälfte der in der Bundesrepublik befindlichen Startrampen bestückt; Behinderungen durch Demonstranten und Sitzblockaden konnten in Neu-Ulm leichter als später in Wackersdorf abgewehrt werden.

Der „größte anzunehmende Unfall" der Kernspaltungstechnik im sowjetischen Atomkraftwerk Tschernobyl in der Ukraine im April 1986, der eine langfristige europaweite Strahlenverseuchung des Bodens zur Folge hatte, veranlaßte die Grünen, die sofortige Abschaltung der deutschen Atomkraftwerke zu fordern. Dies sollte durch Energieeinsparungen und den Ersatz von Atomkraft- durch Kohle- und Ölkraftwerke ermöglicht werden sowie längerfristig vor allem durch den Einsatz regenerierbarer Energien aus Wasser, Windkraft und Sonnenwärme.

Akut stellte sich für die Bundesregierung das Problem,

was mit den abgebrannten Kernbrennstäben der deutschen Atomkraftwerke geschehen sollte. Die Betreiber forderten, das enthaltene Uran durch Aufbereitung wiederzugewinnen. Kohl hielt allein Strauß für fähig, gegen alle Widerstände den Bau einer Wiederaufbereitungsanlage in Bayern durchzusetzen. Hauptschauplatz für den Kampf der Widerstandsbewegung gegen diese Pläne wurde die Oberpfalz – die stärkste Mitgliederhochburg der CSU. Im Bunde mit der regierungskritischen SPD wurde hier nun gegen den Bau einer bayerischen Aufbereitungsanlage „Taxöldener Forst" gekämpft, die bei dem ehemaligen Braunkohlenstandort Wackersdorf im Raum Schwandorf errichtet werden sollte. Der Standort war von Bundes- und Staatsregierung gemeinsam beschlossen worden; Betreiber der Anlage sollte die Deutsche Gesellschaft für Wiederaufbereitung von Kernbrennstäben (DWK), Hannover, sein, eine gemeinsame Tochter der Betreiber der bundesdeutschen Kernkraftwerke, bei der die Preußen-Elektra des VEBA-Konzerns des Bundes und die Rheinisch-Westfälischen Elektrizitätswerke führend waren.

März 1986: Heftiger Widerstand der sog. Autonomen gegen die geplante Wiederaufbereitungsanlage im „Taxöldener Forst" bei Wackersdorf im Raum Schwandorf (Opf.).

106

Das im Aufbau der Anlage tätige Unternehmen war die Kraftwerks-union Mülheim-Ruhr, eine Siemens-Tochterfirma, die seit 1987 zum unmittelbaren Unternehmensbereich von Siemens in Erlangen gehörte. Die Frage nach dem Standort für die Endlagerung der weiterstrahlenden Reststäbe blieb jedoch offen. Schon bald nach dem Beginn der Rodungsarbeiten 1986 mußte das von Protestierenden besetzte Baugelände geräumt, mit einem starken Beton- und Metallzaun und viel Bereitschaftspolizei geschützt und immer wieder gegen Demonstrationen verteidigt werden. Hierbei kam auch der Bundesgrenzschutz zum Einsatz. Unterstützung erfuhren die Anwohner und Demonstranten vom SPD-Landrat von Schwandorf Hans Schuierer und auch von evangelischen Geistlichen. Ein Antrag der SPD im Landtag, einen Untersuchungsausschuß zum Thema Wackersdorf einzusetzen, scheiterte an der CSU-Landtagsmehrheit.

In die Auseinandersetzung, die durch den sowjetischen Atomunfall noch an Schärfe gewann, mischten sich 1987 auch Gegner des Projekts aus Oberösterreich und Salzburg – war doch in Österreich selbst auf Kernkraftwerke verzichtet worden –, darunter schließlich sogar der Salzburger Erzbischof. Österreichs Umweltministerin drohte mit einer Klage am bayerischen Verwaltungsgericht.[12]

Zum Nachteil des öffentlichen Widerstands gegen den „Atomstaat" wirkten sich linksterroristische Anschläge auf den sogenannten militärisch-industriellen Komplex in Bayern aus. Eine Gruppe der „Rote-Armee-Fraktion" ermordete im Februar 1985 in Gauting bei München Dr. Ernst Zimmermann, den Vorstandsvorsitzenden der Motoren- und Triebwerksunion (MTU), München-Allach, und Vorsitzenden des Bundesverbandes der deutschen Luft- und Raumfahrtindustrie e. V. (BDLI). Im Juli 1986 gelang einem RAF-Kommando ein Anschlag in Straßlach bei München gegen ein Vorstandsmitglied des Siemens-Konzerns, der als „größter Hightech-Konzern in Westeuropa und drittgrößter Atomkonzern der Welt" getroffen werden sollte. Opfer des Bombenattentats waren der Vorstand für Forschung und Technik Professor Karl Heinz Beckurts und sein Fahrer Eckhard Groppler. Die Attentäter entkamen. Im selben Jahr wurde auch ein Gebäude der Airbus-Vertriebsfirma Panavia und eines NATO-Verbindungsbüros in München von der RAF angegriffen.

In München wurde durch die Gemeindewahlen vom März 1984 der SPD-Politiker Georg Kronawitter erneut ins Amt des Oberbürgermeisters gewählt. Die Grünen zogen in die meisten Stadträte und Kreistage ein. In der zweiten Direktwahl zum Europaparlament im Juni 1984 ging die CSU auf 57,2% zurück und verlor so einen Sitz. Neben Otto von Habsburg entsandte sie nun den bayerischen Minister für Arbeit und Sozialordnung, Dr. Fritz Pirkl, dessen Platz in der Staatsregierung Staatssekretär Franz Neubauer einnahm, seit 1982 Sprecher der Sudetendeutschen Landsmannschaft. Profitieren konnte die CSU jedoch von dem gesteigerten Bedürfnis der Bevölkerung nach innerer Ruhe und Sicherheit und der daraus resultierenden Bejahung der ordnungspolitischen Strenge ihres Bundesinnenministers Zimmermann. In der CSU-Vorstandsneuwahl vom Herbst 1985 erreichte Strauß wieder die Spitze der innerparteilichen Zustimmung mit einer 98,8%-Mehrheit. Die „Christlich-Soziale Partei in Bayern" war jetzt mit 2900 Ortsverbänden praktisch in jeder Gemeinde vertreten. Bei einem Gesamtstand von über 182 800 Mitgliedern verzeichnete sie einen auf fast 19% gestiegenen Anteil von Protestanten, ferner 18,6% Arbeiter. Allerdings hatte die CSU im Verhältnis zu den anderen vier großen Parteien den geringsten Frauenanteil, und die Anzahl der Jugendlichen war abnehmend. Das hauptamtliche Personal der Parteiverwaltung hatte sich 1955–1986 von 14 auf rund 300 Mitarbeiter vermehrt, davon 90 im Landesverband in München; dazu kamen noch rund 200 Beschäftigte in anderen Bereichen, etwa der Hanns Seidel-Stiftung oder der Parteizeitung Bayernkurier.

Demgegenüber bot die SPD in Bayern ein Bild der Schwäche. Sie war in 40% der Gemeinden gar nicht organisiert und hatte seit 1974 fast ein Viertel ihrer Ortsvereine und rund 12 000 Parteimitglieder verloren. Dem neuen Landesvorsitzenden seit 1985 Regierungsrat a. D. Dr. Rudolf Schöfberger und dem Fraktionsvorsitzenden und Spitzenkandidaten Oberstudienrat Karl-Heinz Hiersemann, einem Schlesier aus Franken, gelang keine durchgreifende Parteireform und nur eine geringe Wiedererhöhung der Mitgliederzahl auf 114 000.

Der SPD-Bundesparteitag in Nürnberg im August 1986 beschloß ein Programm, das das Ziel eines Teilabbaus der Atomenergieerzeugung innerhalb einer Zehnjahresfrist, die Ablehnung neuer Atomwaffenstationierungen in Europa sowie die Forderung nach einer Fortsetzung der Entspannungspolitik festschrieb. Zum Kanzlerkandidaten der SPD bestimmte der Parteitag Johannes Rau, den Ministerpräsidenten des von der Kohlen- und Stahlkrise hart bedrängten Landes Nordrhein-Westfalen. Die DGB-Gewerkschaften, deren neues Programm von 1981 kaum wirklich neue Zukunftslösungen beinhaltete, vertraten keine einheitliche Meinung zur Frage der Kernenergie. Zwar hielten sie in Bayern eine Mitgliederzahl von rund einer Million, sanken aber auf den seit 1974 geringsten Organisationsgrad der abhängig Beschäftigten. Eindeutiger wurde die Ablehnung der Regierungspolitik in entscheidenden Bereichen von den Grünen vertreten. Eine Bundesdelegiertenkonferenz dieser Partei im September 1986 in Nürnberg nahm denn auch ein Programm „Umbau der Industriegesellschaft" an.

Im Vorfeld der Landtagswahl vom Oktober 1986 warb die CSU mit einem Plakat „Bayern vorn!" Die Wahl bescherte ihr – obwohl diesmal offenbar ein Teil der Landwirte nicht zu den Urnen gegangen war – 55,8% der Stimmen und 128 von 204 Sitzen. Der Stimmenanteil der SPD sank um nahezu ein Zehntel auf 27,5% – für die Sozialdemokraten das bisher schlechteste Ergebnis aller Landtagswahlen seit 1946. Die Partei erhielt nur noch 61 Sitze und verlor sogar ihre Direktmandate in München und Nürnberg. Sie hielt allein noch den Stimmkreis Fürth-Stadt und gewann den von Schwandorf, der Region der geplanten Aufbereitungsanlage bei Wackersdorf, hinzu. Die FDP erreichte nicht einmal 4%. Der eigentliche Wahlsieger waren die Grünen mit insgesamt 7,5% (in München 13,3%) und 15 Sitzen. Sie vertraten unter anderem auch den wieder auflebenden Gedanken einer Neutralisierung Deutschlands unter Abzug aller ausländischen Truppen. Die Republikaner erhielten 3% der Stimmen.

In der Regierungserklärung für seine dritte Amtszeit proklamierte Ministerpräsident Strauß, er wolle ein doppeltes Ziel erreichen: „Bayern als christliches Land erhalten, Bayern zum modernsten Staat Europas machen". Strauß ging es also offenkundig darum, Wertekonservativismus auf der einen und den Einsatz von Zukunftstechniken und Kapital auf der anderen Seite zusammenzuspannen – und so nicht nur die traditionellen Wählerkreise, sondern auch Selbständige und Arbeitnehmer, die stärker an Begriffen wie Fortschritt und Wachstum orientiert waren, für die CSU zu gewinnen.

In der neuen Staatsregierung wurde das Kultusministerium in zwei Ministerien gespalten, eines für Unterricht und Kultus und eines für Wissenschaft und Kunst. Kultusminister Hans Maier, der für letzteres nominiert werden sollte, sich mit dieser „Hälfte" jedoch nicht abfinden ließ, trat zurück und legte auch sein Landtagsmandat nieder. Seine Leistungen würdigte unter anderem Peter Glotz von der SPD, der ihm bestätigte, er habe der Union in der Bildungs- und Gesellschaftspolitik wieder zu Tritt verholfen. In der Folge setzte Maier seine Tätigkeit als Professor auf dem Guardini-Lehrstuhl für Christliche Weltanschauung, Religions- und Kulturtheorie der Universität München fort. Maiers Nachfolger im Ministeramt wurden der Erdinger Landrat und frühere Studienrat Hans Zehetmaier und der parteilose Präsident der Technischen Universität München, Physikprofessor Wolfgang Wild – was eine Schwerpunktverlagerung von den Geistes- auf die Naturwissenschaften auch im Interesse der Wirtschaft darstellte. Wild, evangelischer Oberfranke, erhielt Thomas Goppel – den Sohn Alfons Goppels –, einen promovierten Lehrer, als Staatssekretär aus der Landtagsfraktion. Staatssekretärin Mathilde Berghofer-Weichner[13] übernahm als erste bayerische Ministerin das Justizministerium, August Lang wurde Innenminister, Karl Hillermeier Arbeits- und Sozialminister, der Journalist und ehemalige Landwirt Alois Glück Umweltminister. Generalsekretär der CSU wurde Staatssekretär Stoiber. Der bisherige Arbeitsminister Neubauer zog sich von seinem Ministeramt zurück; 1987 wurde er Präsident des Bayerischen Sparkassen- und Giroverbandes und 1988 auch Bundesvorsitzender der Sudetendeutschen Landsmannschaft. Die übrigen Minister blieben in ihren Ämtern, wie auch der Gegner Maiers, Fraktionsvorsitzender Gerold Tandler. Die Abgeordneten der Grünen wurden aufgrund eines Kabinettsbeschlusses zu keinen öffentlichen Anlässen des Freistaats eingeladen. Die scharfe Strafpolitik der neuen Justizministerin gegen Kindsabtreibungen in einem Memminger Abschreckungsprozeß, dem größten in der Bundesrepublik, stieß bundesweit auf Entrüstung und konnte nicht mehr durchgehalten werden.

Für die anstehende Bundestagswahl im Januar 1987 war Strauß erneut CSU-Spitzenkandidat. Er bezog im Wahlkampf offen Stellung gegen CDU-Generalsekretär Heiner Geißler, der für die CDU die Linie der sogenannten Lagertheorie verfocht, die von zwei feststehenden Parteilagern – CDU/CSU/FDP auf der einen und SPD/ Grüne auf der anderen Seite – ausging. Der Wahlgang bescherte diesmal der CDU, aber auch der CSU einen deutlichen Rückgang, obwohl sie in München das letzte verbliebene Direktmandat der SPD eroberte. Die SPD verlor in Bayern weiter und erhielt hier nur noch 28,5% der Stimmen; die FDP erholte sich in Bayern merklich und erzielte 4,8%, die Grünen konnten auf 7,3% der Stimmen zulegen. In den Städten München und Nürnberg lagen die Stimmenanteile bei 42 und 43% für die CSU, 31 und 36,5% für die SPD, 11,5 und 8% für die FDP, 13,5 und 10% für die Grünen. Von den 87 Vertretern Bayerns im neuen Bundestag stellte die CSU 49, die SPD 24, FDP und Grüne je 7. Strauß lastete der CDU an, daß die FDP und mit ihr Außenminister Genscher weiter in der Regierung blieben; er schlug auch Kohls Angebot des Finanzministeriums aus. In der Folge äußerte er immer unverblümtere öffentliche Kritik sowohl an Kohl als an einigen CDU-Ministern, was ihm den Spottnamen „Kreuz des Südens" eintrug. Von den Bonner CSU-Ministern blieben Zimmermann, Kiechle und Schneider in ihren Ämtern; Warnke wurde Verkehrsminister, der Münchner Journalist Hans („Jonny") Klein, Sudetendeutscher und einstiger Pressereferent Bundeskanzler Erhards und Pressechef der Olympischen Spiele in München, Minister für wirtschaftliche Zusammenarbeit. Von der FDP blieb Justizminister Engelhard aus Bayern im Amt, Möllemann wurde Minister für Bildung und Wissenschaft. Parteivorsitzender der SPD wurde im Juni 1987 nach Brandts Rücktritt Hans-Jochen Vogel – der erste in der Parteigeschichte, der weiterhin Mitglied der katholischen Kirche blieb.

Bereits in dem Zeitraum zwischen der Landtagswahl im Oktober 1986 und der Bundestagswahl im Januar 1987 war das Verhältnis des innerdeutschen Föderalismus zur Entscheidungsbildung in der Europäischen Gemeinschaft vor allem für Bayern erneut zu einem wichtigen Problem geworden. Im Dezember 1985 war an der Spitze der EG ein Europäischer Rat als Jahreskonferenz der Staats- und Regierungschefs institutionalisiert worden. Im Februar 1986 schloß die „Einheitliche Europäische Akte" – ein Vertragswerk zur Änderung der Gründungsverträge von EGKS, EWG und EURATOM – die Zweige der EG enger zusammen, was für die bayerische Europapolitik eine neue Herausforderung darstellte. Im Dezember 1986 nahmen Bundestag und Bundesrat die Einheitliche Europäische Akte an. Trotz wiederholter lebhafter CSU-Forderungen enthielt der Vertrag kaum größere Mitvertretungsrechte der einzelnen deutschen Bundesländer gegenüber den Entscheidungskompetenzen Bonns und Brüssels, er formulierte lediglich klarere Mitwirkungsrechte des Bundesrats in Europafragen.

Im Herbst 1987 konnte die CSU zumindest den Erfolg verzeichnen, daß der bayerische CSU-Minister für Bundesangelegenheiten Peter Schmidhuber als einer der beiden bundesdeutschen EG-Kommissare in Brüssel durchgesetzt wurde, wo er zunächst für Regionalpolitik und Makroökonomie, dann für Haushalt und Finanzkontrolle zuständig war. Schmidhuber war der erste EG-Kommissar aus der CSU. Seine Nachfolge als bayerischer Minister für Bundesangelegenheiten trat Dr. jur. Georg Freiherr von Waldenfels an, dessen Amtsbezeichnung im Folgejahr ausdrücklich um Europaangelegenheiten erweitert wurde. Schmidhuber konnte gleich nach seinem Amtsantritt in Brüssel ein bayerisches Verbindungsbüro bei der EG-Kommission eröffnen.[14]

Bayern pflegte weiterhin den Kontakt zur DDR. Befördert wurde dies auch durch den Besuch des neuen sowjetischen Generalsekretärs der alleinregierenden Staatspartei, Michail Gorbatschow, im April 1987 in der Bundesrepublik, wo er mit großem Jubel empfangen wurde. Die Stadt Hof schloß die erste bayerische Städtepartnerschaft mit einer DDR-Stadt, mit dem ebenfalls vogtländischen Plauen. Im September 1987 kam DDR-Staatschef Honecker zum Abschluß seines ersten offiziellen Besuchs in der Bundesrepublik auch nach München, wo für ihn ein aufwendiger Staatsempfang in der Residenz stattfand, und ins KZ Dachau. Strauß verwirrte dabei wieder einen Teil der CSU-Anhänger, denn er inszenierte den Empfang als eine Begegnung zwischen zwei gleichgestellten Staatschefs, wodurch die Bedeutung Bayerns gegenüber den anderen Bundesländern und sogar Bonn demonstrativ betont wurde.[15]

Gleich anschließend an Honeckers München-Empfang betonte allerdings das Bundeswehr-Herbstmanöver „Kecker Spatz" des Ulmer II. Korps und der Reservisten-Heimatschutzbrigaden der bayerischen Territorialverteidigung im Raum Augsburg–Nürnberg–Regensburg wieder die Einbindung Bayerns ins westliche Militärsystem. Am Manöver nahm erstmals ein französischer Großverband teil, der nicht der NATO unterstand, – und gleichzeitig wurde das Manöver ohne amerikanische Verbände durchgeführt. Das Manöver bestand teilweise aus geheimen Planspielen für einen NATO-Kernwaffeneinsatz auf dem Gebiet der Bundesrepublik. Am Ende des „Spatz"-Manövers stand ein symbolischer Handschlag von Kanzler Kohl und Präsident Mitterand. Der Plan einer gemischten deutsch-französischen Brigade in Württemberg stieß jedoch in der NATO um so mehr auf politisches Mißtrauen, als die aktuelle Fortsetzung der amerikanisch-sowjetischen Entspannungspolitik – ein wieder einsetzendes „Tauwetter" – zu einer Vereinbarung über den beiderseitigen Abbau von landgestützten Mittelstrecken-Atomwaffen geführt hatte. Nur die Kurzstreckenraketen und die fünf nichtatomaren bayerischen Kurzstrecken-Luftabwehr-Raketenstandorte der 2. Luftwaffendivision sollten davon unberührt bleiben. Der amerikanisch-sowjetische INF-Vertrag vom Dezember 1987 trat im Juni 1988 in Kraft. Strauß äußerte sofort das Bedenken, die Sicherheit der Bundesrepublik und das internationale Gleichgewicht in der nichtatomaren Rüstung könnten so beeinträchtigt sein. Der seit Juli 1988 amtierende Bundesverteidigungsminister aus der CDU, der Berliner Senator und Münchner Universitätsprofessor Rupert Scholz, behielt einen vorsichtigen deutschen Kurs bei.

Den Strauß'schen öffentlichen Warnungen vor der Gefahr aus dem Osten standen allerdings weiterhin seine Initiativen für selbständige außenpolitische Beziehungen der CSU zu den größten kommunistisch regierten Staaten gegenüber – was auch außenwirtschaftlich vielversprechend erschien, um neue Absatzmärkte für Bayern zu eröffnen. Seit seiner Chinareise im Jahr 1975 hatte Strauß sich darum bemüht, das kommunistische China gegen die Sowjetunion auszuspielen. In München unterzeichnete er im Sommer 1987 mit dem Gouverneur der nordöstlichen Küstenprovinz Shandong aus Tsinan eine gemeinsame Erklärung über wirtschaftliche Zusammenarbeit, die das verfassungsmäßige Alleinrecht der Bundesregierung zum Abschluß staatlicher Außenverträge geschickt umging.

Im Dezember 1987 folgte Strauß dann, im selbstgesteuerten Privatflugzeug, der Einladung zu einem Sowjetunion-Besuch nach Moskau und führte im Kreml lange vor dem Bundeskanzler stundenlange Gespräche mit dem Reform-Parteichef Gorbatschow sowie mit Außenminister Eduard Schewardnadse. Dabei waren auch bayerische Wirtschaftsanliegen – insbesondere was MBB und Airbus betraf – mit im Spiel; Siemens erhielt noch im Oktober 1987 den Großauftrag für einen Atomreaktor an der Wolga. Diplomatische Gegenleistung der Sowjetunion waren die baldige Eröffnung eines Generalkonsulats für Süddeutschland in München nach fast siebzigjähriger Unterbrechung und die Zulassung eines deutschen Generalkonsulats in Kiew. Die Zahl der Auslandskonsulate in München wuchs bis Mitte 1989 auf mehr als 80 an.

In der dritten Regierung Strauß kam es noch vor der Mitte der Wahlperiode zu weiteren Veränderungen. Landwirtschaftsminister Dr. Hans Eisenmann starb 1987 und wurde durch seinen Staatssekretär Simon Nüssel ersetzt, den Sohn eines bäuerlichen Landtagsabgeordneten und evangelischen Franken. 1988 traten Wirtschaftsminister Jaumann und Sozialminister Hillermeier zurück. Als Jaumanns Nachfolger kehrte Tandler, der ein Angebot zum Eintritt in die Bundesregierung abgelehnt hatte, ins bayerische Kabinett zurück und übernahm das Ministeramt für Wirtschaft und Verkehr; außerdem wurde er bald „außenpolitischer Bevollmächtigter" der CSU. Hillermeiers Amt erhielt der Kultusstaatssekretär Studienrat Dr. Gebhard Glück. Der stellvertretende Ministerpräsident Streibl, der seit 1970 unterschiedliche Ministerämter innegehabt hatte, war nun unter den amtierenden Ministern am längsten Kabinettsmitglied gewesen.

Bayerns ordentlicher Staatshaushalt stieg 1988 auf 40,5 Milliarden DM. Über zwei Fünftel der Ausgaben entfielen auf Personalkosten für die 73 000 Beamten, Angestellten und Arbeiter. In München machten die Beschäftigten des öffentlichen Dienstes von Land, Bund, Post, Bahn, Stadt und Landkreis zusammen mit den rund 1000 im Bereich von EG-Institutionen Beschäftigten schon gut ein Fünftel der Erwerbstätigen aus. Die Gesellschaft spiegelte sich wiederum in der modernen Architektur der „Weltstadt Bayerns". Die großen Bauherrn waren Banken und der Staat. Einen neuen Akzent setzte das vom Münchner Architektenehepaar Betz von 1975–1981 erbaute Rundtürme-Hochhaus der bayerischen Hypobank, das mit 114 m Höhe als erstes Gebäude Münchens die Türme der Frauenkirche überragte. Der geplante Umbau der Ruine des Armeemuseums am Hofgarten mit alter Kuppel und Flügelbauten – in der sich heute die Staatskanzlei befindet – nach dem Entwurf der Architekten Diethard J. Siegert und Reto Gansser wurde hartnäckig, auch von der Stadt München und der Akademie der Schönen Künste, bekämpft. Gegner nannten den Bau zwischen Residenz und Maximilianeum ironisch das „Straußoleum".

Die im Programm der CSU formulierte Forderung nach einer besonderen Betonung der christlichen Religion in der bayerischen Politik lenkte die Aufmerksamkeit von neuem auf Entwicklung und Rolle der Kirchen im Lande. 1984 fand in München der Deutsche Katholikentag unter Leitung des bayerischen Kultusministers Maier statt. Trotz des rein religiösen Zentralthemas, nach einem Leitwort von P. Delp, zeigte er aber die durch den Nachrüstungsstreit, die Not in der Dritten Welt und die Umweltzerstörung angefachte krisenhafte Spannung, die sich vor allem in Jugendgruppen und in einer Reformlaienbewegung mit dem Namen „Kirche von unten" manifestierte. Noch 1988 zählte man in Bayern über 300 Schulen in kirchlicher Trägerschaft des Katholischen Schulwerks. Freilich mußten zunehmend Klosterschulen von den Bistümern übernommen werden. Der sonntägliche Gottesdienstbesuch war nach der katholischen Kirchenstatistik für 1985 auch in Bayern stark zurückgegangen. Nach der Bundesvolkszählung von 1987 gehörten noch rund 95% der bayerischen Bevölkerung christlichen Kirchen an, wobei 67,2% der Einwohner römisch-katholisch und 24% evangelisch waren; beide Konfessionen konnten ihre Mitgliederzahlen aufgrund von Zuwanderung leicht erhöhen. In Bayern stellten die Katholiken etwas weniger Beamte als im übrigen Deutschland, und die Evangelischen etwas mehr Angestellte und weniger Arbeiter.

Besondere Sorge bereiteten der katholischen Kirche der Priestermangel und der geringe Ordensnachwuchs. 1967 hatte man im Freistaat in der katholischen Pfarrseelsorge noch 4170 aktive Weltpriester gezählt. 1986 war ihre Zahl deutlich gesunken, sie lag bei nunmehr 2789. Im Bistum Regensburg waren 1989 von 770 Seelsorgestellen 168 unbesetzt und 43 wurden von ausländischen Priestern versehen. Notgedrungen mußten Pfarreien zusammengelegt werden: Teilweise wurden aus bis zu neun Landpfarreien Pfarrverbände mit einem einzigen Pfarrer gebildet. Allein im Regierungsbezirk Schwaben waren 1988 rund 300 dörfliche Pfarrhöfe verlassen und vom baulichen Verfall bedroht. Die Situation wurde dadurch noch erschwert, daß der 1983 in Kraft getretene neue katholische Kirchenrechtskodex die nach dem Konzil erweiterten geistlichen Hilfsdienste nicht geweihter Laien wieder einschränkte. Auch die Zahl der Ordensfrauen sank rasch. Im Erzbistum München-Freising zählte man 1987 noch 5476 Schwestern mit Lebenszeitgelübde, aber das Schulinstitut der Englischen Fräulein hatte von 1970–1984 in Bayern 33 Standorte aufgeben müssen, obwohl es von Rom aus nicht an Unterstützung fehlte. Erzbischof Wetter wurde 1985 zusammen mit dem seit Jahren am Vatikan tätigen Altöttinger und früheren Benediktinerabt von Metten Paul Augustin Mayer, Sohn eines bayerischen Generals, Kurienkardinal. Im Mai 1987 besuchte der Papst Bayern, zunächst München zur Seligsprechung von Rupert Mayer und anschließend Augsburg.

Gleichzeitig jedoch faßte die vom ehemaligen französischen Erzbischof Kardinal Lefebvre begründete traditionalistische Bewegung von Konzilsgegnern gerade in Altbayern zunehmend Fuß. Lefebvre hatte 1980, von der Schweiz her, unbehelligt ein erstes deutsches Priesterseminar seiner „Internationalen Priesterbruderschaft des Hl. Pius X." in Zaitzkofen bei Regensburg einrichten können. In München duldete der Kardinal für Gottesdienste vorkonziliaren Stils die Begründung einer eigenen „Lefebvre-Propstei", und 1987 konnte für sie dank Spendengeldern in Sendling eine katholische Kirche „St. Maria, Patrona Bavariae" geweiht werden. Im Folgejahr belegte der Papst Lefebvre und die von ihm neu geweihten Bischöfe als Kirchenspalter mit dem Bann, nicht jedoch die Priester und Laien der Bewegung. Für die traditionalistisch bleibenden, aber zur Papsttreue zurückkehrenden deutschen Priesterkandidaten wurde von Rom ein Priesterseminar „St. Petrus" in Wigratzbad im bayerischen Westallgäu errichtet.

Bayerns evangelischer Landesbischof Johannes Hanselmann wurde 1987 zum Präsidenten des Lutherischen Weltbundes gewählt: Bis 1990 war er in diesem Amt der Sprecher von 103 Mitgliedskirchen mit über 55 Millionen Lutheranern. Etwa jede zehnte Pfarrerstelle der Landeskirche war inzwischen weiblich besetzt. Die Kirchgangszahlen sanken in den evangelischen Kirchen der Bundesrepublik noch tiefer als in den katholischen, Bayern stand jedoch hinter Württemberg an zweitbester Stelle. 1988/89 schlossen sich die nicht zur bayerischen Landeskirche gehörenden evangelisch-reformierten Gemeinden in Bayern mit jenen Nordwestdeutschlands zur Evangelisch-Reformierten Kirche zusammen. Um 1983 hatte München unter den bundesdeutschen Großstädten die höchsten Zahlen an Bewohnern aus Jugoslawien und Griechenland. Die von ihnen getragenen orthodoxen Gemeinden in München arbeiteten nun nationenübergreifend in einem Orthodoxen Rat zusammen. Die von Gorbatschow eingeleitete sowjetische Reformpolitik der „Öffnung" erleichterte auch die Annäherung der bayerischen katholischen Kirche an die russisch-orthodoxe des Moskauer Patriarchats. Nach den Moskaureisen Kardinal Wetters unternahm 1988 Bischof Josef Stimpfle von Augsburg, der später zum Titular-Erzbischof wurde, die erste westdeutsche Bistumswallfahrt zu Gnadenstätten der russisch-orthodoxen Kirche und auch zur lange unterdrückten römisch und orthodox unierten ukrainisch-katholischen Kirche der Sowjetunion. Das Präsidentenamt der Israelitischen Kultusgemeinde von München und Oberbayern hatte seit 1985 erstmals eine Frau inne, die 1932 in der Stadt geborene Charlotte Knobloch – die heutige Präsidentin des Zentralrates der Juden in Deutschland. Die Anzahl der praktizierenden Juden in den 12 bayerischen Kultusgemeinden wuchs durch Zuzug auf etwa 7000 Personen an. Noch stärker stieg die Mitgliederzahl der zweitgrößten Religionsgruppe nach den Christen, die der meist türkischen Muslime, bis 1987 auf etwa 215 000. Der allergrößte Teil lebte in der Region München. Die Stadt lag mit einer Zahl von knapp 39 000 türkischen Einwohnern allerdings noch weit hinter Westberlin und Köln. Seit 1973 gab es eine große Moschee im Randstadtteil Freimann. Träger aller Moscheen und Bethäuser waren religiöse Vereine, denen keine zentrale geistliche Behörde übergeordnet war. Von den rund 58 000 ausländischen Grund- und Hauptschülern in Bayern waren allein 34 000 Kinder türkischer Eltern. Das schuf abgesehen von den sprachlichen auch religiöse Probleme, da die öffentlichen Schulen keinen islamischen Religionsunterricht boten. Angesichts des Vordringens privater Koranschulen seit Mitte der 1980er Jahre setzte Bayern 1988 das unter Schulaufsicht stehende Wahlpflichtfach „Islamkunde" ein. Die eigens hierfür aus der Türkei kommenden Lehrer hatten ein Gelöbnis auf die bayerische Landesverfassung abzulegen. In den Großstädten wurden teilweise mit türkischen Lehrern auch rein türkische Grundschulklassen gebildet. Der soziale Aufstieg in der heranwachsenden zweiten Deutschlandgeneration der „Gastarbeiter" verlagerte diese schulischen Probleme auch an die Gymnasien. Ein Bundesgesetz von 1988, das die Rückkehr von Gastarbeitern in ihre Heimatländer fördern sollte, blieb ohne große Auswirkung – und die Integration von Muslimen gerade in Bayern auf Jahrzehnte hinaus schwierig.

In der Hochschul- und Wissenschaftsförderung hatte Bayern nach wie vor große Leistungen vorzuweisen. Die Studentenzahl der bayerischen Hochschulen stieg 1988 auf über 237 000, wovon fast 65 000 an der Universität München studierten. Die Katholische Universität Eichstätt eröffnete 1989 eine wirtschaftswissenschaftliche Fakultät in Ingolstadt. Mit Unterstützung des Staates entstand in München eine Sudetendeutsche Akademie der Wissenschaften und Künste. Das Münchner Goethe-Institut konnte im Frühjahr 1988 erstmals auch Institute in Budapest und Bukarest eröffnen.

Kulturpflege und Ende der Ära Strauß

Das kulturelle Leben Bayerns zeigte die Tendenz, in bildenden Künsten, Musik und Literatur ein konservatives Gegengewicht zur hochtechnisierten wirtschaftlichen Modernität zu schaffen. Die Stadt München eröffnete im November 1985 am Gasteig ein großes Zentrum, in dem sich zahlreiche Säle für Konzerte – unter anderem der Münchner Symphoniker –, für Theater- und Kinoaufführungen sowie ein Konservatorium und die Stadtbibliothek befinden. Der Staat gliederte 1980 aus der Neuen Pinakothek eine Staatsgalerie moderner Kunst aus, wobei zur „Moderne" schon der Beginn des 19. Jahrhunderts gerechnet wurde. Als Folge eines weltlichen „Kulturkampfes" gab es jedoch 1978 im Bereich der Kunst eine „Münchner Depression", einen Bedeutungsrückfall Münchens hinter Köln und Düsseldorf, Hamburg, Berlin, Wien und Zürich. Angesichts der neuen künstlerischen Ausdrucksformen des „Environment" und der „Installation", die Innenarchitektur, verschiedenste Bildarten und sogar Klangobjekte miteinander verbanden, entstand Streit über die Abgrenzung von „postmoderner" und wirklicher Kunst, am schärfsten um die gewaltlos-politisch gemeinte „soziale Plastik" des Düsseldorfer Kunstrebellen Joseph Beuys. Der Ankauf eines Kunstwerks von Beuys mit dem Titel „Zeige Deine Wunde", das unter anderem aus zwei Klinik-Leichenbahren bestand, durch die Stadt München im Jahr 1979 führte zu heftigen öffentlichen Auseinandersetzungen. Die „Investition" erwies sich jedoch als lohnend, denn der Geldwert der Installation stieg bis 2003 auf das dreißigfache. Eine in gewisser Hinsicht zugleich konservative und futuristische Wende in der Installationskunst, die unter starkem italienischen Einfluß stand, vertrat in München Gerhard Merz, der allerdings bald nach Köln umzog. Seine Werke sollten unter bevorzugter Verwendung einfarbiger Wände und Wandtafeln eine illusionslos-monumentale Welt der „Zahlen und Befehle" und der ruhigen Schönheit und Größe ausdrücken.

Im Bereich der Musik pflegte die Staatsoper unter dem 1982 zum Generalintendanten ernannten Westfalen Professor August Everding eine erfolgreiche Umsetzung ihres traditionellen Programms, besonders Wagners, wobei modernste Bühnenmittel zum Einsatz kamen.

Für die Pflege moderner Musik wurde die Mitwirkung des in Italien lebenden Komponisten Hans Werner Henze wichtig. Die Stadt München begründete 1988 eine „Münchner Biennale", die von der Firma BMW mitfinanziert wurde und unter der Leitung Henzes stand. Dieses internationale Festival für neues Musiktheater mit Uraufführungen moderner Bühnenwerke knüpfte an die Münchner „Musica Viva"-Tradition an. Schwächer als in Musik und Theater fanden sich in der bayerischen Literatur schöpferische Neuansätze. Der Autor und Regisseur Rainer Werner Fassbinder aus Bayerisch-Schwaben erreichte mit seinen sozialkritischen Stücken und Filmen internationale Resonanz, war aber als „Linker" in der staatlichen Kulturpflege Bayerns wenig beliebt.[16]

1988 hatte sich der inzwischen 73jährige Witwer Strauß (seine Frau Marianne war 1984 verstorben) entschlossen, seine neue Lebensgefährtin Renate Piller, eine CSU-nahe Journalistin, zu heiraten – was Schalck-Golodkowski in seinem Bericht an den Minister für

Staatssicherheit süffisant als „Hilfe gegen den Alkohol" begrüßte. Strauß war ihr auf dem Wiener Opernball nähergekommen. Der zuckerkranke Strauß mißachtete die gesundheitlichen Warnzeichen und saß am 22. September 1988 noch persönlich am Steuer seines Flugzeugs zu internationalen Konferenzen auf Rhodos und in Bulgarien. Am 29. September ließ er eine Einladung an die deutschen Ministerpräsidenten und die Regierungschefs ausgewählter europäischer Regionen zu einer Münchner Konferenz im Oktober ergehen, die eine gemeinsame Plattform gegenüber den EG-Behörden schaffen sollte. Am 30. rühmte er bei der Eröffnung eines Raketenteilwerks von MAN Technologie AG in Augsburg Bayerns Aufstieg vom Agrarland zu einem Zentrum der Luft- und Raumfahrtindustrie. Am Folgetag ließ er sich von einem Treffen mit Bundesverteidigungsminister Scholz auf dem Oktoberfest zu einer Jagdeinladung des Fürsten Thurn und Taxis auf ein Jagdschloß bei Regensburg fliegen. Als er nach Anlegen der Jagdkleidung und Begrüßung durch die Fürstin Gloria von Thurn und Taxis in einem Auto des Jagdherrn Platz genommen hatte, das ihn zum Jagdhaus im Wald bringen sollte, erlitt er einen plötzlichen Kreislaufzusammenbruch mit Herzstillstand. Er starb, ohne das Bewußtsein wieder erlangt zu haben, am 3. Oktober in einer Regensburger Klinik.

Als am Prinz-Carl-Palais und an der Staatskanzlei die Rautenfahne, die Bundesflagge und die blaue Sternenflagge der Europäischen Gemeinschaft auf Halbmast sanken, verbreitete sich in der Bevölkerung tiefe Betroffenheit, die über die CSU-Anhängerschaft hinaus erstaunlich weite Kreise erfaßte. Zum Totenrequiem in der Münchner Frauenkirche entsandte der Papst den Nuntius und den bayerischen Kurienkardinal Mayer. Zum Trauerstaatsakt von Bund und Freistaat in der Residenz kamen nicht nur Spitzenvertreter der deutschen Politik, sondern auch ausländische Gäste, darunter eine Abordnung der DDR, die Vize-Regierungschefs der größten kommunistischen Staaten, Iwan Silajew (UdSSR) und Yao Yilin (Volksrepublik China), der ehemalige amerikanische Außenminister Henry Kissinger, der türkische Ministerpräsident Turgut Özal und aus Afrika sowohl der weiße Präsident der vom Regime der Apartheid geprägten Republik Südafrika Pieter Willem Botha als auch der schwarze Präsident Étienne Gnassingbé Eyadéma der Republik Togo, einer ehemaligen deutschen Kolonie. Nach dem Staatsakt bewegte sich der Trauerzug mit dem von einer Rauten-

120

fahne bedeckten Sarg durch die Ludwigstraße zum erleuchteten Siegestor. Das Ehrenspalier bildeten 1400 Gebirgsschützen aus Bayern, Nord- und Südtirol sowie Vertreter der verschiedensten Orden und Vereine des Landes mit Fahnen und in Trachten, darunter auch Gruppen aus sieben Landsmannschaften von Vertriebenen. Seine letzte Ruhestätte fand Strauß in einer Gruft neben dem Dorffriedhof von Rott am Inn an der Seite der verstorbenen Ehefrau Marianne. Ein Stadt-Ehrengrab in München hatte die Strauß-Familie abgelehnt. Nach einer von Kardinal Ratzinger gehaltenen Totenmesse trugen Oberländer Gebirgsschützen den Leichnam zu Grabe. Ein unter freiem Himmel stattfindender Gedenkgottesdienst mit Trauerfeier der CSU in München beschlossen den öffentlichen Abschied, der nicht zu Unrecht in seiner Stimmung und Wirkung mit jenem von Adenauer im Jahre 1967 verglichen wurde.[17]

Ein Nachruf auf Strauß in der Münchner Presse trug die Überschrift „Ein König ohne große Macht". Und das war Strauß wirklich geblieben, nachdem die Bundestagswahl von 1980 dargetan hatte, in welchem Maße seine Machtgrundlage nur auf Bayern begrenzt war – ebenso wie auch die bayerischen Könige stets hinter Österreich und Preußen zurückgestanden waren. Deren zeitweilige Politik, als Dritter im Bunde das Zünglein an der Waage zu bilden, war Strauß auf der Bonner Ebene durch die Selbstbehauptung der FDP versperrt geblieben. Der Ministerpräsident hatte sowohl in der Oppositions- wie in der Regierungszeit häufig nicht als politische Kraft agieren können, sondern war vielmehr Gegenkraft im politischen Spiel der Bundespolitik geblieben. Entgegen seinen oft drastischen Prophezeiungen war niemals eine so ernste Krise der Bundesrepublik eingetreten, daß der Ruf nach einem starken und doch konservativ-demokratischen Kanzler, einem rettenden „Alpen-Churchill", ihn emporgetragen hätte. Bewegende Kraft war er aber dennoch stets gewesen und wie kein bayerischer Landesvater vor ihm hatte er sich als solcher weltweit zur Geltung gebracht. Außerhalb Bayerns war seine Anhängerschaft freilich, wie Meinungsumfragen mitleidlos offenlegten, in den letzten Jahren seiner Regierungszeit geschmolzen. Im bundesdeutschen Gesamturteil hatte ihn auf der Beliebtheitsskala der „Landesfürsten" der jüngere und wirtschaftspolitisch erfolgreiche CDU-Ministerpräsident Georg Späth von Baden-Württemberg zunehmend überholt.[18] Parteipolitisch ist mit Recht gesagt worden, während seiner Regierungszeit sei es Strauß mit populistischer Meisterschaft gelungen, die konservative Reaktion zu bündeln und zu bändigen und nationalistische Nostalgie niederzuhalten. Nur in Bayern war es ihm gelungen, den Ruf zu wahren, er wäre ein besserer Bundeskanzler als Kohl gewesen.

Über Strauß' weitere politische Pläne enthalten seine unfertigen, nur auf Tonband diktierten Erinnerungen wenige Hinweise. Sie wurden von seinen Kindern an den „Spiegel" zur Vorveröffentlichung verkauft und von dessen Herausgeber Rudolf Augstein redigiert, der inzwischen Frieden mit seinem einstigen Verfolger Strauß geschlossen hatte. In seinem letzten Text warnte der Ministerpräsident vor einer Ausdehnung der CSU als vierte bundesdeutsche Partei: Sie würde bei der CDU „haßerfüllte Reaktionen" hervorrufen, und er sei kein „Herostrat", kein Brandstifter. Eine in Kürze bevorstehende vollständige deutsche Wiedervereinigung erwartete Strauß offensichtlich nicht, nur ein föderiertes Deutschland „einer Nation in zwei deutschen Staaten" – ein Ziel, das er es schon bei seinem letzten Moskaubesuch öffentlich formuliert hatte.[19]

Die CSU erkannte sofort, welche herausragende Bedeutung Strauß' Persönlichkeit für sie als „konservative Fortschrittspartei" und für einen Föderalismus eigenständiger bayerischer Prägung gehabt hatte. Sie sah sich genötigt, zur Trennung der Ämter von Parteivorsitzendem und Ministerpräsidenten, wie es bis 1978 gehandhabt wurde, zurückzukehren. Neuer Fraktionsvorsitzender in München wurde der niederbayerische Bauersohn und Landrat Alois Glück. Der Landtag wählte Streibl, bei einer aussichtslosen Grünen-Gegenkandidatur eines Chemieprofessors, zum neuen Ministerpräsidenten, mit der Justizministerin Berghofer-Weichner als Stellvertreterin. Das verwaiste Amt des Parteivorsitzenden galt als das politisch wichtigere und wurden anfangs sowohl vom Bonner Landesgruppenvorsitzenden Waigel als auch von Wirtschaftsminister Tandler erstrebt – wobei jedoch Waigel der von der CDU bevorzugte Kandidat war und auch von Streibl und Zimmermann unterstützt wurde. Am 19. Oktober 1988 stellte Streibl sein neues Kabinett vor. Tandler begnügte sich schließlich mit dem bayerischen Finanzministerium und überließ das Wirtschaftsministerium August Lang, der seinerseits das Innenministerium an Stoiber und den fränkischevangelischen Staatssekretär Günther Beckstein übergab. Waigels Wahl zum Parteivorsitzenden durch den weiteren Parteivorstand wurde am 19. November vom anstehenden Münchner CSU-Parteitag bestätigt. Wie auch Strauß es seit 1982 gehandhabt hatte, übernahm der erste Schwabe an der Spitze der Partei vorerst kein Bundesministerium. Die neue Führung der CSU und des Freistaats vereinte nur höchste Amtsträger, die noch Strauß berufen hatte, und sie bekundete sofort ihren Willen, die Ära Strauß mit unveränderten politischen Zielen fortzusetzen. Waigel mäßigte zunächst die öffentliche Kritik gegenüber CDU und FDP, sah sich aber bald dem heimisch-bayerischen Druck zu einem deutlicher kämpferischen CSU-Stil ausgesetzt. Streibl erwies sich als volkstümlicher, seine eher äußerlichen Zugeständnisse waren jedoch nicht grundsätzlicher Art.

4. Kapitel

Deutsche Wiedervereinigung, Europäische Union und Spätzeit der Regierung Kohl

(1989–1998)

Neuer Versuch einer CSU-Ausdehnung
durch eine Ost-„Deutsche Soziale Union"

Angesichts der relativ schlechten Wahlergebnisse von CDU und FDP entschloß sich Bundeskanzler Kohl im April 1989 zu einer teilweisen Umbildung der Bundesregierung. Dies führte zu einer verstärkten Vertretung der CSU mit sechs Ministern in Bonn: Finanzminister wurde der CSU-Vorsitzende Theo Waigel, sein Staatssekretär der bisherige CSU-Schatzmeister Professor Kurt Faltlhauser aus München. Dafür begnügte sich der bisherige Bundesinnenminister Friedrich Zimmermann zugunsten der CDU mit dem Verkehrsministerium; Dr. Jürgen Warnke wurde erneut Entwicklungsminister und Hans Klein Minister für besondere Aufgaben und Pressesprecher der Bundesregierung. Der Minister für Ernährung, Landwirtschaft und Forsten Ignaz Kiechle blieb im Amt, neue Ministerin für Raumordnung, Bauwesen und Städtebau wurde die CSU-Abgeordnete Gerda Hasselfeldt. Neuer Vorsitzender der Bonner CSU-Landesgruppe wurde der frühere Kitzinger Stadtrechtsrat Dr. Wolfgang Bötsch. Im Mai wurde der bayerische Wissenschaftsminister Dr. Wolfgang Wild durch die Bundesregierung zum Generaldirektor der neugeschaffenen Deutschen Agentur für Raumfahrtangelegenheiten in Bonn berufen. Sein Ministerium wurde bis zur nächsten Landtagswahl von Kultusminister Hans Zehetmaier mitverwaltet.

Im Vorfeld der im Juni 1989 stattfindenden Neuwahl zum Europäischen Parlament geriet die bayerische Staatsregierung durch einen europäischen Integrationsfortschritt auf dem Gebiet der Kernenergie in politische Bedrängnis: Ein plötzlicher Kurswechsel der deutschen Elektrizitätswirtschaft bezüglich der nach wie vor heiß umkämpften, inzwischen teilweise fertiggestellten Wiederaufarbeitungsanlage Wackersdorf brachte sie in eine Zwickmühle. Die deutschen Energieversorger beschlossen, ein französisches Angebot zur Aufarbeitung bundesdeutscher Brennstäbe in einer bestehenden staatlichen Großanlage in der Normandie aufzugreifen und die bisher geplante, teurere nationale Zwischenentsorgung in Wackersdorf aufzugeben – was einen Baukostenverlust von rund vier Milliarden DM bedeutete. Die Bundesregierung zögerte, und Streibl stand unter Druck, den Freistaat nicht als starrsinnigen Hauptinteressenten der Anlage erscheinen zu lassen. Noch im Mai wurden die Bauarbeiten in Wackersdorf schließlich abgebrochen, die Aufbereitung der deutschen Brennstäbe übernahm neben der Anlage in der Normandie noch eine englische Aufbereitungsanlage. Im Juli 1989 gelang es, BMW für den Bau eines großen Werks auf dem Wackersdorfer Gelände zu gewinnen.

Die Europawahl am 18. Juni 1989 bescherte CDU und CSU den befürchteten politischen Erdrutsch, obwohl beide stimmenstärkste Partei blieben. In Bayern fiel die CSU im Europaparlament auf 45,4% und verlor einen Sitz. Die bayerische SPD ging auf 24,2% zurück, die Grünen kletterten hier auf 7,8%, die großen Wahlsieger waren aber die Republikaner Franz Schönhubers (REP),[2] die auf Anhieb 14,6% erreichten, gegenüber nur 7,1% im Bundesdurchschnitt. Die Partei wurde vom Bundes- und bayerischen Verfassungsschutz nach wie vor als rechtsradikal, nicht als extremistisch und verfassungsfeindlich eingestuft. Ihr bayerischer Landesvorsitzender Harald Neubauer war ein ehemaliges NPD-Mitglied. Den Republikanern mit ihrem Vorsitzenden Schönhuber als Spitzenkandidaten kam somit die Rolle zu, die die NPD in den 1960er Jahren als deutschnationale Rechtspartei innegehabt hatte. Die extremistischen Parteien dieser Richtung, NPD und Deutsche Volksunion, erwiesen sich nun als vergleichsweise unbedeutende Splittergruppen. In München erreichten die Republikaner 14,9%, in Nürnberg 17,6%, in Augsburg 19,6%, in der Industriestadt Kolbermoor bei Rosenheim fast 29%. Unter den Regierungsbezirken hatte Mittelfranken mit über 16% den höchsten REP-Anteil.

Die Reaktionen waren ähnlich bestürzt wie einst nach dem NPD-Durchbruch. Die Wahlforschung ergab, daß die REP-Wähler zu je etwa einem Viertel auch bisherige SPD-Wähler und Nichtwähler gewesen waren. Die REP-Partei erhielt insgesamt sechs Sitze in Straßburg, von denen die Hälfte aus Bayern besetzt war. Sie bildete im Europaparlament zusammen mit der französischen „Nationalen Front" und dem belgischen „Flämischen Block" eine Fraktion.

In der Bundesrepublik waren Anfang Mai 1989 von den in der Luft- und Raumfahrt Beschäftigten über die Hälfte in Bayern tätig. Die

Machtkonzentration schritt in diesem Wirtschaftsbereich unaufhaltsam voran. Die Konzernleitung von Daimler-Benz unter dem Vorstandschef Edzard Reuter vollzog bereits in Vorbereitung einer Vergrößerung eine Konzernaufgliederung in neue Aktiengesellschaften. Die im Mai 1989 gegründete und von Jürgen Schrempp geleitete Tochtergesellschaft Deutsche Aerospace (DASA) mit Sitz in München, bestehend aus Dornier, MTU und Telefunken-System-Technik, sowie seit September 1989 auch MBB, faßte die Luft- und Raumfahrtinteressen zusammen. DASA-Firmenzeichen wurde ein vierzackiger Mercedes-Stern. Schließlich wurde die DASA in die vier Geschäftsbereiche Luftfahrt, Verteidigungstechnik, Antriebe und Raumfahrt gegliedert. Rüstungsverkäufe machten im Jahr 1989 noch 45% des DASA-Umsatzes aus. Dann zwang die weltpolitische Entspannung zu einer teilweisen „Rüstungskonversion" in zivile Fertigung. An MBB mit der Tochtergesellschaft Deutsche Airbus und rund 40 000 Beschäftigten konnte Daimler nun in zwei Schritten die Beteiligung von 30% erwerben, während die drei beteiligten Bundesstaaten nur noch Anteile von 36% besaßen. Das Bundeskartellamt, das Bundeswirtschaftsministerium unter Helmut Haussmann (FDP) und schließlich auch die Bundesregierung machten daher Auflagen, die eine übermäßige rüstungswirtschaftliche Machtballung verhindern sollten: Der MBB-Anteil an Krauss-Maffei sowie die Marinetechnik mußten verkauft werden. Der Daimlerkonzern besaß nach dieser Fusion rund 63% des MBB-Kapitals, Bayern behielt 17,44%, Bremen etwa 7% und die Siemens AG sowie die Société Nationale Industrielle Aerospatiale zusammen über 12%. Sitz der Deutschen Airbus-Gesellschaft wurde Hamburg. Der Daimlerkonzern zählte nun insgesamt fast 370 000 Mitarbeiter. Der 12,5%-Anteil von MBB an Krauss-Maffei ging an die Nürnberger Diehl-Gruppe, die damit ihren bisherigen Anteil auf ein Viertel verdoppelte. Im Dezember 1989 schließlich stimmte auch der Stuttgarter Aufsichtsrat zu.[1]

Seit Ende der 1980er Jahre lieferte die Elektronikindustrie auch leistungsfähige Kleinstrechner. Fast gleichzeitig mit der grundsätzlichen MBB-Entscheidung eroberte Siemens, unter Vorstandschef Karlheinz Kaske, eine führende Stellung in der britischen Elektronikindustrie durch den Miterwerb der amerikanisch-deutschen Elektronik- und Rüstungs-Gesellschaft General Electronic Company-Siemens, London. Bereits im Januar 1990 gelang dem

Münchner Konzern die nächste Ausweitung durch Erwerb der 78%-Stammaktienmehrheit der Kleincomputer-Gesellschaft Nixdorf Computer, Paderborn, des zweitgrößten bundesdeutschen Computerherstellers. Der Konzern stieg damit zum größten europäischen Hersteller in der Daten- und Informationstechnik auf. Die Tochtergesellschaft Siemens-Nixdorf-Informationssysteme AG (SNI) zählte nahezu 50 000 Mitarbeiter.[2] Der BMW-Konzern, zu über 46% im Besitz der Familie Quandt und mit weltweit rund 66 000 Mitarbeitern, gründete 1990 zusammen mit Rolls-Royce eine Gesellschaft für Flugzeugtriebwerke. 1992 eröffnete er ein Thüringer Werk in Eisenach, wo BMW bereits in der Zeit vor den Enteignungen in der Sowjetisch Besetzten Zone produziert hatte. Die Audi-Tochtergesellschaft Audi Hungarian Motor nahm schon 1993 ein Werk in Györ (Raab) in Westungarn in Betrieb. Auch die bayerische Kreditwirtschaft setzte den Ausbau ihres weltweiten Netzes weiter fort. Die Bayerische Vereinsbank eröffnete 1990 eine Filiale in Hongkong. Der Versicherungskonzern Allianz erwarb 1989 die Mehrheit an der führenden Versicherung Ungarns Hungária Biztosító und erhöhte im Folgejahr durch Firmenankäufe seinen Auslandsanteil auf eine Prämiensumme von 48% aus rund 50 Staaten, wobei die größten Anteile aus Italien und Frankreich kamen. In gleichen Jahr gelang es der Allianz, von der DDR-Regierung de Maizière einen Anteil von 51% an der neugegründeten, ehemals staatlichen Monopolgesellschaft Deutsche Versicherung, Berlin, zu kaufen. Dieser Zugriff auf das gesamte freiwillige und Zusatz-Versicherungswesen der neuen Bundesländer brachte auf einen Schlag rund 30 000 neue Verträge.

So gewichtig industrielle Konzentrationsbewegungen, europäische Integrationsschritte und die Weltwirtschaft im allgemeinen für den Freistaat waren, so traten sie doch überraschend schnell in den Schatten dramatischer Ereignisse in der Außen- und Deutschlandpolitik: Bayerns Grenzlandlage zur DDR und zur Tschechoslowakei erhielt fast über Nacht einen neuen Stellenwert, die bundesdeutsche Außenpolitik erlangte so einen erheblichen Einfluß auf die bayerische Innenpolitik. Selbst die Frage nach Bayerns Stellung im deutschen Gesamtstaat stellte sich plötzlich neu.

Im Verlauf der zweiten Hälfte des Jahres 1989 traten auch für Bayern die Auswirkungen der fortschreitenden Veränderungen in den Ostblockländern in den Vordergrund. Was das Verhältnis zur Sowjetunion anbelangt, folgten auf die Eröffnung des Münchner sowjetischen Generalkonsulats im Oktober Verträge über bayerisch-ukrainische Städtepartnerschaften zwischen München und Kiew sowie Nürnberg und Charkow. Die bayerische Hypobank begründete eine Vertretung in Moskau, die Bayerische Vereinsbank beteiligte sich an der Gründung der International Moscow Bank. Sie rief zudem 1991 die Tochtergesellschaft Hypobank Československo in Prag ins Leben. Das Fürther Versandhaus Quelle Schickedanz, dem Umsatz nach drittgrößtes Versandunternehmen der Welt, eröffnete in Moskau – wie schon zuvor in Budapest – als erstes westliches Handelsunternehmen zusammen mit zwei sowjetischen Partnern ein Versandgeschäft für die UdSSR.

Weit unmittelbarer wurde Bayern aber durch die immer brisanter werdende innere Krise der DDR in den großen Umwälzungsprozeß hineingezogen. Folge war eine neue, seit Juli 1989 stark ansteigende Flüchtlingswelle aus der DDR. Die meisten Übersiedler kamen über Bonner Botschaften in Ostblockländern und

November 1989: Ankunft eines Sonderzuges aus der Tschechoslowakei mit DDR-Flüchtlingen in Marktredwitz.

über die am 11. September geöffnete Grenze zwischen Ungarn und Österreich, dann auch über die Tschechoslowakei; sie wurden in rasch eingerichteten bayerischen Auffanglagern untergebracht. Seit Anfang Oktober kam es in Leipzig, Ostberlin und Dresden zu Massendemonstrationen gegen die reformunwillige DDR-Führung um Erich Honecker. Dieser beabsichtigte, eine Leipziger Kundgebung am 9. Oktober unter Einsatz der nationalen Volksarmee niederzuschlagen, fand aber weder bei der Sowjetunion noch in der SED selbst hinreichende Unterstützung für ein solches Vorgehen. Am 18. Oktober mußte Honecker zurücktreten. Die Wende in der DDR beschleunigte sich nun zu einer gewaltlosen Revolution.

Unter dem Druck der anhaltenden Republikflucht öffnete die neue DDR-Führung unter SED-Generalsekretär Egon Krenz am 9. November 1989 überraschend sämtliche bestehenden Grenzübergänge in die Bundesrepublik und gab so schlagartig die West- und Südabsperrung der DDR und die 1961 durch die Mauer geschaffene Westberlin-Isolierung auf. An diesem Tag drängten in 24 Stunden über 11 000 Menschen aus der DDR von der Tschechoslowakei her über den oberfränkischen Grenzübergang Schirnding und noch weitere aus Sachsen in den Raum Hof. Vor dem Hofer Hauptbahnhof wurde später ein Denkmal zur Erinnerung an diesen Tag errichtet. Als Verteidigungsminister Heinz Keßler am 11. November den Chef der Landstreitkräfte der NVA Generaloberst Horst Stechbarth fragte, ob er bereit sei, die Berliner Mauer durch die Potsdamer Schützendivision wieder schließen zu lassen, bat dieser den Minister, die Sache noch einmal zu überdenken, und argumentierte, daß die Folgen einer Truppenbewegung nach Berlin in der gegebenen Situation unabsehbar seien. Schon am Folgetag wurden drei weitere Grenzübergänge nach Franken freigemacht: für den großen Grenzverkehr der seit dem Krieg gesperrte Straßenübergang Ullitz von Plauen nach Hof, die seit 1951 gesperrte Straßenbrücke von Sonneberg nach Neustadt bei Coburg und der Autobahnübergang Rudolphstein-Hirschberg bei Hof, bald darauf auch die 1945 abgeschnittene Autobahnverbindung von Dresden und Plauen nach Hof. Hunderttausende von DDR-Bürgern strömten nun zu Wareneinkäufen nach Bayern, besonders nach Oberfranken.[3]

Zum Münchner CSU-Parteitag vom 17. bis zum 19. November wurden Besuchergruppen aus Sonneberg, Suhl und anderen Orten der DDR als Gastteilnehmer herbeigeholt. Der Parteitag unterstrich die Forderung des Grundgesetzes nach einer deutschen Wiedervereinigung – die jedoch immer noch in der ersten Regierungserklärung der neuen, nur noch mehrheitlich von der SED gestellten DDR-Regierung zurückgewiesen wurde. Auffallend war, daß unter den Parteitagsgästen aus Ostdeutschland die DDR-CDU, die nun auch mit Ostberliner Ministerien betraut war, keineswegs hervortrat.

Östlich der bayerischen Grenze schwoll nun auch die Demonstrationsbewegung in der Tschechoslowakei an und führte im November zum Sturz des kommunistischen Regimes und zur Wiederanknüpfung an den „Prager Frühling" von 1968. Gleichzeitig vollzogen sich die politischen Veränderungen in der DDR unter dem Druck neugebildeter demokratischer Parteigruppierungen immer rascher. Am 4. Dezember trat die Ost-CDU aus dem SED-geführten „Demokratischen Block" der Volkskammerfraktionen aus, beteiligte sich aber weiter an der Regierung. Mehrere Landtags- und Bundestagsabgeordnete der CSU forderten öffentlich, die CSU auf die DDR auszudehnen, so wie man es 1957 im Saarland versucht hatte.

Am 6. Dezember 1989 mußte der Staatsratsvorsitzende Egon Krenz sein Amt niederlegen, am Folgetag wurde im Zuge der Vorwürfe gegen die ehemalige DDR-Führung ein Verfahren gegen Honecker eröffnet, am 9. wählte ein außerordentlicher SED-Parteitag nach demokratischem Verfahren einen neuen Parteivorstand und am 17. Dezember ergänzte er den Parteinamen durch den Zusatz „Partei des Demokratischen Sozialismus" (PDS). Daneben wurde die Bildung einer DDR-Schwesterpartei der SPD hingenommen. Zu Weihnachten 1989 gab auch die Tschechoslowakei wenigstens ein Zeichen der Öffnung, indem sie die Grenzsperranlage bei Waidhaus freigab; kurz darauf bildete sich dort ebenfalls eine Christlich-Demokratische Partei.

Bundeskanzler Kohl hatte sich zunächst unter dem Schlagwort „Konföderation" für eine schrittweise deutsche Wiedervereinigung ausgesprochen. Dahingehend äußerte sich auch Bayerns Ministerpräsident Streibl, der am 13. Dezember in einer Regierungserklärung vor dem Landtag sagte, ein föderalistisch aufgebautes Gesamtdeutschland sei aufgrund der historischen Erfahrungen einem zentralistischen Einheitsstaat vorzuziehen; ein bundesstaatliches Deutschland – mit DDR – würde am besten auf diese Weise zu seiner nationalen Einheit finden. Der Plan, die alten Länder innerhalb der DDR wiederherzustellen, fand gerade in Bayern ein lebhaftes Echo.

Wie die anderen Parteien der Bundesrepublik erwog auch die CSU die engere Partnerschaft mit einer der Parteigruppen in der DDR, die bei den ersten freien Wahlen im Frühjahr 1990 antreten wollten. Dies war einerseits die Ost-CDU, die jedoch durch ihre bisherige Zusammenarbeit mit der SED als sogenannte Blockpartei der Volkskammer in der „Einheitsfront der antifaschistisch-demokratischen Parteien" und noch mehr durch selbstbewußte Fortsetzung dieser Blockpolitik in der Reform-SED-Regierung Hans Modrows belastet schien.[4] Sie hatte etwa 140 000 Mitglieder. Andererseits gab es in der DDR unbelastete, aber zersplitterte Neugründungen, die teilweise sogar in ihren Namen die ideelle Verbindung zur CSU betonten.

Für die Leitung der CSU stellte sich außerdem die dringliche Frage, ob sie eine unmittelbare Ausdehnung etwa auf Sachsen und Thüringen oder eine von der Bundes-CDU unabhängige Schwesterpartei-Ehe in der DDR oder eine DDR-Partnerschaft gemeinsam mit Kohls CDU anstreben sollte. Es hatte Symbolcharakter, daß die CSU-Landesgruppe des Bundestags darüber auf einer Tagung im Januar beriet, die in Kreuth begann und in Leipzig fortgesetzt wurde. Außer der Ost-CDU fanden sich dort unter den zum Gespräch geladenen gesinnungsverwandten Gruppen der „Demokratische Aufbruch" (an dessen Leipziger Gründungskongreß der CSU-Generalsekretär Erwin Huber teilgenommen hatte), die in Leipzig gegründete Christlich-Soziale Partei Deutschlands (CSPD, CSP), die ebenfalls in Leipzig gegründete neue Partei CSU-Ost/ Freie Demokratische Union (CSU/FDU) (die in den Landesbezirken Sachsen und Thüringen CSU, in der übrigen DDR aber FDU hieß), eine regionale Deutsche Forumpartei mit dem Namen Demokratisches Forum, die Partei für die Wiedervereinigung Deutschlands (PWD) und die Volksunion Sachsen. Die CSP hielt an ihrem Doppelnamen aufgrund der Einschätzung fest, daß die Werbekraft der CSU als bayerischer Partei nördlich von Leipzig gering sein würde.

Die Münchner CSU-Führung forderte eindeutiger als die Bonner CDU, die Frage der Endgültigkeit der polnischen Westgrenze erst einem künftigen „gesamtdeutschen Souverän" vorzubehalten, und wünschte die völlige Trennung der Ost-CDU von der SED sowie die Bündelung der zersplitterten „christlich-konservativen" Kräfte. Als die Ost-CDU zögerte, selbst die Regierung anzutreten, folgte umgehend, unter Mithilfe einer von Bundesminister Warnke angeführten CSU-Delegation, der Zusammenschluß von zwölf konservativen und rechtsliberalen, teils regionalen Parteigruppen Sachsens in Leipzig zu einer neuen Partei: die Deutsche Soziale Union (DSU). An ihre Spitze trat der CSPD-Vorsitzende Pfarrer Hans-Wilhelm Ebeling. In ähnlicher Weise wurde die hessische CDU in Thüringen tätig. Der CSU-Landesvorstand bestätigte sogleich die besondere Parteipartnerschaft zur DSU; gleichzeitig wurde am Zögern der Bonner CDU, sich von der Ost-CDU-Führung ebenfalls abzusetzen, offene Kritik geübt. Schließlich erklärte die Ost-CDU doch ihren Austritt aus der Ostberliner Regierung, und am 27. Januar 1990 entschied sich die Bonner CDU endlich dafür, wie die FDP die ursprüngliche Sowjetzonen-Schwesterpartei als Partnerin in der DDR anzuerkennen und zu unterstützen. Damit standen nun auf dem Boden des anderen deutschen Staates CDU und CSU als Konkurrenten nebeneinander.

Waigel versuchte also eine ostdeutsche CSU-Ausdehnung als fünfte Bundes- und Länderpartei. Die DDR-CDU ihrerseits bemühte sich alsbald wenigstens um ein Wahlbündnis von CDU, DSU und der Gruppe „Demokratischer Aufbruch" (DA) für die Volkskammerneuwahlen am 18. März 1990. Ein Bündnis dieser Gruppen gelang zunächst in Thüringen, dann für die gesamte DDR als „Allianz für Deutschland". Der erste DSU-Parteitag in Leipzig, an dem Waigel und Streibl teilnahmen, beschloß ein Parteiprogramm, das unter anderem die Wiederherstellung der Länder in der DDR forderte. Die Allianz veranstaltete gemeinsame Wahlkundgebungen, blieb jedoch bei drei getrennten Kandidatenlisten.[5]

Die SED, die schon die neugebildete, stark mit der SPD der Bundesrepublik kooperierende Ost-SPD aus der Zwangsvereinigung von 1946 widerstandslos entlassen hatte, trennte sich auch von ihren alten Namen und nannte sich nur noch PDS. Die Republikaner konnten in Leipzig einen ersten DDR-Kreisverband gründen, wurden dann aber durch einen Volkskammerbeschluß verboten und für die Wahl nicht zugelassen. Die Zuspitzung der inneren Lage in der DDR führte im Februar 1990 auch zu beschleunigten Verhandlungen zwischen der Bundesregierung und der

DDR-Regierung Modrow. Die Länder konnten durchsetzen, daß daran zwei Vertreter der Bundesländer unmittelbar beteiligt wurden, zunächst der nordrhein-westfälische Ministerpräsident Johannes Rau und der bayerische Ministerpräsident Max Streibl. Langsamer als die Öffnung der innerdeutschen Grenze setzte die Auflockerung der Beziehungen zu Bayerns östlichen Nachbarn ein. Am 2. Januar 1990 war der neugewählte nichtkommunistische Staatspräsident der Tschechoslowakei, der Schriftsteller Václav Havel, der 1989 den Friedenspreis des Deutschen Buchhandels erhalten hatte, anläßlich seines ersten Besuchs in der Bundesrepublik nach München gekommen, um mit den Bonner Staatsspitzen im Prinz-Carl-Palais zusammenzutreffen. Havel sah in dieser Ortswahl eine gewisse Symbolik angesichts des Münchner Abkommens von 1938, ging aber auf Streibls Erinnerung an die Vertreibung der Sudetendeutschen nach 1945 nicht ein. Seine wenige Wochen zuvor ausgesprochene Entschuldigung für diese Ereignisse hatte zu lebhaften innertschechischen Auseinandersetzungen geführt. Fürst von Schwarzenberg siedelte als Leiter der Präsidentschaftskanzlei aus seiner fränkischen Erbdomäne in Scheinfeld auf den Prager Hradschin über. Im Juli wurde ein ungarisches Generalkonsulat in München eingerichtet. Auch der fortschreitende Veränderungsprozeß in der Sowjetunion hatte Auswirkungen auf die Beziehungen dieser Länder zu Bayern: So war bereits Ende Januar der Ministerpräsident der Ukrainischen Sowjetrepublik Witalij Massol zu längeren Besprechungen mit Streibl nach München gekommen, die zu verschiedenen Wirtschaftsverträgen führten.

Die erste freie Volkskammerwahl der DDR am 18. März 1990 brachte einen überraschend hohen Sieg der „Allianz für Deutschland" mit 48,0% der Stimmen, wovon allerdings nur 6,3% und damit 25 von 400 Sitzen auf die DSU entfielen. Waigel bezeichnete die DSU nun als „Ableger der CSU". In Sachsen freilich erhielt die DSU in den Bezirken Karl-Marx-Stadt (Chemnitz), Dresden und Leipzig 14,8%, 13,8 und 10,1%, in Thüringen in den Bezirken Suhl und Gera immerhin 8,9 und 8,2%; die örtliche „Hochburg" der DSU war die kleine Stadt Auerbach im Vogtland. Auch im grenznahen DDR-Süden blieb die DSU jedoch weit hinter der CDU zurück.

Für die Neubildung der Ostberliner Regierung lehnte die Ost-SPD eine Zusammenarbeit mit PDS und DSU zunächst ab. Schließlich gelang es der CDU jedoch, nicht nur ihre Bündnispartner aus der „Allianz für Deutschland" und die Liberalen, sondern auch die SPD am Regierungsbündnis zu beteiligen. Die DSU stellte in der vom Vorsitzenden der Ost-CDU Lothar de Maizière im April gebildeten ersten tatsächlichen Mehrparteienregierung der DDR zwei Minister: ihren Generalsekretär Peter-Michael Diestel als Innenminister und stellvertretenden Ministerpräsidenten sowie ihren Vorsitzenden Ebeling als Entwicklungshilfeminister. Für Anfang Juli wurde eine Währungsunion zwischen Bundesrepublik und DDR angekündigt; gleichzeitig wurde den Bundesländern die Teilnahme von je zwei Vertretern an den Verhandlungen über einen deutsch-deutschen Staatsvertrag über die Wiedervereinigung zugesagt. Diese wurde inzwischen nur noch als unmittelbarer Beitritt der als Staat aufzulösenden DDR zur Bundesrepublik konzipiert.

Die Absicht der CSU, mittels der DSU das künftige föderalistische Gewicht im wiedervereinigten Deutschland zu stärken, wurde Anfang Mai 1990 – kurz vor den ersten freien Gemeindewahlen in der DDR – von zwei Seiten in Frage gestellt: Im Süden der DDR bildeten sich ohne Absprache mit München örtliche CSU-Gruppierungen und stellten eigene Kandidaten auf. Ohne daß die West-CDU sichtbar dazu beigetragen hätte, wurde die DSU-Strategie ferner durch einen Gegenzug aus Westdeutschland gekreuzt: In Düsseldorf erfolgte die Gründung einer DSU West, die sich zusammen mit der DSU Ost als „eigenständige Partei der Mitte", aber ausdrücklich nicht als Schwesterpartei der CSU erklärte und von dieser sogar abgelehnt wurde. In der Folge bildete sie weitere Gruppen in Bonn und Kiel. Die DSU Ost ihrerseits erklärte zunächst, sie habe mit der Düsseldorfer Gründung nichts zu tun. Die Gemeindewahlen brachten der Ost-DSU dann einen empfindlichen Rückgang im Stimmenanteil auch in den Südbezirken. Die besten Ergebnisse erzielte sie im Dresdner und Chemnitzer Bezirk, ihre stärkste Stadtverordneten-Vertretung erhielt sie mit 8,4% Stimmen in Dresden.

Am 18. Mai 1990 unterzeichneten Bundesfinanzminister Waigel von der CSU und der SPD-Finanzminister der DDR Walter Romberg den deutschen Staatsvertrag über die Schaffung der Wirtschafts-, Währungs- und Sozialunion, die am 1. Juli in Kraft treten sollte.[6] Die CSU sah sich nun durch die Schwäche der DSU in der Gefahr, im wiedervereinigten Deutschland als Regionalpartei empfindlich an Gewicht zu verlieren. Stoiber sprach sich als erster für eine unmittelbare Ausdehnung der CSU auf die DDR aus; Waigel jedoch war sowohl gegen eine solche Ausdehnung als auch gegen den Ausbau einer West-DSU und konnte diese Parteilinie durchsetzen. Kurz darauf beantragte und erhielt aber die West-DSU die Zulassung für die Bundestagswahl 1990 in allen Ländern der Bundesrepublik außer in Bayern.

Die mit den Vorgängen der Wiedervereinigung auflebende neue nationale Stimmungswelle nahm zur Erleichterung gerade der CSU den Republikanern den Wind aus den Segeln. Nach schweren Wahlniederlagen in Norddeutschland versuchte Schönhuber vergeblich, sich selbst an die Spitze des stärksten Landesverbands Bayern zu setzen. Als ihm dies mißlang, trat er vom Parteivorsitz zurück, wurde aber bald von einem Bundesparteitag wiedergewählt.

Am 21. Juni 1990 nahm der Bundestag den Staatsvertrag über die Wirtschafts-, Währungs- und Sozialunion mit der DDR und eine Resolution über die endgültige Anerkennung der Westgrenze Polens an. Von den 15 Abgeordneten, die gegen die Resolution stimmten, gehörten fünf der CSU an. Im Bundesrat stimmte Bayern am Folgetag beiden Beschlüssen zu. Gleichzeitig mit dem Inkrafttreten der Wirtschaftsvereinigung am 1. Juli wählte ein DSU-Parteitag in Leipzig unter Teilnahme Waigels und Stoibers einen neuen Parteivorstand und Waigel selbst zum DSU-Ehrenvorsitzenden. Leipzig wurde Parteisitz. Die beiden DSU-Minister Peter-Michael Diestel und Hans-Wilhelm Ebeling und andere Mitglieder der bisherigen Führungsgruppen verließen jedoch die Partei mit dem Vorwurf, sie bewege sich weiter zum Rechtskonservatismus, ja in die Nähe der Republikaner, und traten der CDU bei, die überhaupt um DSU-Anhänger warb. Als neuer DSU-Vorsitzender wurde der Thüringer Professor Hansjoachim Walther gewählt. Daraufhin beschloß am 7./8. Juli 1990 in Auerbach im Vogtland eine Minderheit der Ost-DSU, die mit einem ersten Anlauf zur Gründung einer sächsischen CSU noch am Widerspruch der Münchner CSU-Führung gescheitert war, trotz der Vorbehalte der Bayern die Gründung eines CSU-Landesverbandes Sachsen. Dieser Landesverband aus 30 Ortsverbänden besonders des Vogtlandes sah in Strauß sein Traditionsvorbild. Trotz Münchner Abmahnung nahm ein CSU-Ortsvorsitzender aus der Oberpfalz an der Auerbacher Gründung teil. Die bayerische CSU-Führung beeilte sich zu erklären, sie werde ein

Auftreten dieser Ost-CSU gegen die Ost-DSU bei den kommenden DDR-Landtagswahlen in den wiederhergestellten Ländern nicht zulassen. Sie stand aber selbst mit ihrer Weilheimer DSU zwei weiteren DSU-Parteien gegenüber. Sowohl sie als auch die Ost-DSU klagten gegen die rheinische DSU beim Landgericht Bonn um die Verwendung des Parteinamens, wobei zunächst die Klage der Ost-DSU Erfolg hatte. Ein Münchner CSU-Parteitag beugte sich Waigels DDR-Parteipolitik für die im Oktober 1990 in den fünf Ländern der ehemaligen DDR und in Bayern gleichzeitig stattfindenden Landtagswahlen – allerdings nicht ohne das Widerstreben einer Minderheit. Kurz darauf entstand im Widerspruch zu München auch ein CSU-Landesverband Mecklenburg-Vorpommern.

Im Juli 1990 begannen in Ostberlin die Verhandlungen über den „Einigungsvertrag"; im August schließlich beschloß die Volkskammer den Beitritt der DDR zum Geltungsbereich des Grundgesetzes zum 3. Oktober 1990. In der ersten Bundestags-Lesung des Einigungsvertrags wies der CSU-Sprecher Wolfgang Bötsch auf vorangehende Auseinandersetzungen innerhalb der CDU/CSU-Fraktion zu der Eigentumsregelung in der DDR und zum erzielten Kompromiß bezüglich des vorerst unterschiedlichen Abtreibungsrechts in beiden Republikteilen hin. Die bayerische Staatsregierung hatte zuvor bereits beim Bundesverfassungsgericht Klage gegen den Fortbestand des im Westen eingeführten Indikationsmodells und die Finanzierung durch die Sozialversicherung eingereicht. Im Bundesrat vertrat Streibl den CSU-Standpunkt einer Vertragszustimmung mit Vorbehalten. Da die neuen Bundesländer alle kleiner waren als die vier großen alten, erhielten diese durch den Einigungsvertrag mehr Stimmen zugewiesen: Bayern sollte künftig über sechs statt der bisherigen fünf Stimmen verfügen. Acht CDU/CSU-Abgeordnete des Bundestags riefen als Vertriebenenvertreter das Bundesverfassungsgericht gegen den Vertrag an, davon fünf von der CSU. Als der Bundestag den Einigungsvertrag am 20. September 1990 annahm, kamen die wenigen Nein-Stimmen vor allem aus der Fraktion der Grünen, zum Teil jedoch auch von Vertretern der CSU, die Bedenken wegen der endgültigen Anerkennung der Westgrenze Polens und wegen der Abtreibungsregelung äußerten. Im Bundesrat jedoch stimmte Bayern voll zu.

Am 1. Oktober 1990 unterzeichneten die vier Siegermächte des Zweiten Weltkrieges sowie die Bundesrepublik und die DDR in

New York die sogenannte Suspendierungserklärung, durch welche alle vier früheren Besatzungsmächte auf die Ausübung ihrer Rechte und Verantwortlichkeiten für Berlin und Deutschland verzichteten. Damit wurde dem vereinigten Deutschland die volle Souveränität zurückgegeben. Die Suspendierungserklärung wurde umgehend von beiden deutschen Parlamenten angenommen. Am 3. Oktober um 00.00 Uhr wurde die DDR Teil der Bundesrepublik. In München fanden am neuen deutschen Nationalfeiertag allerdings lediglich eine städtische Veranstaltung auf dem Marienplatz statt sowie Dankgottesdienste und ein Straßenfest. Der um die 144 Abgeordneten der DDR-Volkskammer erweiterte Bundestag bestätigte im Berliner Reichstagsgebäude am 4. Oktober die Ergänzung der Bundesregierung Kohl durch fünf ehemalige DDR-Politiker als Bundesminister ohne Geschäftsbereich, die für besondere Eingliederungsaufgaben zuständig sein sollten. Darunter war auf ausdrückliches Verlangen der CSU auch der Vorsitzende der DDR-DSU Walther. Für die noch im gleichen Monat stattfindenden Landtagswahlen in den „ostdeutschen" Bundesländern, offiziell „Beitrittsländer" genannt, konnte die Münchner CSU-Führung zumindest eigenmächtige CSU-Kandidaturen neben der DSU verhindern. Die angestrebte Listenverbindung der CSU mit der von München favorisierten DSU wurde jedoch vom Bundesverfassungsgericht nicht zugelassen.

Zum erstenmal seit Strauß' Tod konnte die CSU in den Landtagswahlen am 14. Oktober 1990 in Bayern wieder einen deutlichen, in diesem Umfang kaum erwarteten Sieg erringen. Mit 54,9% sicherte sie ihre absolute Mehrheit, während die SPD noch weiter auf 26,0% zurückfiel. In Franken wurde kein Stimmkreis mit SPD-Erststimmen gewonnen. Einzig in München ergab sich gegenüber der vorigen Landtagswahl eine geringe Verbesserung der SPD auf 32,7%. Die Grünen erreichten 6,4%, die FDP konnte mit 5,2% nach acht Jahren in den Landtag zurückkehren. Die Republikaner blieben knapp unter 5% und verpaßten damit erneut den Einzug ins Parlament. Auf der CSU-Landesliste wurde die Tochter Franz Josef Strauß', die Hotelkauffrau Monika Hohlmeier, weit nach oben gewählt. Allerdings war die Freude der CSU über das „Bayerisch Wählen" keine ungetrübte: In den zeitgleich stattfindenden Wahlen in den neuen Bundesländern erlitt „ihre" DSU einen schweren Fehlschlag, sogar in Sachsen und Thüringen. Sie hatte im Wahlkampf die Ost-CDU als frühere Blockpartei angegriffen, scheiterte nun aber selbst an der 5%-Hürde. In Sachsen, wo die DSU in der Volkskammerwahl 13% erreicht hatte, war der Rückfall auf 4,5% besonders entmutigend, gerade angesichts der dem Bayernergebnis ebenbürtigen absoluten Mehrheit der sächsischen CDU. Für die CSU stellte sich damit für die bereits beschlossene erste gesamtdeutsche Bundestagswahl am 2. Dezember 1990 die Frage, wie der DSU auch im Falle einer neuerlichen Wahlniederlage eine Vertretung im Bundestag gesichert werden könne. Waigel wandte sich sofort mit dem Ansinnen an Kohl, die CDU solle der DSU drei sichere Direktmandate in Sachsen oder Thüringen überlassen; mit mindestens drei unmittelbar siegreichen Wahlkreisbewerbern bedurfte eine Partei laut Bundeswahlgesetz keiner Mindestprozente an Stimmen mehr. Kohl jedoch hielt die DSU für endgültig gescheitert und zögerte die Antwort so lange hinaus, bis die Parteienanmeldung zur gesamtdeutschen Bundestagswahl am 2. Dezember fällig war. Damit mußte die DSU wohl oder übel in den „ostdeutschen" Ländern selbständig Bewerber aufstellen.

Der Wahlsieger in Bayern, Max Streibl, wurde am 24. Oktober vom Landtag mit 126 von 199 Stimmen erneut zum Ministerpräsidenten gewählt. Für die neugebildete CSU-Staatsregierung stand Finanzminister Gerold Tandler nicht mehr zur Verfügung, da er in die Privatwirtschaft wechselte. Sein Nachfolger wurde Georg von Waldenfels, der bisherige Minister für Bundes- und Europaangelegenheiten, dessen Ressort nun Thomas Goppel übernahm, der bis dahin Kultus-Staatssekretär gewesen war. Zehetmaier blieb an der Spitze der Ministerien für Unterricht und Kultus und für Wissenschaft und Kunst. Als Minister für Ernährung, Landwirtschaft und Forsten folgte Staatssekretär Hans Maurer nach, als Minister für Landesentwicklung und Umweltfragen Staatssekretär Peter Gauweiler. Neuer Landtagspräsident wurde der bisherige Amtschef der Staatskanzlei, Staatssekretär Wilhelm Vorndran.

Der Wahlkampf für die Bundestagswahl Anfang Dezember 1990 wurde durch die außenpolitischen Veränderungen im Verhältnis zu den ehemaligen Ostblockstaaten beeinflußt. Am 9. November unterzeichneten Gorbatschow und Kohl in Bonn den „Vertrag über gute Nachbarschaft, Partnerschaft und Zusammenarbeit", der – wie schon der 1955 in Kraft getretene Deutschlandvertrag mit den westlichen Siegermächten – im Grunde an die Stelle eines Friedensvertrages nach dem Zweiten Weltkrieg trat. Bereits am 14. November folgte in Warschau – entsprechend der Bedingung der vier Partnermächte – die Unterzeichnung eines deutsch-polnischen Vertrages über die Endgültigkeit der polnischen Westgrenze, der so den deutschen Verzicht auf die jenseits der Oder-Neiße-Linie liegenden früheren deutschen Ostgebiete besiegelte. Bundestag und Bundesrat nahmen den Vertrag auch mit den Stimmen der CSU und Bayerns an.

Am 2. Dezember 1990 brachte die erste gesamtdeutsche Wahl der CSU in Bayern 51,9% der Zweitstimmen, über 3% weniger als 1987. Dieses Ergebnis war das schlechteste in einer Bundestagswahl seit 1953. Der Zweitstimmenanteil der CSU auf Bundesebene war im neuen Bundesgebiet von 9,8% auf 7,1% abgesunken. Auch die SPD ging in Bayern leicht zurück auf 26,7%, während die FDP hier auf 8,7% anstieg, die Grünen (West) auf 4,6% stark abfielen und die Republikaner 5% erreichten, immerhin das weitaus höchste Ergebnis unter allen Bundesländern. Grüne und Republikaner scheiterten an der 5%-Hürde und gelangten nicht in den neuen Bundestag. Die CSU sank in München auf 38,2%, in Nürnberg auf 40,2%, in Augsburg auf 46,5%, lag aber überall klar vor der SPD. Die DSU in den neuen Bundesländern erwies sich trotz aller CSU-Unterstützung als Fehlgründung: mit nur 1,7% der Zweitstimmen wurde sie von den Wählern eindeutig abgelehnt; auch in Sachsen erreichte sie nur 2,5% und ihr einsames Bestergebnis im sächsischen Wahlkreis Reichenbach-Plauen-Auerbach-Oelsnitz belief sich auch nur auf 4%. Trotzdem gab Waigel die DSU noch nicht auf.

Da die FDP auf Bundesebene 11% erzielt hatte, war die CSU im Regierungsbündnis nur drittstärkste Partei: Sie verfügte noch über 51 Abgeordnete, während die FDP 78 entsandte, von denen 9 aus Bayern kamen. Demzufolge war die CSU für die absolute Mehrheit einer dritten Regierung Kohl entbehrlich geworden: CDU und FDP konnten diese im Prinzip auch allein aufbringen. Der Bedeutungsverlust der CSU durch die Erweiterung des Bundeswahlgebietes mußte sich notwendigerweise in einer Verminderung ihrer Ministerzahl niederschlagen. Sie stellte jetzt nur noch Finanzminister Theo Waigel, Landwirtschaftsminister Ignaz Kiechle, das ausgegliederte Gesundheitsministerium für Gerda Hasselfeldt und das Entwicklungshilfeministerium für den bisherigen parlamentarischen Staatssekretär Carl-Dieter Spranger. Für die FDP wurde Jürgen Möllemann Wirtschaftsminister.

Im Dezember 1989 trafen sich US-Präsident George Bush und der Präsident der UdSSR Michail Gorbatschow auf einem Passagierschiff vor Malta und beschlossen eine weitreichende beiderseitige Abrüstung – was das Ende des Kalten Krieges bedeutete. Die innere Krise der Sowjetunion, beschleunigt durch die Unabhängigkeitsbestrebungen einzelner Sowjetrepubliken sowie autonomer Republiken und Kreise in Rußland, sollte jedoch schon bald darauf, im Dezember 1991, zu deren Zerfall führen – womit Gorbatschow zum Präsidenten eines nicht mehr existierenden Staates wurde und am 25. Dezember 1991 sein Amt niederlegen mußte. Unter der Regie des russischen Präsidenten Boris Jelzin war bereits am 8. Dezember 1991 in der weißrussischen Hauptstadt Minsk ein Dreibund zwischen den Staaten Rußland, Ukraine und Weißrußland entstanden, dem sich noch im gleichen Monat mit Ausnahme Georgiens und der drei baltischen Staaten alle ehemaligen Sowjetrepubliken anschlossen. Georgien trat erst 1993 dieser „Gemeinschaft Unabhängiger Staaten" (GUS) bei. Deren Mitgliedsstaaten verfolgten eine Wirtschaftspolitik der liberalen Reformen und Reprivatisierungen – gleichzeitig zeugte die GUS von den fortbestehenden engen wirtschaftlichen und sicherheitspolitischen Verflechtungen der Randstaaten mit Rußland. Vor diesem Hintergrund suchte jedoch vor allem der zweitgrößte Mitgliedstaat, die Ukraine, unabhängige Westbeziehungen zu Deutschland und Bayern.

Zur selben Zeit erschütterte ein neuer „heißer Krieg" den arabischen mittleren Osten. Zu Beginn des Jahres 1991 führte eine amerikanisch angeführte internationale Militärallianz im Auftrag der Vereinten Nationen einen Feldzug zur Befreiung des vom Irak überfallenen Ölscheichtums Kuwait. Von der Bundesrepublik wurde hierbei vor allem finanzielle Beteiligung gefordert. Von den Amerikanern erwünscht war jedoch auch die Lieferung deutscher Rüstungsgüter – was das Gesetz jedoch ausdrücklich nicht für akute Krisenregionen erlaubte. An das benachbarte Königreich Saudi-Arabien wurden nun – über den Agenten Karlheinz Schreiber und mit gesetzwidriger Genehmigung des CSU-Staatssekretärs im Verteidigungsministerium Ludwig-Holger Pfahls – vom Thyssen-Konzern 36 Spürpanzer „Fuchs" geliefert, die das Land zur Verteidigung gegen Atom-, biologische und chemische Waffen des Irak nutzen wollte. Hierfür bezog Pfahls eine Millionenprovision, die er nicht versteuerte. Pfahls war zuvor Büroleiter in der Strauß'schen Staatskanzlei gewesen, seit 1985 Präsident des Bundesamts für Verfassungsschutz. Auch gegen Wirtschaftsminister Möllemann, den Vorsitzenden der Deutsch-Arabischen Gesellschaft, wurde der Vorwurf erhoben, Provisionen bezogen zu haben, weil er sich im Bundessicherheitsrat für das Waffengeschäft eingesetzt hatte.

In diese Zahlungen über den Agenten Schreiber war offenbar auch der Sohn von Franz Josef Strauß, Max Strauß, mit verwickelt: 1994 kam der Verdacht von Steuerhinterziehung unter anderem von Provisionen aus einem früheren Airbus-Geschäft mit Thailand auf, 1995 erhob die für Schreiber zuständige Staatsanwaltschaft Augsburg Anklage gegen Max Strauß wegen Steuerhinterziehung. Für den nach Kanada ausgewanderten Schreiber, der die Provisionen gezahlt hatte, erließ das Amtsgericht Augsburg im September 1999 einen Haftbefehl; gegen die Auslieferungsentscheidung des kanadischen Justizministeriums konnte sich Schreiber jedoch seitdem erfolgreich mit juristischen Mitteln wehren.[7]

Nach dem Ausscheiden aus seinem Amt im Verteidigungsministerium 1992 trat Pfahls zunächst in eine Anwaltssozietät in München ein. Außerdem wurde er Generalbevollmächtigter der Daimler-Benz AG zunächst für Belgien, dann ab 1995 für die Ostasien-Vertretung in Singapur. Im April 1999 jedoch erließ das Amtsgericht Augsburg auch gegen ihn Haftbefehl. Pfahls gelang es, für mehrere Jahre unterzutauchen.[8]

In München fand im Dezember 1991 die erste gesamtdeutsche Ministerpräsidentenkonferenz seit 1947 statt, die eine einstimmige „Münchner Erklärung" verabschiedete. Als Gastgeber betonte Streibl die deutschlandpolitische Vorkämpferrolle Bayerns für den Föderalismus. Man erreichte eine Grundgesetzänderung, die 1992 in Kraft treten sollte, wonach der Bundesrat an Entscheidungen, die die Europäischen Union (EU) betreffen, beteiligt werden muß, soweit die Interessen der Länder berührt sind. Verbündete im Kampf für mehr Föderalismus suchte Bayern vor allem in den wiederhergestellten Bundesländern Sachsen und Thüringen, die es auch dadurch unterstützte, daß ihnen bayerische Staatsbeamten sozusagen als „Aufbauhilfe" zur Verfügung gestellt wurden.[9] Von den 967

Beamten und Richtern, die dort Mitte 1992 länger als zwei Wochen tätig waren, arbeiteten 674 in Sachsen und 221 in Thüringen. Höchster Unterstützungsbeamter wurde 1993 der Ministerialdirigent im Münchner Justizministerium Prof. Dr. Günter Hirsch als Präsident des Oberlandesgerichts Dresden, dann des sächsischen Verfassungsgerichtshofs.

Im Sommer des Jahres 1991 wurde die Frage nach der künftigen Hauptstadt des wiedervereinigten Deutschlands zum dominierenden Thema der innenpolitischen Debatten: Bonn oder Berlin? Schon in den Beitrittsverhandlungen hatte die letzte DDR-Regierung de Maizière den Anspruch Berlins angemeldet. Der SPD-Antrag auf eine Volksabstimmung wurde verworfen; auch Bundespräsident Richard Freiherr von Weizsäcker und Bundeskanzler Helmut Kohl nahmen für Berlin Partei. Die bayerische CSU-Landtagsfraktion sprach sich für Bonn als alleinigen Parlaments- und Regierungssitz aus: Die Bayern fürchteten, Münchens Rolle als „heimliche Hauptstadt" werde unter der Wahl Berlins leiden. Schon 1990 hatte die Max-Planck-Gesellschaft ihren Hauptsitz wieder nach Berlin zurückverlegt. Dazu kam das föderalistische Bedenken gegen Berlin als Symbol des früheren Reichszentralismus, obwohl ja hinter dem Bundesland Berlin kein preußischer Staat mehr stand. Die Bonner CDU/CSU-Fraktion und auch ihre bayerische Landesgruppe waren in der Frage gespalten. Am 20. Juni 1991 fiel nach elfstündiger Bundestagsdebatte die Entscheidung für Berlin. Waigel hatte in der Debatte für den Konsensantrag der CDU geworben, die Regierung in Bonn zu lassen und nur den Bundestag nach Berlin zu verlegen; er wäre gegebenenfalls auch bereit gewesen, sich zur „bundesdeutschen Lösung" zu bekennen, wonach Berlin nur Sitz von Bundespräsident und Bundesrat werden sollte. In der Endabstimmung siegte aber der Antrag zur „Vollendung der Einheit Deutschlands": Berlin wurde somit alleinige Hauptstadt mit Sitz von Bundestag, Bundesrat und Bundesregierung. In der CSU-Landesgruppe stimmten neun Abgeordnete für den ersten Antrag, 42 jedoch für Berlin als Hauptstadt. Von den bayerischen Bundesministern sprach sich nur Landwirtschaftsminister Ignaz Kiechle für Berlin aus; auch die parlamentarische Staatssekretärin im Entwicklungsministerium Michaela Geiger war für eine Verlegung der Hauptstadt. Die Minister Waigel, Hasselfeldt und Spranger hielten an

Bonn fest. Unter den bayerischen SPD-Politikern stimmte unter anderem die neugewählte Vorsitzende des Landesverbands Bayern Renate Schmidt[10] für Bonn. Streibl forderte sogleich, den Föderalismus durch Verlagerungen von Bundesbehörden in die Bundesländer abzusichern. Am 5. Juli beschloß der Bundesrat mit 38 : 30 Stimmen in Bonn zu verbleiben. Dieser Beschluß wurde jedoch am 27. September 1996 rückgängig gemacht: Der Bundesrat entschied sich nun doch für einen Sitz in räumlicher Nähe zur Bundesregierung und zum Bundestag in Berlin. Die „Bundesstadt" Bonn sollte jedoch nach dem Berlin/Bonn-Gesetz von 1994 zur Umsetzung des Beschlusses des Deutschen Bundestages vom 20. Juni 1991 ein zentraler Verwaltungssitz der Republik bleiben, mit sechs Bundesministerien, darunter das Verteidigungsministerium auf der Hardthöhe.

Den Fraktionsvorsitz der CDU/CSU übernahm im November 1991 der aufgrund der Folgen eines Attentats im Oktober 1990 querschnittsgelähmte CDU-Innenminister Dr. Wolfgang Schäuble. Bei der Teilumbildung der Bundesregierung 1993 verlor die CSU das Landwirtschaftsministerium und erhielt dafür das Postministerium für den Landesgruppenvorsitzenden Wolfgang Bötsch als letzten Bundespostminister. Sein Nachfolger in der Landesgruppe wurde der fränkische Müllermeister Michael Glos. Jürgen Möllemann wurde Wirtschaftsminister und Vizekanzler. Gleichzeitig trat Hans-Jochen Vogel vom SPD-Parteivorsitz zurück.

Die von Waigel geförderte, CSU-gesteuerte „Deutsche Soziale Union" erwies sich immer mehr als Mißerfolg. In Sachsen-Anhalt konnte sie nur einen einzigen Abgeordneten in den Landtag entsenden. Der sächsische Ministerpräsident Biedenkopf verlangte bereits 1992, die CSU müsse ihre Unterstützung einstellen. 1993 beschloß der DSU-Parteitag in Leipzig trotz der Warnungen aus München seinerseits die Ausdehnung der Partei auf die alten Bundesländer, ohne dabei Bayern auszunehmen. Daraufhin kündigte die CSU sofort ihre drei Jahre lang mit „vielen 100 000 Mark" geleistete Unterstützung der „Ziehtochter" und Waigel legte den Ehrenvorsitz nieder. Auch von einer weiteren Zusammenarbeit mit der noch CSU-treuen Parteiminderheit wurde Abstand genommen. Die DSU verschwand bald ganz aus der deutschen Parteienlandschaft. Das ostdeutsche „Bündnis 90" schloß sich 1993 mit den Grünen zu einer gemeinsamen Bundespartei (Bündnis 90/Die Grünen) zusammen.

Trotz der neuen Niederlassungen bayerischer Firmen in der Tschechoslowakei blieb Bayerns enges Verhältnis zu den sudetendeutschen Vertriebenen ein Sonderproblem nicht nur in der bayerischen, sondern auch in der deutschen Außenpolitik. Anschließend an den „Deutsch-Polnischen Grenzvertrag" vom November 1990 wurde im Februar 1992 auch ein „Deutsch-Tschechoslowakischer Vertrag über gute Nachbarschaft und freundschaftliche Zusammenarbeit" abgeschlossen, der auch die Rechte der deutschen Minderheit in der ČSFR regelte, jedoch Vermögensfragen bezüglich der Restitutionsansprüche der vertriebenen Sudetendeutschen ausklammerte. Dagegen machte die Sudetendeutsche Landsmannschaft das Fortbestehen des vollen Heimatrechts geltend – was Prag ablehnte. Die von der CSU und der bayerischen Regierung geforderten einseitigen deutschen Zusatzbeschlüsse zu dem bereits unterzeichneten Vertrag kamen nicht zustande. Bei der Vertragsannahme im Bundestag im Juni 1992 erreichte die CSU wenigstens die Verabschiedung einer Resolution, in der die Hoffnung auf Entgegenkommen bezüglich der sudetendeutschen Vermögensrechte ausgedrückt wurde. Im Bundesrat lehnte Bayern die Verträge ab, weil sie nach Ansicht der bayerischen Regierung zu viele rechtliche Fragen offenließen. Das 1951 geschlossene tschechoslowakische Generalkonsulat in München wurde wieder eröffnet. Zum Jahresbeginn 1993 trat die volle Teilung in eine Tschechische und eine Slowakische Republik in Kraft.

In der politischen Stimmungskrise des Frühjahrs 1993 wuchs auch in der CSU die Kritik an Ministerpräsident Streibl. Seit bekannt geworden war, daß er Reisegeschenke von Industriellen angenommen hatte („Amigo"), sah er sich zunehmender Kritik ausgesetzt. Gewichtiger als diese zur „bayerischen Amigo-Affäre" aufgebauschte Unvorsichtigkeit war wohl, daß sich Streibl in beiden Bayern-Ämtern als schwacher Nachfolger von Strauß erwiesen hatte. Auch reichte die Durchsetzungskraft des gesundheitlich angeschlagenen 61jährigen gegen das ehrgeizige Machtstreben seines Innenministers Edmund Stoiber nicht mehr aus. Nach der Einweihung der neuen Staatskanzlei im alten Armeemuseum erklärte Streibel schließlich Mitte Mai 1993 seinen Rücktritt.

Der Vorsitzende der CSU-Landtagsfraktion Alois Glück setzte sich für den Parteivorsitzenden Waigel als neuen Minister-

1993: Kabinett des neu gewählten Bayerischen Ministerpräsidenten Edmund Stoiber. V. l. n. r.: Peter Gauweiler (Umwelt), Reinhold Bocklet (Landwirtschaft), Hans Zehetmair (Kultus), Thomas Goppel (Europa), Edmund Stoiber, Günther Beckstein (Inneres), Georg v. Waldenfels (Finanzen), Otto Wiesheu (Wirtschaft), Gebhard Glück (Soziales), Hermann Leeb (Justiz).

präsidenten ein, der bayerische Minister für Landesentwicklung und Umweltfragen Peter Gauweiler für Stoiber. Aus der CSU selbst erfolgten Hinweise an die Presse über Waigels außereheliche Beziehung zu der Allgäuer Ärztin und ehemaligen Skirennläuferin Irene Epple (die er dann 1994 heiratete). Bei einer Vorabstimmung der Landtagsfraktion gewann Stoiber mit großem Abstand. Die Bonner Landesgruppe und die CSU-Bezirksverbände Schwaben und Augsburg standen zwar zu Waigel, der Landtag wählte jedoch am 29. Mai 1993 Stoiber zum neuen Ministerpräsidenten.

In der neuen Landesregierung übernahm Staatssekretär Günther Beckstein das Innere, Kultusstaatssekretär Otto Wiesheu die Wirtschaft, Staatssekretär Hermann Leeb die Justiz, der frühere CSU-Abgeordnete im Europaparlament Oberregierungsrat Reinhold Bocklet die Landwirtschaft. Staatssekretärin im Kultusministerium wurde Monika Hohlmeier. Verbittert kandidierte Streibl nicht mehr für die Landtagswahl 1994. Er starb 1998 im Alter von 66 Jahren an einem Herzanfall. Oberbürgermeister von München war für die

SPD seit 1993 der (evangelische) Journalist und Anwalt Christian Ude. In der Bundespolitik hatte 1992 der Rücktritt der Minister Genscher und Hasselfeldt zu Veränderungen in der Regierung geführt. Neue Justizministerin wurde die FDP-Abgeordnete und Regierungsdirektorin im Deutschen Patentamt Sabine Leutheusser-Schnarrenberger, neuer Gesundheitsminister der CSU-Staatssekretär im Finanzministerium, Verwaltungswirt Horst Seehofer. Möllemann geriet wegen einer Auftragsbegünstigung von Verwandten ins Zwielicht und mußte seine Ämter im Januar 1993 niederlegen. Die neue Regierung Bayerns und die Landtagsmehrheit waren zunehmend unzufrieden mit der Brüsseler Politik eines europäischen „Zentralismus". Der im November 1993 in Kraft getretene Vertrag über die Europäische Union (Maastrichter Vertrag) hatte unter anderem zum Ziel, die politische Vereinigung des Staatenverbundes durch eine verstärkte Wirtschafts- und eine zusätzliche Währungsunion voranzutreiben. Die neue EU-Währung, der EURO, sollte zum Jahresbeginn 1999 eingeführt werden und so in Deutschland die D-Mark ablösen. Deutsche Mit-„Architekten" des Maastrichter Vertragswerkes waren Bundesfinanzminister Theo Waigel und sein Staatssekretär Professor Horst Köhler, der als Sohn deutscher Eltern in Polen geboren und in Württemberg aufgewachsen war.

Eine ernste Herausforderung für die deutsche Außenpolitik stellten die Entwicklungen in Südosteuropa dar. Dort führte die seit den 1980er Jahren einsetzende Desintegration der Föderativen Republik Jugoslawien zu Beginn der 1990er Jahre zum offenen Bürgerkrieg. 1990 duldete die gesamtjugoslawische Belgrader Regierung für die Neuwahl der kroatischen und slowenischen Parlamente erstmals neben den Reformkommunisten und ihrem Volksfrontblock auch andere Parteien. Der ehemalige jugoslawische General Franjo Tudjman hatte in Kroatien eine nationalistisch-autokratische Partei gegründet. Die erste freie Wahl in Kroatien ergab einen Sieg der Tudjmanpartei, worauf dieser zum Vorsitzenden des kroatischen Staatspräsidiums gewählt und eine Volksabstimmung über das weitere Verbleiben der Teilrepublik in Jugoslawien beschlossen wurde. In der Volksabstimmung sprach sich die Mehrheit der kroatischen Bevölkerung für ein demokratisches und unabhängiges Kroatien aus. Im Juni 1991 erklärten Kroatien und auch die benachbarte Teilrepublik Slowenien ihre völkerrechtliche Unabhängigkeit. Aus serbischer Perspektive erschien dies besonders für Kroatien problematisch, weil dort eine relativ große serbische Minderheit (etwa 12% der Bevölkerung) lebte. Die Jugoslawische Volksarmee (JNA) suchte daraufhin, die Unabhängigkeit der beiden Teilrepubliken durch militärische Intervention zu verhindern. Aus Slowenien mußte sie sich jedoch nach nur zehn Tagen erfolglos zurückziehen. In Kroatien hingegen kam es zu langen und erbitterten Kämpfen zwischen kroatischen Verbänden auf der einen Seite und Freischärler-Verbänden der in Kroatien lebenden Serben, serbischen Freiwilligen und Tschetniks aus Bosnien und Serbien sowie der zunehmend serbisch dominierten Jugoslawischen Volksarmee auf der anderen Seite.

Hierbei wurde im Juli 1991 ein Korrespondent der Süddeutschen Zeitung, Egon Scotland, erschossen. Den serbischen Truppen gelang es, bis September einen Teil Kroatiens zurückzuerobern. Zwar war der Vorwurf der serbischen Regierung, in Deutschland würden Kroaten militärisch ausgebildet, wohl kaum gerechtfertigt, doch unterstützte die große kroatische Auswanderer- und Exilantengruppe in München den Kampf ihrer Landsleute durch Freiwillige und Geldsammlungen – offiziell für humanitäre Hilfe, in Wahrheit jedoch großenteils für Waffenkäufe. Die Regierung Streibl sah dem großzügig zu. Deutschland war am 23. Dezember 1991 unter den ersten westlichen Staaten, die Slowenien und Kroatien als unabhängige Staaten anerkannten. Kroatien und Slowenien eröffneten bald darauf eigene Konsulate in München.

Nachdem auch Bosnien-Herzegowina im März 1992 seine Unabhängigkeit erklärt hatte, begann dort eine blutige Auseinandersetzung zwischen bosnischen Serben auf der einen und bosnischen Kroaten und muslimischen Bosniaken auf der anderen Seite. In Kroatien eroberte im Laufe des Sommers 1995 die kroatische Armee die serbisch kontrollierten Gebiete zurück. Im November 1995 kam es schließlich unter Vermittlung Deutschlands, Frankreichs, Großbritanniens, Russlands und der USA zum Vertrag von Dayton: Der Friedensvertrag sah die Schaffung eines föderativen Bosnien-Herzegowina und die Beilegung des serbisch-kroatischen Konflikts vor.

Seit Januar 1992 waren auf dem Balkan UN-Truppen stationiert, die sogenannte United Nation Protection Force (UNPRO-

FOR), die den Friedensprozeß unterstützen sollten. In diesem Rahmen war auch die Bundeswehr mit mehreren Auslandseinsätzen beteiligt: Sie entsandte 1992 Soldaten zur Durchsetzung des UNO-Embargos gegen Serbien und Montenegro und im Folgejahr zur Überwachung des Flugverbots über Bosnien. Im Dezember 1995 stimmten die Konfliktparteien auf dem Balkan durch die Unterzeichnung des Vertrags von Dayton der Entsendung einer multinationalen Friedenstruppe mit UN-Mandat zu: Die Implementation Force (IFOR) löste somit den Einsatz der UNPROFOR ab und sollte die Umsetzung des Friedensabkommens sichern. Der Bundestag stimmte dem Einsatz deutscher Truppen im Rahmen von IFOR am 6. Dezember 1995 zu. Im Dezember 1996 wurde IFOR durch die „Stabilisation Force" (SFOR) abgelöst, eine internationale Schutztruppe, die zur Stabilisierung Bosnien-Herzegowinas beitragen sollte. Am 13. Dezember 1996 stimmte der Bundestag einer deutschen Beteiligung mit bis zu 3000 Soldaten zu. Die Bundeswehr hatte das viertgrößte NATO-Kontingent nach den USA, Großbritannien und Frankreich zu stellen. Die Heereseinheiten wurden halbjährlich ausgetauscht, die süddeutschen Teile der deutschen SFOR-Brigade in der Infanterieschule Hammelburg in Nordfranken geschult. Der Zustrom von Kriegsflüchtlingen nach Bayern, besonders nach München, erreichte Ende 1996 seinen Höhepunkt.

Zu einer weiteren Krisenregion auf dem Balkan wurde das zu Serbien gehörende, größtenteils albanisch-muslimisch besiedelte Kosovo, dessen Status als autonome Provinz 1989 vom serbischen Parlament aufgehoben worden war. Folge der serbischen Diskriminierungen und Menschenrechtsverletzungen gegen die albanische Bevölkerung waren zum einen die Verstärkung von Unabhängigkeitsbestrebungen im Kosovo, zum anderen aber auch die Entstehung einer mit Guerillamethoden operierenden albanischen Befreiungsarmee Kosovos (UÇK), die seit 1997 öffentlich als Akteur im Kosovo-Konflikt auftrat. Die gewaltsame serbische Durchsetzung einer sogenannten ethnischen Bereinigung, einer Massenvertreibung von Albanern, war ganz offenbar durch die leichtbewaffneten UNO-Schutz- und Friedenstruppen nicht aufzuhalten.

In Zusammenhang mit dem Jugoslawien-Einsatz stand auch die 1994 eingeleitete Strukturreform der Bundeswehr. Die Streitkräfte wurden durch die Reform in drei Komponenten untergliedert: die Hauptverteidigungskräfte (HVK), die international einsetzbaren Krisenreaktionskräfte (KRK) und die Militärische Grundorganisation (MGO), die im Betrieb der Streitkräfte Führungs-, Ausbildungs- und Versorgungsaufgaben wahrnimmt. Nach wie vor war Bayern größtes deutsches Garnisonsland.

Wirtschaft in Bayern nach der deutschen Wiedervereinigung und Krise der bürgerlichen Bundesregierung

Der Prozeß der privatwirtschaftlichen Eroberung der ostdeutschen „Beitrittsländer" sowie Mittelost- und Osteuropas setzte sich auch von Bayern aus beschleunigt fort, vor allem im Dienstleistungsbereich. Die Nahrungsmittel-Großhandlung März, Rosenheim, vormals Mitbeteiligte an der Strauß'schen Milliardenkredit-Vermittlung, erwarb allein im früheren Bezirk Cottbus (Brandenburg) vier Brauereien, 93 Gaststätten und ein Milchwerk. Im Gegenzug verschaffte sie ihrem einstigen Partner Alexander Schalck-Golodkowski eine Villa am Tegernsee und ein lukratives Osthandelsgeschäft. Der Zeitungskonzern Passauer Neue Presse übernahm bis 1994 in Tschechien und der Slowakei 34 Zeitungen, dazu zehn weitere in Polen. Das Privatbankhaus Schmidt in Hof hatte damals bereits über 100 Filialen in Nordostbayern, Südthüringen und Südsachsen.[11] 1993 erwarb die Allianz die staatliche slowakische Versicherungsbank Slovenská poist'ovňa, die seitdem als Allianz – Slovenská poist'ovňa Marktführer auf dem slowakischen Versicherungsmarkt ist, und investierte auch in anderen Ostländern erhebliche Summen.

Insgesamt verstärkte sich der Prozeß der wirtschaftlichen Globalisierung und Konzentrierung in den 1990er Jahren erheblich.

Im industriellen Bereich äußerte sich dies unter anderem in der Verlagerung von Produktionsstätten ins Ausland. 1998 schluckte der Industrieriese Daimler-Benz den US-amerikanischen Konzern Chrysler Corporation, Genf, mit Stammsitz in Detroit. Die DASA mit den bayerischen Standorten Augsburg, Ottobrunn, Schrobenhausen, Unterschleißheim, Manching und Donauwörth wurde dadurch zu Daimler-Chrysler-Aerospace, München. BMW erwarb 1994 von British Aerospace 80% des in Schwierigkeiten geratenen Autokonzerns Rover. 1997 hatte der Konzern nur noch knapp 69 000 Mitarbeiter in der Bundesrepublik – wenig mehr als die Hälfte der gesamten Mitarbeiterzahl des Konzerns. Audi-Ingolstadt war in Rußland besonders erfolgreich und konnte dort seit 1998 ein exklusives Handelsnetz aufbauen. Der bayerische Freistaat verkaufte seit 1994 unter dem Motto „Gestalten statt besitzen" Beteiligungen an Wirtschaftsunternehmen. Die Privatisierungserlöse sollten im Rahmen der Initiative „Offensive Zukunft Bayern" (seit 1999 „High-Tech-Offensive Bayern") eingesetzt werden, um die wirtschaftliche und technologische Modernisierung des Freistaats voranzutreiben. 1994 wurde das Energieversorgungsunternehmen Bayernwerk mehrheitlich vom VIAG-Konzern übernommen; im gleichen Jahr erfolgte die Umwandlung der staatlichen Bayerischen Versicherungskammer in eine Aktiengesellschaft, deren Hauptanteil die bayerischen Sparkassen mit 70% hielten. Bis zum Jahr 2000 stieg der Staatserlös auf 8,25 Milliarden Euro, die vor allem zur staatlichen Förderung von Hochtechnologie und Unternehmerberatung eingesetzt wurden. Auf die Kritik an diesem Verkauf von staatlichem „Tafelsilber" erwiderte Ministerpräsident Stoiber, die Privatisierungserlöse würden für Investitionen in die Zukunft genutzt.

Die Konzentrations- und Globalisierungsbewegung erfaßte auch Handel und Kreditwesen. Der Fürther Schickedanz-Quelle-Konzern, größtes Warenversandhaus Europas, gründete 1992 ein Versandgeschäft in Budapest, und 2004 eröffnete Quelle als erstes westliches Handelsunternehmen zusammen mit russischen Partnern ein Versandgeschäft in Moskau. 1998 übernahm Quelle die Mehrheit des Kölner Kaufhauskonzerns Karstadt, womit der Konzern Karstadt-Quelle, Essen, für Warenhäuser, Tourismus und Versandhandel entstand. Im Buchgroßhandel entstand die Verlagsgruppe Droemer-Weltbild, München, als zweitgrößte nach Bertelsmann. Im Bereich des Medienhandels mußte Droemer-Weltbild jedoch der Konkurrenz des Kirch-Konzerns begegnen. Dieser hatte bis 1992 schon fünf deutsche kommerzielle Fernsehsender in seine Hand gebracht. Seit 1985 hatte Kirch Anteile am Axel-Springer-Verlag erworben, mit gut 40% Beteiligung wurde Kirch Großaktionär bei Springer. Bei der EU-Kommission genoß Leo Kirch die unmittelbare Protektion Kohls.[12] Die Unternehmensgruppe Kirch gliederte sich in drei Bereiche: KirchMedia, KirchPayTV und Kirch Beteiligungen. Bayerische Vereinsbank und Bayerische Hypotheken- und Wechsel-Bank schlossen sich 1998 zur HypoVereinsbank, München, mit anfangs knapp 40 000 Beschäftigten zusammen. Die halbstaatliche Bayerische Landesbank eröffnete – allerdings mit wenig Glück – ihre viertgrößte Auslandsniederlassung in Singapur. 1997 vereinigte die Münchner Rückversicherung einen Großteil ihrer Versicherungsaktivitäten unter dem Dach der ERGO Versicherungsgruppe AG, Düsseldorf. Dadurch entstand der zweitgrößte deutsche Versicherungskonzern.

Die privaten Wirtschaftsunternehmen Deutschlands mit Hauptsitz in Bayern, die die höchsten Beschäftigtenzahlen vorzuweisen hatten, waren im Jahr 1997 Siemens mit 441 500 Beschäftigten, BMW mit 119 900, die Allianz Holding mit 105 700 und MAN mit 64 100 – wobei sich die genannten Beschäftigtenzahlen freilich nicht nur auf Bayern, sondern auch auf die Auslandsniederlassungen beziehen. Kleinere Unternehmen und das Handwerk konnten sich im Freistaat nicht zuletzt als Zulieferer der Großindustrie behaupten. Die Direktinvestitionen aus Bayern im Ausland – vor allem in den USA und den GUS-Staaten – waren seit 1980 auf mehr als das Vierfache gewachsen. Ausländische Unternehmen hingegen hatten an der Gesamtbeschäftigung in Bayern lediglich einen Anteil von weniger als 6%.[13]

Münchens neuer, 1992 eröffneter Flughafen Franz Josef Strauß bei Erding wuchs kräftig weiter, daneben wurde der Europaverkehr auch über die Regionalflughäfen Nürnberg und Augsburg abgewickelt. Für die freizeitliche und touristische Aufwertung Nordbayerns entstand bis 1999 durch die Überleitung von Altmühl- und Donauwasser in das Regnitz-Main-Gebiet das etwa 50 km südlich von Nürnberg gelegene Fränkische Seenland.

In der bayerischen Landwirtschaft sank die Zahl der bewirtschafteten Höfe bis 1997 auf 174 400, bis 1999 auf rund 155 000. Der ministerielle Agrarbericht 2000 an den Landtag führte für

1998/99 nur noch etwa 149 000 Betriebe auf, von denen etwa die Hälfte Haupterwerbsbetriebe waren und die über eine durchschnittliche Nutzfläche von 22 ha verfügten.[14] Präsident des Deutschen Bauernverbandes war seit 1997 der bayerische Verbandspräsident Gerd Sonnleitner. Unter der Führung des österreichischen Agrarkommissars Franz Fischler legte die EU-Kommission im März 1999 eine Finanzreform und eine neue Agrarmarktordnung vor – die „Agenda 2000" –, die eine weitere Senkung der Garantiepreise und statt dessen erhöhte Ausgleichszahlungen an die Landwirte vorsah.[15]

Bereits im Jahr 1993 hatte sich Ministerpräsident Stoiber in der Europafrage mit Bundeskanzler Kohl angelegt: Er hatte gefordert, die Einführung der in Maastricht beschlossenen Währungsunion, die den Nationalhaushalten der Mitgliedstaaten erhebliche Sparzwänge auferlegte, auf einen späteren Termin zu verschieben. Als er für ein Europa der Nationen und Regionen statt eines zentralistischen Bundes eintrat, wurde er vom linken CDU-Flügel des „Hochverrats an Europa" bezichtigt. Im Frühjahr 1994 entließ Stoiber seinen besonders europakritischen Umweltminister Peter Gauweiler. Die Europawahl im Juni 1994 brachte in Bayern der CSU noch 48,9% der Stimmen, der empfindlich geschlagenen SPD 23,7%, dem aufsteigenden Bündnis 90/Die Grünen 8,7%, den Republikanern nur noch 6,6%. Anschließend gelang es Stoiber immerhin, den leitenden Ministerialrat der Münchner Staatskanzlei Dr. Gerhard Stahl als ersten Generalsekretär des neuen Brüsseler EU-Ausschusses der Regionen durchzusetzen.[16] Erster „bayerischer" Präsident der Bundesrepublik wurde im Juli 1994 der evangelische Altbayer Professor Roman Herzog, Sohn eines Stadtarchivars und Museumsdirektors in Landshut und bisher Präsident des Bundesverfassungsgerichts. Er war allerdings als ehemaliger Justizminister von Baden-Württemberg nicht Mitglied der CSU, sondern der CDU.[17] FDP-Gegenkandidatin war Hildegard Hamm-Brücher gewesen.

Die Landtagswahl vom 25. September 1994 brachte der CSU die absolute Stimmenmehrheit von 52,8%. Der SPD gelang ein Wiederanstieg auf 30%, den Grünen mit gut 6% das Verbleiben im Landtag. Die FDP und die Republikaner scheiterten beide an der 5%-Hürde. In der zweiten Regierung Stoiber erhielt die Bundestagsabgeordnete Professorin Ursula Männle das Ministerium für Bundes- und

Europaangelegenheiten, das für Arbeit und Soziales die ehemalige Staatssekretärin Barbara Stamm.[18] Neuer Landtagspräsident wurde der bisherige Staatssekretär im Ministerium für Bundes- und Europaangelegenheiten Johann Böhm, ein gebürtiger Egerländer. Als Chef der Staatskanzlei kehrte Kurt Faltlhauser aus Bonn zurück.

Die Bundestagswahl am 16. Oktober 1994 bestätigte die Regierung Kohl knapp. In Bayern erzielte die CSU 51,2% der Stimmen, die SPD 29,6%, Bündnis 90/Die Grünen gut 6% und die FDP 6,4%. Die Republikaner scheiterten mit bundesweit nur 1,9% an der 5%-Hürde, woraufhin Schönhuber Ende 1994 nicht wieder als Bundesvorsitzender der Partei antrat. Im neuen Bundestag saßen 92 Abgeordnete aus Bayern: 50 von der CSU, 29 von der SPD, je sechs von FDP und Bündnis 90/Die Grünen, aber auch eine Landeslisten-Kandidatin der PDS. Die CSU behielt vier Bundesministerien. Im Januar 1998, wenige Monate vor dem Ende der Legislaturperiode, kam noch ein fünftes CSU-Ministerium hinzu, als Eduard Oswald den bisherigen Bundesbauminister Professor Klaus Töpfer ablöste. Das CDU-geführte Bildungs- und Forschungsministerium wurde umbenannt in „Ministerium für Bildung, Wissenschaft und Technologie" – was als eine weitere Beanspruchung von Bundeskompetenzen gegenüber den Bundesländern interpretiert werden konnte.

Eine Bürgerinitiative „Mehr Demokratie für Bayern" führte 1995 zu einem Volksentscheid, der eine Änderung der bayerischen Verfassung nach sich zog, durch die mit dem kommunalen Bürgerentscheid auch auf kommunaler Ebene die direkte Demokratie eingeführt wurde. Durch eine Änderung vom 20. Februar 1998 wurde die Verfassung um den Artikel 3a ergänzt, in dem sich Bayern zu einem geeinten Europa bekannte, „das demokratischen, rechtsstaatlichen, sozialen und föderativen Grundsätzen sowie dem Grundsatz der Subsidiarität verpflichtet ist, die Eigenständigkeit der Regionen wahrt und ihre Mitwirkung an europäischen Entscheidungen sichert."

Präsident des bayerischen Senats war von 1994–1996 Professor Walter Schmitt-Glaeser aus Bayreuth; danach hatte das Amt der Starnberger Bürgermeister Heribert Thallmair inne. Nach vergeblichen Anläufen zu einer Reform der zweiten Parlamentskammer hatte jedoch im Jahr 1997 ein von der Ökologisch-Demokratischen Partei eingebrachtes und von der SPD und den Grünen unterstütztes Bürgerbegehren Erfolg, das die völlige Abschaffung des Senats forderte. Ein Volksentscheid im Februar 1998 erbrachte über 69% der Stimmen für die Abschaffung der zweiten Kammer im Jahr 1999 und für eine Verfassungsreform, die bis 2002 durchgeführt werden sollte.

Bei den Stadtratswahlen von 1996 erhielt die CSU in München 37,9%, die SPD nur 37,4% der Stimmen. In Nürnberg stieg das Ergebnis der CSU steil auf 43,7% an, während die SPD nur noch 34,3% erzielen konnte. Bei den Kommunalwahlen 1996 wurden die „Freien Wähler" drittstärkste Kraft nach CSU und SPD.

Als Folge der deutschen Wiedervereinigung – die sich so auch auf das kirchliche Leben auswirkte – erhielt das Würzburger Bistum Teile Thüringens zurück. 1995 wurde der konservative Eichstätter Bischof Karl Braun aus dem Pullacher Jesuitenkolleg Erzbischof von Bamberg. In Rom wurde der gebürtige Münchner Professor Alois Grillmeier Kardinal und der Erzabt von Sankt Ottilien, Professor Notker Wolf, Abtprimas des gesamten Benediktinerordens. In Bayern selbst sorgte der Kruzifixstreit für Aufregung in den öffentlichen Schulen. 1995 hob das Bundesverfassungsgericht auf privaten Antrag die Vorschrift der bayerischen Schulordnung auf, in jedem Klassenzimmer ein Kruzifix anzubringen. Nach heftigem Streit konnte das Verbot aber praktisch entschärft werden. Der katholische Priestermangel spitzte sich so zu, daß in der Erzdiözese München-Freising im Jahr 2000 jede dritte Pfarrstelle – trotz der Aushilfen durch kroatische, polnische und zuletzt auch indische Priester – unbesetzt war.

In Coburg tagte 1991 die evangelische Kirchenkonferenz aller deutschen Landeskirchen: Erstmals seit 1961 versammelte sich somit wieder eine gemeinsame Synode der Evangelischen Kirche in Deutschland. In der evangelischen Landeskirche waren Ende der 1990er Jahre schon 13% der Pfarrstellen durch Frauen besetzt. Der emeritierte Münchner Kirchenhistoriker Professor Georg Kretschmar wurde 1997 zum Erzbischof der Evangelisch-Lutherischen Kirche Rußlands, der Ukraine, Kasachstans und Mittelasiens mit Sitz in Sankt Petersburg berufen. Evangelisch-lutherischer Bischof der Ukraine wurde 1999 Dr. Edmund Ratz aus Ansbach, der im Jahr 2005 Kretschmars Nachfolge in Odessa antreten sollte.

In Bayern war in den 1990er Jahren etwa 1% der Bevölkerung Mitglied einer orthodoxen Kirche. Das griechisch-orthodoxe Bistum München erhielt in der Landeshauptstadt eine eigene Allerheiligenbasilika. 1993 entstand zunächst in Regensburg das rumänisch-orthodoxe Erzbistum von Deutschland und Zentraleuropa, das bald darauf mit Metropolit und Hauptkirche nach Nürnberg verlegt werden sollte. München wurde Sitz des serbisch-orthodoxen Metropoliten für Mitteleuropa. In München saßen auch Vikarbischöfe der Ukrainisch-Orthodoxen Kirche und der russischorthodoxen Emigrantenkirche Deutschlands, die mit der Verwaltung der elf bayerischen russisch-orthodoxen Pfarreien beauftragt waren. 1997 schloß der Freistaat einen Staatsvertrag mit dem Landesverband der inzwischen – vor allem durch Rußland-Zuwanderung – auf etwa 10 000 Mitglieder angewachsenen zwölf israelitischen Kultusgemeinden in Bayern.

Von den Muslimen in Bayern, jetzt etwa 4% der Bevölkerung, war nur noch etwa ein Drittel türkischer Nationalität; ein Großteil waren Bosnier, Albaner, Marokkaner und Iraner. Über drei Viertel der Muslime waren Sunniten. Nur etwa zwei Fünftel der Muslime waren Mitglieder eines Religionsvereins. Für die türkischen Grund- und Hauptschüler beschäftigte der Freistaat 1998 bereits 236 Lehrer. Den freiwilligen islamischen Religionsunterricht in privaten Koranschulen besuchte rund ein Fünftel der Kinder.[19]

Im Bildungswesen stieg die bayerische Studentenzahl, seit 1970 mehr als verdoppelt, 1996 auf über 247 000, davon über 42% Studentinnen. An der Universität München wurde 1998 eine kleine dritte, orthodoxe theologische Fakultät eingerichtet, die einzige in Westeuropa. Bis 1998 entstanden neben den Universitäten 16 praxisnähere staatliche Fachhochschulen in Amberg-Weiden, Ansbach, Augsburg, Coburg, Deggendorf, Hof, Ingolstadt, Kempten, Landshut, München, Neu-Ulm, Nürnberg, Regensburg, Rosenheim, Weihenstephan und Würzburg-Schweinfurt-Aschaffenburg sowie eine katholische Stiftungsfachhochschule in München und eine evangelische in Nürnberg.

Eine der Auswirkungen des Endes des Kalten Krieges war die schrittweise Verkleinerung der Bundeswehr und der amerikanischen Stationierungstruppen. Befanden sich 1990 noch rund 80 000 Bundeswehrsoldaten und rund 72 500 Amerikaner in Bayern, so folgte schon in den nächsten Jahren eine Verminderung auf etwa

66 000 und 50 000 Mann. 1992 wurde die 1. US-Panzerdivision in Ansbach aufgelöst, 1998 standen nur noch etwa 23 900 Amerikaner in Bayern, meist in Unterfranken. Unter dem neuen Generalinspekteur der Bundeswehr, dem aus München stammenden General Klaus Naumann, begann 1994 auch die bereits erwähnte Strukturreform der Bundeswehr.

Auf der EU-Spitzenkonferenz 1997 in Amsterdam verabschiedete der Europäische Rat den „Stabilitäts- und Wachstumspakt", der das vordringliche Ziel hatte, die Wertsicherung des Euro zu gewährleisten, der 1999 eingeführt werden sollte. Vor allem auf Betreiben von Finanzminister Waigel enthielt der Vertrag die Bestimmungen, daß kein Staat das Defizit seines Staatshaushalts über 3% des jeweiligen Bruttoinlandsprodukts ansteigen lassen und daß die jährliche staatliche Neuverschuldung die Summe der Neuinvestitionen im gleichen Jahr nicht überschreiten dürfe. Großbritannien, das eine Mitgliedschaft in der europäischen Währungsunion ablehnte, trat deshalb auch nicht dem Stabilitäts- und Wachstumspakt bei.

Die bayerische Landtagswahl vom 13. September 1998 brachte der CSU erneut einen Sieg mit 52,9% der Stimmen vor der SPD mit 28,7% und den Grünen mit 5,7%. Die Bundestagswahl vom 27. September 1998 beendete die Ära Kohl nach 16 Jahren Regierung. In Bayern erreichte zwar die CSU 44,7% (6,7% im Bundesgebiet) gegenüber 34,4% der SPD und 5,9% von Bündnis 90/Die Grünen und 5,1% der FDP, aber auf Bundesebene erlitt die CDU/CSU eine klare Niederlage. Aus Bayern zogen 38 Abgeordnete der CSU, sieben Vertreter der SPD, sechs – darunter eine Abgeordnete türkischer Abstammung – und fünf FDP-Kandidaten ins Berliner Parlament ein. Schon am Tag nach der Wahl kündigte Waigel seinen Rücktritt vom CSU-Parteivorsitz an und schlug Stoiber als neuen Vorsitzenden vor.

In der neuen bayerischen Landesregierung Stoiber wurde Erwin Huber erneut Staatsminister und Leiter der Staatskanzlei, Reinhold Bocklet erhielt das Ministerium für Bundesangelegenheiten und Europafragen, Kurt Faltlhauser das Finanzministerium, Staatssekretär Alfred Sauter das Justiz- und der bayerische Schwabe Staatssekretär Josef Miller das Landwirtschaftsministerium. Hans Zehetmaiers Ministerium wurde erneut geteilt: Ihm blieb nur noch der Bereich Wissenschaft und Kunst, während Kultus, Unterricht,

Bildung und Sport an Monika Hohlmeier gingen. Otto Wiesheus Ressort hieß nun Wirtschaft, Verkehr und Technologie, das Ministerium von Barbara Stamm wurde umbenannt in Arbeit und Sozialordnung, Familien, Frauen und Gesundheit. Stamm wurde zudem auch stellvertretende Ministerpräsidentin. Der Landrat von Kronach, Dr. Werner Schnappauf, übernahm das Ministerium für Landesentwicklung und Umweltfragen. CSU-Generalsekretär wurde Thomas Goppel. Justizminister Sauter wurde nach nur einem Jahr durch den Richter und Bundeswehr-Reserveoberst Dr. Manfred Weiß abgelöst.

Über die tieferen Gründe des Scheiterns von Kohl und Waigel in der Bundestagswahl 1998 wird heute viel diskutiert. Es wird der Vorwurf erhoben, die finanzielle Belastung durch die Wiedervereinigung sei zu lange unterschätzt worden und die Auswirkungen der demographischen Entwicklung – es gibt immer mehr ältere Menschen im Verhältnis zur Zahl der Berufstätigen, die in die soziale Altersrenten- und Krankenversicherung einzahlen – auf das System der gesetzlichen Sozialversicherung seien zu spät erkannt worden. Der CDU-Arbeitsminister Dr. Norbert Blüm hatte geglaubt, neue Arbeitsplätze durch das Frühausscheiden Älterer schaffen zu können. Der durch ein Bundesgesetz ermöglichte vorgezogene Ruhestand wurde jedoch von den Arbeitgebern stark ausgenützt. Der Vorwurf der oben genannten Versäumnisse trifft jedoch für die Bundesregierung Kohl, die zudem gegen eine ungünstige Konjunkturentwicklung zu kämpfen hatte, nicht voll zu. Sie war sich der Folgen der Wiedervereinigung und der starken Belastung der gesetzlichen Sozialversicherung durchaus bewußt. Zum Jahresbeginn 1995 wurden deshalb eine Rentenreform und eine Pflicht-Pflegeversicherung als Lohnsteuerzuschlag für alle Pflichtversicherten und ihre Arbeitgeber eingeführt sowie für Beamte und für Privatversicherte eine entsprechende Beitragserhöhung. Finanzminister Waigel sah sich trotzdem 1996 zu einer Neuverschuldung des Bundes in noch nie erreichter Höhe gezwungen. Die jährliche Zuwachsrate der Renten konnte in der Folge gekürzt und die Neuverschuldung 1997 wieder gebremst werden, aber die SPD vereitelte die begonnene Rentenreform zur Sanierung des Sozialstaatssystems im Bundesrat. Für die Bundestagswahl 1998 erwies sich dies alles auch insofern als wenig vorteilhaft für die bisherige Regierung, als die „verwöhnte" Seniorengeneration die Notwendigkeit sofortiger und überfälliger Einsparungen und Mehrbelastungen noch lange nicht einsehen wollte und die Mehrzahl der Menschen nicht die volkswirtschaftlichen Gefahren weiterhin überhöhter deutscher Lohnnebenkosten im internationalen Wettbewerb der Wirtschaftsunternehmen sah. Die Wahlniederlage war also psychologisch vorauszusehen.

An die Spitze der neuen Bundesregierung trat der SPD-Politiker und bisherige Ministerpräsident von Niedersachsen Gerhard Schröder. Vizekanzler und Außenminister wurde Joschka Fischer vom Bündnis 90/Die Grünen. Von den Ministern der rotgrünen Regierung kamen aus bayerischen Wahlkreisen Otto Schily, der 1989 von den Grünen zur SPD übergetreten war und nun Innenminister wurde, sowie Günter Verheugen, der 1982 von der FDP zur SPD gewechselt war, als neuer Staatsminister im Auswärtigen Amt. Verheugen ging jedoch schon 1999 als Kommissar für Fragen der EU-Erweiterung nach Brüssel. Erstmals gab es im Bundeskanzleramt einen Staatsminister für Kultur- und Medienpolitik: Dies bedeutete eine verstärkte Bundeseinmischung in die Kulturhoheit der Länder. Der neue Finanzminister, der SPD-Parteivorsitzende Oskar Lafontaine, war ein Vertreter des linken Parteiflügels und von vornherein entschlossen, die Reformen Kohls und Waigels wieder rückgängig zu machen.

Die Ära Kohl hatte noch ein längeres Nachspiel. Wie sich herausstellte, hatte der Kanzler von mehreren großen Spendern Geld für die CDU angenommen unter der Bedingung, ihre Namen zu verschweigen – ein Verstoß gegen das Parteiengesetz, das bei größeren Summen die Offenlegung der Spender vorschreibt. Dieses Fehlverhalten nötigte ihn noch 1998 zur Abtretung des CDU-Vorsitzes an den Vorsitzenden der CDU/CSU-Fraktion Wolfgang Schäuble, den er schon vor der Wahl als Kandidaten für dieses Amt vorgesehen hatte. Kohl legte bald darauf auch den CDU-Ehrenvorsitz nieder, behielt aber sein Bundestagsmandat. Im Jahr 2003 stellte sich außerdem heraus, daß er wie auch die ehemaligen Minister Waigel und Bötsch zwischen 1999 und 2003 Beraterhonorare aus der Wirtschaft bezogen hatte.

5. Kapitel

Berliner Republik, Globalisierung und Europa-Osterweiterung

(seit 1999)

Konservative Regionalgesellschaft und Modernität weltweiter Hochtechnologie-Wirtschaft

Sylvester 1999, die Nacht der zweiten Jahrtausendwende, wurde – wie schon 1899 – auch in München mit Aufgebot aller modernen Feuerwerkstechnik gefeiert. Edmund Stoibers Neujahrsansprache war geeignet, alle politischen und sozialen Zukunftsängste zu verdrängen. Im Bereich der Außenpolitik sah sich Deutschland in Gefahr, in einen Krieg verwickelt zu werden: Im Kosovo-Konflikt hatte sich die NATO im März 1999 unter amerikanischer Führung ohne ein entsprechendes UN-Mandat zu einem Luftkrieg gegen das serbisch-montenegrinische Restjugoslawien entschlossen. An den von Italien aus geführten Angriffen der Europäischen Luftgruppe, die schwere Zerstörungen verursachten und auch zivile Opfer zur Folge hatten, waren auch deutsche Jagdbomber des Lechfelder Geschwaders beteiligt, ohne durch die serbische Luftabwehr Verluste zu erleiden. Im Juni 1999 stellte die NATO die Luftangriffe ein, nachdem der Abzug der serbischen Armee und Polizei aus dem Kosovo begonnen hatte.

Es war der erste Kampfeinsatz der Bundeswehr in ihrer Geschichte. Nach der erzwungenen Räumung des Kosovo, das Provinz von Serbien-Montenegro blieb, zog dort eine internationale Schutztruppe ein, die Kosovo-Forces (KFOR) der NATO, wobei Deutschland in größerem Umfang an der Brigade Süd des Europakorps beteiligt war. Die Deutschen standen unter Führung der 1. Gebirgsdivision München und des Kommandos Luftbewegliche Kräfte in Regensburg. Zur amerikanischen Besatzungszone gehörte eine US-Brigade der 1. Infanteriedivision in Franken. Erster KFOR-Oberbefehlshaber im Kosovo war ab Oktober 1999 der bayerische Gebirgsjägergeneral Dr. Klaus Reinhardt, ein Sohn des früheren Reichsstaatssekretärs der Finanzen im Dritten Reich; Reinhardt war bereits seit 1998 NATO-Befehlshaber der Alliierten Landstreitkräfte Europa-Mitte (LANDCENT, 2000 umbenannt in Joint Headquarters Centre). Ab Mai 2000 war die Panzerdivision in Sigmaringen deutscher Leitverband für Bosnien und den Kosovo. Im Folgejahr griffen die Kämpfe auf den benachbarten Nachfolgestaat Mazedonien über, so daß dort ebenfalls eine teils deutsche Schutztruppe eingesetzt werden mußte. Im Zuge der Bundeswehrreform wurde 2001 auch die Münchner Division aufgelöst; damit verblieb als bayerische Traditionstruppe nur noch die Gebirgsbrigade 23. Sitz der 1. Luftwaffendivision wurde Fürstenfeldbruck und in Regensburg wurde die „Division Spezielle Operation" mit Fallschirmjägern und einem Spezialkommando für Einzelkämpfer gebildet. Neuer Zuständigkeitsbereich des Wehrbereichskommandos II Süd war der Heimat- und Katastrophenschutz in Bayern und Baden-Württemberg. In Konsequenz der grundgesetzlichen Geschlechter-Gleichstellung konnten seit 2001 auch Frauen freiwillig Dienst mit der Waffe leisten.

Eine militärische Grenze zu Tschechien hatte Bayern seit dessen NATO-Beitritt am 12. März 1999 nicht mehr. Die bayerische Staatsregierung, die im gleichen Jahr ein zentrales Denkmal „Flucht und Vertreibung" in Nürnberg errichten ließ, betrachtete diese Osterweiterung der NATO mit offenen Vorbehalten, denn sie erwartete noch immer ein Einlenken der tschechischen Regierung hinsichtlich der Benesch-Dekrete. Im Mai 2000 kam Präsident Havel als erstes Prager Staatsoberhaupt seit 1938 zu einem offiziellen Staatsbesuch nach Deutschland und auch nach Bayern. Hier wollte er jedoch nicht am Ort des damaligen Münchner Zwangsabkommens empfangen werden. So begrüßte ihn Ministerpräsident Stoiber in Regensburg im Thurn-und-Taxis-Schloß Sankt Emmeram, konnte ihn aber erneut nicht zu einem Widerruf der Vertreibungsdekrete bewegen.

Dennoch gab es auf regionaler Ebene auch enge deutsch-tschechische Verbindungen: Seit 1994 bilden die Nachbarstädte Waldsassen in Bayern und Cheb (Eger) in der Tschechei ein grenzüberschreitendes Mittelzentrum, das gemeinsame Projekte im Bereich von Kultur, Gesundheitswesen, öffentlicher Infrastruktur und Tourismus realisiert. In Augsburgs böhmischer Partnerstadt Reichenberg (Liberec) wurde 2000 in deutsch-tschechischer Zusammenarbeit ein neues Haus für die öffentliche Bibliothek der Stadt als „Bau der Versöhnung" errichtet. Im gleichen Jahr wurde der bayerische Landtagspräsident Johann Böhm (CSU) nebenamtlich Sprecher der Sudetendeutschen Landsmannschaft und der Europaparlamentarier Bernd Posselt (CSU) ihr Bundesvorsitzender.

166

In Bayern belastete die – zwar verdeckte – Fehde zwischen Waigel und Stoiber vor allem die CSU. Ende Januar 1999 wurde Stoiber auch zum CSU-Vorsitzenden gewählt, womit die seit Strauß' Tod bestehende Trennung der Führung von Partei und Freistaat wieder aufgehoben und die beiden Ämter erneut vereinigt waren. In der Europawahl 1999 war die CSU mit 64% der Stimmen aus Bayern wiederum erfolgreich und stellte zehn Abgeordnete in Straßburg.

Besonders die Finanz- und Steuerpolitik der Bundesregierung Schröder erwies sich schnell als problematisch; Finanzminister Lafontaine legte schon im März 1999 sowohl das Ministeramt als auch den Parteivorsitz der SPD nieder, sein Nachfolger an der SPD-Spitze wurde der Kanzler selbst. Das Finanzministerium übernahm im April Hans Eichel, der bisherige Ministerpräsident von Hessen, dem jedoch nur eine vorübergehende Unterbrechung der Staatsverschuldung gelang. Die SPD stellte seit Mai 1999 auch den neuen Bundespräsidenten, den ehemaligen Ministerpräsidenten von Nordrhein-Westfalen Johannes Rau. Kulturstaatsminister des Bundes wurde im November 2000 der SPD-Politiker und Professor für Philosophie Julian Nida-Rümelin, der seit 1998 Kulturdezernent der Stadt München gewesen war.

Die Ausbreitung einer Viehseuche, des gerade für das Milchbauernland Bayern bedrohlichen Rinderwahnsinns (BSE), veranlaßte Stoiber im Jahr 2001, ein neues Staatsministerium für Ernährung, Gesundheit und Verbraucherschutz ins Leben zu rufen, das er mit Staatssekretär Eberhard Sinner besetzte. Das verkleinerte Landwirtschaftsministerium blieb daneben bestehen. Gesundheitsministerin Stamm wurde durch die Staatssekretärin Christa Stewens ersetzt.

Das neue Verbraucherschutzministerium der Bundesregierung war demgegenüber ein Vorzeigeamt der Grünen. In der männlich-weiblichen Doppelspitze von Bündnis 90/Die Grünen wurde Claudia Roth 2001 Parteivorsitzende neben Fritz Kuhn, der seit 2000 im Amt war. Der neue CDU-Vorsitzende Schäuble, wiederum in eine Parteispenden-Affäre verwickelt, war gezwungen, sein Amt im April 2000 an die in der DDR geborene Physikerin Dr. Angela Merkel zu übergeben – die ehemalige Bundesministerin für Frauen und Jugend, dann für Umwelt, Naturschutz und Reaktorsicherheit, die seit 1998 CDU-Generalsekretärin war.[1]

Als wichtiger Schritt der wirtschaftlichen und politischen Integration Europas trat am 1. Januar 1999 die dritte Stufe der Europäischen Wirtschafts- und Währungsunion (WWU) in Kraft: Der Euro als neue gemeinsame Währung wurde zunächst in elf Ländern als Buchgeld im bargeldlosen Zahlungsverkehr eingeführt; eine Deutsche Mark hatte nun den Wert von 0,55 Euro (€). Zum 1. Januar 2002 wurden die nationalen Währungen in der Euro-Zone auch im Bargeldbereich ersetzt. Während Geldscheine und Vorderseiten der Euromünzen einheitlich gestaltet sind, erhielten die Rückseiten der Münzen unterschiedliche nationale Motive.

Die wirtschaftliche Entwicklung schien nach der Jahrtausendwende weiteres Wachstum zu versprechen. Nicht nur in diesem Bereich erlangte das „Internet" als weltweites Kommunikationsnetz seit den 1990er Jahre eine enorme Bedeutung und ermöglichte die fast unermeßliche Ausweitung des schnellen Austauschs von Informationen. Seit 1999 schwoll auch die deutsche Aktienspekulation an den Börsen in ungewohnter Breite an, so daß von einem entstehenden Volkskapitalismus amerikanischer Art gesprochen wurde. Der Übergang zur Euro-Währung versprach zudem Erleichterungen für Außenhandel und Tourismus. Die Konzentration internationaler Konzerne durch Fusionen nahm noch beschleunigt zu. Die Hälfte aller deutschen Auslandsinvestitionen kam 2000 aus Bayern, dem exportstärksten Bundesland. Größter Auslandskunde waren vor allem aufgrund der Autonachfrage die USA.

Der Siemenskonzern blieb bei seinen Stammfeldern Elektrik und Elektronik. Mit seinen Tochtergesellschaften in Österreich, der Schweiz und Kalifornien stieg unter dem Vorstandsvorsitz von Heinrich von Pierer 2000/2001 die Mitarbeiterzahl auf etwa 484 000. Im Oktober 1999 begründete Siemens ein gemeinsames Unternehmen mit dem japanischen Elektrokonzern Fujitsu, Kawasaki: Siemens Fujitsu, München–Amsterdam. Von den Beschäftigten des Konzerns arbeiteten 2000/2001 225 000 im Ausland – davon 21 000 im drittgrößten Kundenland nach den USA und Deutschland, in der Volksrepublik China. Insgesamt drei Viertel des Umsatzes von Siemens fielen im Ausland an. Seit 2001 wurden die Aktien der neuen Tochtergesellschaft Infineon Technologies, Shanghai und Singapur, an deutschen und amerikanischen Börsen gehandelt.

Im Jahr 2000 fusionierte Daimler Chrysler Aerospace (DASA) mit der teils noch staatlichen französischen Aérospatiale

Matra, Hautes Technologies, und der spanischen Construcciones Aeronáuticas (Casa) zur European Aeronautic, Defence and Space Company (EADS). Der Konzern hatte einen deutschen und einen französischen Vorstandschef, rund 89 000 Beschäftigte und eine Kapitalbeteiligung von vier Fünfteln an der Airbus-Gesellschaft; das restliche Fünftel stellte British Aerospace Systems. EADS übernahm 2003 vollständig die Führung des britisch-französisch-deutschen Rüstungs-, Luft- und Raumfahrtkonzerns Astrium, München, der 2001 mit der italienischen Alenia-Gesellschaft zum Teilkonzern European Military Aircraft Company (EMAC) vereinigt worden war.

Der MAN-Konzern übernahm 1999/2000 das Lastwagenwerk Starachowice in Südpolen und eine Werkbeteiligung im weißrussischen Minsk. BMW erlitt durch den Erwerb des britischen Rover-Konzerns so schwere Verluste, daß man 2000 das Kernunternehmen Rover Cars einer britischen Auffanggesellschaft schenken und den gesünderen Teil Land Rover an den amerikanischen Ford-Konzern verkaufen mußte. Der bayerische BMW-Vorstandsvorsitzende Pischetsrieder mußte zurücktreten, wechselte aber bald als Vorstandschef zum Volkswagenwerk über. Der Erwerb der Markenrechte für Rolls Royce im Jahr 2003 hingegen wurde ein BMW-Erfolg, für die neue Luxuslimousine Phantom wurde eigens ein Stammsitz in Sussex, England, geschaffen. 2000 entstand auch ein neues BMW-Werk in Rayong, Thailand. In Deutschland wurde in Leipzig mit dem Ausbau eines fünften Werkes nach Dingolfing, Landshut, Regensburg und Wackersdorf begonnen.

Die Anfang 2000 erfolgte Fusion des Mannesmann-Konzerns mit dem britischen Medienkonzern Vodafone nach monatelangem Übernahmekampf wirkte sich in Bayern auf drei Unternehmen aus, die zur Atecs (Advanced Technologies) Mannesmann AG gehörten: Demag-Krauss-Maffei, Fichtel und Sachs, sowie Rexroth. Insgesamt waren rund 56 000 Beschäftigte betroffen. Die Wälzlager-Gesellschaft INA, G. Schaeffler mit Sitz in Herzogenaurach übernahm 2001 die FAG Kugelfischer, Gebr. Schaefer, Schweinfurt, wodurch der größte Wälzlagerkonzern Europas mit rund 52 000 Mitarbeitern entstand.

Bereits Ende der 1990er Jahre hatte der Freistaat Bayern begonnen, schrittweise seine VIAG-Anteile zu verkaufen. Innerhalb der staatlichen Großindustrie erfolgte 1999/2000 der Zusammenschluß der Mischkonzerne ehemals Preußens und des Reiches, jetzt Bundes, der Vereinigten Elektrizitäts- und Bergwerks-AG (VEBA), Essen, die im Jahr 1999 rund 131 600 Beschäftigte hatte, und der Vereinigte Industrien AG, München, einschließlich des Chemiekonzerns Kalkstickstoffwerke Trostberg (VIAG) mit insgesamt etwa 81 800 Mitarbeitern. Der neue Konzern E.ON („Energie einschalten") mit Sitz in Düsseldorf hat als einer der weltweit führenden Energiedienstleister Beteiligungen an zahlreichen regionalen Energieversorgern in Deutschland; in Bayern ist er zu 100% an der E.ON Energie AG, München, beteiligt, das aus einer Fusion von Preussen Elektra und Bayernwerk hervorgegangen ist. E.ON war nun viertgrößter deutscher Industriekonzern und stand in Europa ebenfalls an vierter Stelle. Die Aktivitäten des Konzerns in Europa erstrecken sich vor allem auf Skandinavien, Großbritannien, Deutschland und eine Reihe ostmitteleuropäischer Länder. Die E.ON-Aktien kamen sofort auch in den amerikanischen Börsenhandel.

Das Maschinen- und Fahrzeugbauunternehmen MAN wuchs dank seiner erfolgreichen Nutzfahrzeuge 1999 auf 87 700 Mitarbeiter. Auch der deutsch-amerikanische Bertelsmann-Konzern konnte seine Macht ausbauen. Hauptstadt des deutschen Buchhandels war weiterhin München – und auch dessen zentrale Berufsausbildungsstätte, wenngleich keine großen Buchmessen in München stattfinden. Das bayerische „Medienimperium" Kirch steigerte als führender privater Fernsehkonzern Deutschlands seine Mitarbeiterzahl seit 1996 bis von etwa 4000 auf über 9500, davon etwa 5500 im Kerngeschäft Kirch Media.

München war 2001 deutscher Versicherungs- und Vermögensanlageplatz Nummer 1, Kreditwirtschaftsplatz Nummer 2, Börsenplatz Nummer 3. Die HypoVereinsbank München mit Tochterbanken in Nürnberg und Hamburg übernahm 2001 die größte Bank Österreichs, die Bank Austria Creditanstalt, Wien, mit Niederlassungen in acht Ländern des östlichen Europa, unter anderem Polen und Rußland, und stieg so auf eine Mitarbeiterzahl von rund 72 000; in Tschechien war sie nun viertgrößte Bank. Die Bayerische Landesbank übernahm 2001 rund drei Viertel der Landesbank Saar in Saarbrücken. Die Allianz, als mächtige Schaltzentrale der deutschen Wirtschaft gefeiert, kaufte unter dem Vorstandsvorsitzenden Henning Schulte-Noelle im Verlauf von elf Jahren über 50 andere Unternehmen auf, darunter im Jahr 2000 die Luftfahrt-Gesellschaft

Bayern, Land der Hochtechnologie: Sitz der Deutschlandzentrale des zweitgrößten Luft- und Raumfahrtunternehmens der Welt, „EADS SPACE", ist Ottobrunn. Es entwickelt und betreut u. a. Satellitendienste für militärische Telekommunikation und Navigation.

Fairchild-Dornier. 2001 erwarb die Allianz die große Dresdner Bank in Frankfurt und wurde so zum universalen Finanzdienstleister. Als drittgrößtes Finanzunternehmen der Welt stieg die Allianz damit auf rund 120 000 Beschäftigte an. Die Münchner Rück kaufte den Hauptanteil an der Bayerischen Vita, Mailand, und machte Luxemburg zum Sitz ihres Auslandsgeschäfts.

Der besondere Ehrgeiz Bayerns war es, deutsches Spitzenland der Hochtechnologie zu sein, einer Zukunftsindustrie, die beträchtliche Gewinne versprach. Unter allen europäischen Wirtschaftsregionen wies der Freistaat den höchsten Anteil von Beschäftigten im Hochtechnologiebereich auf, rund 166 000 allein im Autobau. Mitte 2000 hatten auch 537 US-amerikanische Hochtechnologie-Unternehmen deutsche Niederlassungen in Bayern. Der Großraum München war überdies nach London und vor Paris zweitgrößter europäischer Standort der Informations- und Kommunikationstechnologie mit rund 70 000 Beschäftigten. Als Arbeitgeber hinzu kamen außerdem die Bio- und Gentechnologie.

Stoiber gelang es – wie schon Strauß –, außenpolitische

171

Kontakte mit bayerischer Ausfuhrwerbung zu verbinden. In diesem Kontext standen auch seine Besuche im Jahr 2001 beim amerikanischen Präsidenten George W. Bush in Washington und dessen russischen Amtskollegen Wladimir Putin in Moskau. Die damalige Konjunkturlage erlaubte dem bayerischen Staat in den Jahren 1999 und 2000 sogar Teilrückzahlungen der ohnedies vergleichsweise geringen Staatsschulden. Belastend wirkte sich für den Staatshaushalt jedoch die zunehmende Zahl der versorgungsberechtigten Beamten aus: Von 1970–2000 waren sie von 116 400 auf 194 500 gestiegen. Auch die Soziallasten waren immer schwerer für die Gemeinden zu tragen. Die Beamten waren zwar großenteils Lehrpersonen, doch war auch die Sozial- und Arbeitsbürokratie für eine Marktwirtschaft eigentlich zu groß.

Die Politik schenkte der Tatsache wenig Beachtung, daß die großen Konzerne in spekulativer Gewinnerwartung auch in Bayern ihre Expansion durch hohe Kreditverschuldung ermöglichten. Die Wirtschaft betrieb insoweit eine ähnliche Schuldenpolitik, wie die Bundesregierungen Kohl und Schröder es zur Verlängerung des bisherigen gesetzlichen Systems für soziale Sicherheit getan hatten und taten. Als einzigen schweren Konjunktureinbruch hatte man nur die plötzliche Ölkrise von 1973 in Erinnerung. Zu Beginn des zweiten Jahrtausends aber schienen die wirtschaftlichen Entwicklungen die liberale Lehre vom sich selbst nährenden Wirtschaftswachstum zunehmend in Frage zu stellen, die nur die vorübergehende Stagnation zum Luftholen für neues Wachsen kannte. Zu lange jedoch wurde die Möglichkeit eines längerfristigen Rückgangs im Absatz der exportierenden Wirtschaft nicht in Betracht gezogen.

Seit 2001 wirkte sich außerdem eine Reihe schwerer weltpolitischer Krisen auch auf den wirtschaftlichen Bereich aus und zog plötzliche Konjunktureinbrüche nach sich. Schon vorher hatte sich in der israelisch-palästinensischen Dauerkrise das Märtyrerattentat fanatisierter Selbstmordattentäter als gefährliche Waffe erwiesen – ein Kampfmittel, das im neuen Jahrhundert in noch breiterer Form und mit noch grausameren Wirkungen zum Einsatz kommen sollte. Die Spannungen im islamischen Mittelasien wurden nach der (angenommenen) „Zähmung" des Irak für beherrschbar gehalten, obwohl in Afghanistan nach dem Abzug der sowjetischen Besatzungstruppen aus dem Norden 1989 radikal-islamische

Milizen allmählich das ganze Land erobert, 1996 die Hauptstadt Kabul eingenommen und dann einen streng islamisch ausgerichteten Diktaturstaat errichtet hatten.

Am 11. September 2001 entstand durch die furchtbaren islamistischen Terroranschläge auf das World Trade Center in New York und auf das Verteidigungsministerium in Washington mit entführten Passagierflugzeugen als lebenden Bomben eine nachhaltig veränderte Weltsituation, die sich auch auf die Zukunft Deutschlands und Bayerns auswirken sollte. Präsident George W. Bush reagierte mit der Ankündigung eines langfristigen Krieges zur weltweiten Ausrottung des politischen und religiösen Terrorismus und zur Bestrafung seiner zentralen Hintermänner. Bundeskanzler Schröder sagte spontan uneingeschränkte Solidarität zu, natürlich im Rahmen des deutschen Grundgesetzes. Am 12. September stellte die NATO erstmals in ihrer Geschichte den kollektiven Verteidigungsfall fest – ein Beschluß, der auch von der Bundesrepublik Deutschland getragen wurde. Der Bundestag bestätigte am 19. September die Verpflichtungen, die sich für die Bundesrepublik aus dem Nordatlantikvertrag ergaben; noch im gleichen Monat billigte er außerdem schärfere Gesetze zur Wahrung der deutschen inneren Sicherheit („Anti-Terror-Gesetze"). Neuer Kriegsschauplatz wurde nun zunächst Afghanistan, wo Osama bin Laden, der Führer des für die Anschläge des 11. Septembers verantwortlich gemachten Terrornetzwerks al-Qaida, vermutet wurde. Im Oktober 2001 begannen Amerikaner und Briten mit Luftangriffen auf Afghanistan. Unter Berufung auf das NATO-Militärbündnis forderte die US-Regierung auch von der Bundesregierung die Bereitstellung von Truppen.

Schröder war entschlossen, einen Bundeswehreinsatz gegen innenpolitische Widerstände durchzusetzen, und verband deshalb im November 2001 die Abstimmung im Bundestag mit der Vertrauensfrage. Die Bundestagsfraktion der SPD stellte sich fast geschlossen, die Fraktion von Bündnis 90/Die Grünen mit Ausnahme von nur vier Abgeordneten hinter Schröder und befürwortete so die Bundeswehrentsendung. Die bürgerliche Opposition und die PDS stimmten dagegen. Nach der Befreiung der Hauptstadt Kabul beschloß die UNO, eine internationale Schutztruppe (ISAF) dorthin zu entsenden. Am 22. Dezember 2001 erteilte der Bundestag das Mandat für eine deutsche Beteiligung am ISAF-Einsatz. Im Rahmen dieser „Friedensmission" hatte das deutsche Heer vor allem zum Schutz der eingesetzten Regierung in Kabul beizutragen. Aus Bayern wurde im NATO-Krieg in Afghanistan zunächst von einem türkischen Stützpunkt aus das Lufttransportgeschwader von Penzing bei Landsberg eingesetzt. 2003 war auch für ein halbes Jahr ein Panzergrenadierbataillon aus Mellrichstadt beteiligt.[2]

Im November 2002 sicherte Deutschland den USA und anderen NATO-Staaten für den Fall eines Angriffs auf den Irak alle Überflug- und Transitrechte zu. Von einer erneuten militärischen Unterstützung wurde jedoch – trotz der Erwartungen der USA – Abstand genommen. Die USA führten als Begründung für einen möglichen Angriff auf den Irak an, das Land sei heimlich immer noch im Besitz von aus den frühen 1990er Jahren bekannten chemischen Massenvernichtungswaffen und verfüge eventuell sogar über biologische oder gar atomare Waffen. Die Bundesregierung, die ab Februar 2003 den Vorsitz im NATO-Sicherheitsrat innehatte, verhielt sich jedoch zögernd. Die CSU-Landesgruppe der CDU/CSU hingegen stimmte mehrheitlich dafür, aus Vertragstreue auch an einem Militärschlag gegen den Irak teilzunehmen. Innerhalb von EU, UNO und NATO kam es in der Frage eines möglichen Kriegs gegen den Irak zu einer tiefen Spaltung. Eine Spitzentagung des NATO-Sicherheitsausschusses in München mit dem amerikanischen Verteidigungsminister Donald Henry Rumsfeld im Februar 2003 überwand die Meinungsverschiedenheiten der Europäer nicht. Großbritannien war bereit, an einem amerikanischen Militärschlag teilzunehmen, während Frankreich und Deutschland eine militärische Beteiligung verweigerten. Am 20. März begann der britisch-amerikanische Angriff zuerst aus der Luft, dann auch am Boden. Als Staat war der Irak schon nach wenigen Wochen besiegt, der Krieg dauerte jedoch in Form eines Guerillakrieges an. Die Bildung einer neuen irakischen Regierung in Bagdad erwies sich als außerordentlich schwierig. Am 12. Mai 2003 übernahm Paul Bremer die Führung der Wiederaufbaubehörde, der zunächst nur eine irakische Übergangsregierung beratend zur Seite gestellt werden sollte. Im Streit der deutschen Parteien um die völkerrechtliche Zulässigkeit des amerikanischen Vorgehens stellte sich Edmund Stoiber nachdrücklicher auf die Seite der USA als die neue CDU-Vorsitzende Angela Merkel, die zum Teil auch auf Kritik aus der eigenen Partei eingehen mußte. Die Beteiligung an einer NATO-Friedenstruppe im Irak ohne UN-Mandat wurde von Frankreich und Deutschland abgelehnt. Wie sich zeigte, war der Großteil der deutschen Bevölkerung mit der Verweigerung eines militärischen Einsatzes einverstanden, auch wenn das deutsch-amerikanische Verstimmungen mit sich brachte.

Die CDU hatte zu Beginn des Jahres 2001 noch rund 617000 Mitglieder, die CSU 178350. Stoiber bildete im Juli 2002, zum Ärger auch der CSU-Landesgruppe im Bundestag, neben der Landesvertretung Bayerns in Berlin noch ein eigenes Parteibüro der CSU. Eine sogenannte bayerische Botschaft bei der EU-Kommission in Brüssel existierte schon, im Dezember eröffnete Stoiber zudem noch ein eigenes bayerisches Verbindungsbüro zur Weltbank in Washington. Im Blick auf die im September 2002 anstehende Bundestagswahl zeigten die Meinungsumfragen, daß – im Unterschied zur Wahl von 1980 – auch viele CDU-Mitglieder den wirtschafts- und arbeitsmarktpolitisch sichtlich erfolgreichen bayerischen Ministerpräsidenten als Kanzlerkandidaten und Herausforderer Schröders für aussichtsreicher hielten als die eigene Parteivorsitzende Angela Merkel. Im Unterschied zu Strauß fehlte Stoiber freilich die Vorerfahrung in der Bundestagsfraktion und als Bundesminister. Hinzu kam seine unzureichende Beherrschung der englischen Sprache, wodurch er an einen Dolmetscher gebunden war. Seinen selbstbewußten eigenen Ehrgeiz wußte er klug in der Öffentlichkeit zu verbergen. Trotzdem wurde er im Januar 2002 von CDU und CSU als Kanzlerkandidat nominiert. Anders als 1979 Kohl verzichtete die Partei- und Fraktionsvorsitzende Merkel, deren Kandidatur nur noch von einer Minderheit der CDU-Landesverbände unterstützt wurde, auf ein listiges Gegenspiel. Am 11. Januar suchte sie Stoiber persönlich in Wolfratshausen auf und teilte ihm ihren Verzicht mit. Bundeskanzler Schröder reagierte auf diese Vorentscheidung sofort mit der öffentlichen Warnung, Stoiber würde die deutsche Gesellschaft politisch „polarisieren".

In den bayerischen Gemeindewahlen im März 2002 erreichte die CSU 45,5% der Stimmen, die SPD nur 25,2%, freie Wählergruppen 15,6% und die Grünen 5,7%; die FDP erlangte nur 2,0%. Die CSU verlor allerdings erneut die Oberbürgermeisterämter von Nürnberg und Augsburg an die SPD. Mit Blick auf die Bundestagswahlen im September 2002 stellte Stoiber für seine mögliche Kanzlerschaft ein sogenanntes Kompetenzteam künftiger Minister vor, in dem der übergangsweise CDU-Vorsitzende Wolfgang Schäuble als Außenminister, der frühere baden-württembergische Minister-präsident und jetzige erfolgreiche Jenaer Optik-Unternehmer Lothar Späth als Wirtschafts- und Arbeitsminister, aus der CSU Bayerns Innenminister Günther Beckstein als Bundesinnenminister und Horst Seehofer erneut als Bundesminister für Soziales und Gesundheit vertreten waren. Die CDU warb im Wahlkampf loyal für den CSU-Kanzlerkandidaten Stoiber. Die Wahlbeteiligung am 22. September 2002 war im Bundesgebiet mit 79,1% recht hoch, das Ergebnis denkbar knapp: Die CDU/CSU erzielte ebenso wie die SPD insgesamt 38,5% der Stimmen, die Grünen erhielten 8,6%, die FDP 7,4% und die PDS konnte mit nur 4,0% nicht in den Bundestag einziehen. In Bayern errangen die CSU 58,6%, die SPD 26,1%, die Grünen 7,6% und die FDP 4,5% der Stimmen. In München stimm-ten 44,5% für die CSU, in Nürnberg sogar 44,8%; die SPD gewann nur noch ein einziges bayerisches Direktmandat im Wahlkreis Co-burg, die NPD scheiterte an der 5%-Hürde. Es war ein politischer Erdrutsch und Stoiber unterlief zudem noch die Panne, nach Aus-zählung der Erststimmen im Fernsehen vorzeitig bekanntzugeben, die Opposition – und damit er selbst – habe die Wahl gewonnen. Er bedachte dabei nicht die mögliche Bedeutung der Erststimmen: Infolge der Anrechnung von Überhangsmandaten vor allem aus den neuen Bundesländern brachte das Endergebnis doch eine knappe Mehrheit für die rot-grüne Koalition. Trotzdem erhielt die CDU/CSU im Bundestag 11 Sitze mehr als bisher; die CSU stellte 58 der 248 Parlamentarier in der gemeinsamen Fraktion.

In der zweiten Bundesregierung Schröder blieb Otto Schily Innenminister, die langjährige SPD-Landesvorsitzende und Fraktionsvorsitzende im Münchner Landtag Renate Schmidt wurde Ministerin für Familie, Senioren, Frauen und Jugend. Neue Kultur-staatsministerin in Berlin wurde die parteilose Christina Weiss. Da die Partei Bündnis 90/Die Grünen an der Trennung von Parteiamt und Parlamentssitz festhielt, nahm die Parteivorsitzende Claudia Roth ihr Bundestagsmandat nicht wahr.

Nachdem auch der zweite Kanzlerkandidat aus der CSU – zwar deutlich knapper als Strauß vor 22 Jahren – ohne Sieg ge-blieben war, ließ die CDU es offen, ob Stoiber eine erneute Chance als Kanzlerkandidat erhalten sollte. Er selbst war, wie sich bald zei-gen sollte, entschlossen, den Kampf für die Wahlen 2006 wieder aufzunehmen.

Auf den Wahlkampfplakaten der CDU/CSU mit dem Konterfei Stoibers hatte gestanden: „Ein ernster Mann für ernste Zeiten". In seiner spröden Art erschien Stoiber eher als Gegensatz zu seinem politischen Ziehvater Strauß und dessen Temperament. Jahrgangsbedingt war er nie Soldat eines Krieges gewesen und hatte trotz Bundeswehr in der bayerischen Gebirgsdivision auch keine Freude an militärischen Schaustücken. Anders als Strauß verband er mit der Politik keine wirtschaftlichen Privatinteressen und hütete sorgfältig sein öffentliches Bild eines „Saubermanns". Die teilweise nahezu monarchische Selbstdarstellung Strauß' mit Schützen- und Trachtenvereinsaufmärschen lag seiner Art nicht, er zeigte diese Verbundenheit nur, soweit es nötig erschien. Es gelang ihm zwar, den Ruf des „blonden Fallbeils" zu überwinden, der ihm noch von der Strauß-Zeit her anhing, nicht aber eine gewisse hölzerne Humorlosigkeit. In Interviews eher von stockender Rede, konnte er in großen politischen Reden durchaus auch zu eindrucksvoller Form auflaufen, zwar ohne schnellen Witz und mit erkennbarer grundsätzlicher Scheu vor Emotionen. Eine große bayerische Zeitung titelte 2003: „Immer unter Strom und immer im Dienst." Er war und ist ein „Aktenfresser" von unermüdlichem Fleiß. Sein Kabinett führt er an kurzem Zügel und auch mit Härte. Sein Katholizismus läßt – mit Rücksicht auf den jeweiligen Gegenüber – Raum für die Doppelkonfessionalität der Partei, ohne dabei jedoch den Frieden mit den Bischöfen zu gefährden. Nur im Familienkreis wirkt er wirklich entspannt. Als Freizeitinteressen nennt Stoiber Skifahren und Fußball (als Fan des FC Bayern München). Außer bei Anlässen wie dem Oktoberfestanstich trinkt er nach eigener Aussage nur alkoholfreies Bier.[3]

Im Vorfeld der Landtagswahl am 21. September 2003 übernahm Ministerin Monika Hohlmeier den Vorsitz des schwierigen CSU-Bezirksverbands München-Stadt, lehnte aber eine Kandidatur für die Oberbürgermeisterwahl ab. Die Landtagswahl brachte der CSU 60,7% der Stimmen, den größten Erfolg seit dem Sieg Goppels von 1974, der SPD nur noch 19,6% und damit einen Stimmenverlust von einem Zehntel, den Grünen 7,7%. Die Freien Wähler erreichten bei ihrer ersten Beteiligung nur 4%, die FDP bekam 2,6%. In München eroberte die CSU mit dem Sieg Hohlmeiers und insgesamt 47% der Stimmen alle drei Stimmkreise, in Nürnberg kam sie auf 52,1%. In der Direktwahl hatte sie somit sämtliche Stimmkreise gewonnen. Bemerkenswert war, daß der Sieg der CSU – die sich selbst gerne als „Partei der kleinen Leute" bezeichnete – auch von der Arbeiterschaft und der jüngeren Generation getragen war. Zeitgleich mit der Landtagswahl wurden durch einen Volksentscheid Verfassungsänderungen angenommen, unter anderem die Einführung des sogenannten Konnexitätsprinzips – nach dem Grundsatz „wer zahlt, schafft an"–, das zur finanziellen Entlastung der Gemeinden beitragen sollte, die Senkung des Wählbarkeitsalters auf 18 Jahre und die Aufnahme der Formulierung in die Verfassung, die Staatsgewalt habe die Menschenwürde zu achten und zu schützen. In dem verkleinerten Landtag von nunmehr nur noch 180 Sitzen erhielt die CSU 124 Sitze, die SPD 41 und die Grünen 15: Damit wurde erstmals in der Geschichte der Bundesrepublik ein Land mit einer Zwei-Drittel-Mehrheit regiert – was einer zweiten Kanzlerkandidatur Stoibers verstärkten Auftrieb gab, zumal dieser kein Interesse an der von Angela Merkel an ihn herangetragenen Kandidatur für die Bundespräsidentenwahl 2004 zeigte. Im April 2004 legten der französische Präsident Jacques Chirac und Bundeskanzler Schröder ihm nahe, sich um die anstehende Nachfolge des Brüsseler Kommissionspräsidenten zu bewerben, aber Stoiber lehnte auch dies sofort ab. In der Landes-SPD trat nach der empfindlichen Niederlage Parteivorsitzender Wolfgang Hoderlein zurück; auch Generalsekretärin Susanne Biedefeld legte im darauffolgenden Frühjahr ihr Amt nieder. Mit einiger Verzögerung fand sich in Ludwig Stiegler 2004 ein Nachfolger für Hoderlein. Der neue Landtag wählte den bisherigen CSU-Fraktionsvorsitzenden Alois Glück zum Präsidenten, Stoiber wurde wie erwartet erneut Ministerpräsident. Nachfolger im CSU-Fraktionsvorsitz wurde der Abgeordnete für Erlangen und mittelfränkische Bezirksvorsitzende Joachim Herrmann; er war 1984–1988 Regierungsrat in Strauß' Staatskanzlei, dann 1998/99 Staatssekretär im Sozialministerium gewesen. Im Sinne einer Staats-„Verschlankung" gab es in der dritten Regierung Stoiber nur noch zehn Minister. Das Justizministerium erhielt die junge Oberbürgermeisterin von Neu-Ulm Dr. jur. Beate Merk, das Ministerium für Wissenschaft, Forschung und Kunst Thomas Goppel. Zweitstärkster Mann der Regierung jedoch war der Minister in der Staatskanzlei Erwin Huber, für den als neue Aufgabenbereiche die Verwaltungsreform der Staatsbehörden und das „Entbürokratisierungs"-Programm sowie die Bundesangelegenheiten hinzukamen. Ziel der neuen Regierung war es unter anderem, die Ausgaben des Staatshaushalts um durchschnittlich ein Zehntel abzusenken. Wirtschaftsminister Otto Wiesheu erhielt als zusätzliche Bereiche Landesplanung, Informations- und Kommunikationstechnologie zugeteilt, Umweltminister Dr. Werner Schnappauf die Aufgaben des aufgelösten Verbraucherministeriums. Eberhard Sinner wurde Minister für Bundes- und Europaangelegenheiten. Goppels Nachfolger als CSU-Generalsekretär wurde der Nürnberger Jurist und Journalist Dr. Markus Söder aus der Jungen Union.

Für die Neuwahl des Bundespräsidenten 2004 schlug Waigel seinen ehemaligen Staatssekretär Horst Köhler (CDU) vor, der 1998 bis 2000 Chef der Europäischen Bank für Wiederaufbau und Entwicklung (Osteuropabank) in London gewesen war und seitdem als erster Deutscher geschäftsführender Direktor des Internationalen Währungsfonds in New York. Da die SPD in vielen Bundesländern nicht mehr die Regierung stellte, wurde Köhler im Mai im ersten Wahlgang gewählt und übernahm das Amt zum 1. Juli.

Noch vor seinem Amtsantritt hatte Köhler sich öffentlich für eine Kanzlerkandidatur Angela Merkels ausgesprochen, sich aber nach Protesten aus der bayerischen Staatskanzlei sofort wieder korrigiert. Auch Landesgruppenchef Michael Glos setzte sich nicht mehr aktiv für eine Wiederkandidatur seines Parteivorsitzenden ein, was diesen aber nicht beirrte. Zu Waigels 65. Geburtstag 2004 hatte Glos die gesamte CDU-Prominenz als Gäste gebeten, Stoiber jedoch wurde nicht eingeladen. In den neuen Bundesländern schadete es Stoibers Beliebtheit, daß er sich als Kritiker des aktuellen Systems des Länderfinanzausgleichs zum Wortführer eines „Wettbewerbsföderalismus" gemacht hatte und so erreichen konnte, daß die wirtschaftlich erfolgreichen Geberländer künftig einen erhöhten Anteil ihrer erzielten Eigeneinnahmen behalten durften. Das ging auf Kosten des Hauptempfängerlandes Berlin, aber vor allem auch der ostdeutschen Nehmerländer, deren wirtschaftliche Entwicklung trotz der Bundeszuschüsse weiterhin problematisch war. Die Bevölkerungsabwanderung in die Westländer erfolgte bevorzugt nach Bayern. Aus dem Freistaat Sachsen, der noch der reichste unter den ostdeutschen Bundesländern war, waren zwischen 1990 und 2002 über 920 000 Menschen ausgewandert.

Stoiber schadete sich zudem selbst durch seine zu offensiv

vertretene Position im jahrelangen Streit um das im Juli 2004 endlich verabschiedete Bundesgesetz zur Steuerung und Begrenzung
der Zuwanderung. Seine Forderung, Zuzügler hätten sich der deutschen „Leitkultur" anzupassen, mußte gerade aus CSU-Mund so
klingen, als sei diese Leitkultur nach wie vor eine christliche. Eine
solche Position jedoch hätte das Grundrecht auf Religionsfreiheit in
Frage gestellt. Nachdem die Grünen mit einer Verfassungsklage
gedroht hatten, mußte Stoiber diese Formulierung künftig vermei-
den.

Weltpolitisch sah sich die Bundesrepublik gezwungen, den Afgha-
nistan-Einsatz der Bundeswehr nicht nur zu verlängern, sondern
auch auf einen zweiten Stützpunkt im Norden des Landes, auf die
Stadt Kunduz nördlich des Hindukusch-Hochgebirges an der GUS-
Grenze, auszudehnen. Dafür wurde 2004 der deutsch-italienische
SFOR-Verband, der noch in Bosnien stationiert war, stark verklei-
nert. Im Irak befanden sich nach wie vor nur einige deutsche An-
gehörige von NATO-Stäben. Von den deutschen Bundeswehrstand-
orten wurden auch in Bayern immer mehr aufgegeben.

Die wirtschaftlichen Auswirkungen des weltweiten Kriegs gegen
den Terrorismus verursachten auch in Bayern Probleme. Das wirtschaftliche Jahreswachstum der Bundesrepublik sank von 3% im
Jahr 2000 auf 1,8% 2001, 0,3% 2002 und minus 1,2% 2003. Ende
Februar 2003 stieg in Bayern die Arbeitslosenquote auf 8%, in Oberfranken auf 10,9%. Die Bundesagentur für Arbeit in Nürnberg
konnte bei weitem nicht alle Lehrstellenbewerber vermitteln. Auch
die Industrie- und Handelskonzerne in Bayern hatten mit dem konjunkturellen Rückschlag mehr oder minder schwer zu kämpfen. Die
Börsenkurse stürzten ab, die Bundesregierung mußte den Versiche-
rungskonzernen zur Erfüllung ihrer Vertragsleistungen zur Hilfe
kommen. Die wagemutige Expansionspolitik der Zeit vor 1991
mußte nicht nur abgebrochen, sondern durch Gesundschrumpfung
teilweise auch wieder rückgängig gemacht werden. Man versuchte
dieser Entwicklung vor allem durch die Eroberung der wachsenden
neuen Märkte Ost- und Südasiens, insbesondere Chinas entgegen-
zuwirken. Im April 2003 reiste Stoiber in Begleitung des Wirt-
schaftsministers Otto Wiesheu und fast 40 bayerischer Wirtschafts-
vertreter, unter anderem von BMW, MAN und Audi, nach China,

wo schon seit 1987 eine Partnerschaft Bayerns mit der Provinz Shandong bestand. Im Februar 2004 fuhr er mit über 30 bayerischen und deutschen Wirtschaftsvertretern nach Indien.

Viele mittlere und kleinere Unternehmen verschwanden auch in Bayern völlig von der Bildfläche, und auch bei dem Elektroriesen Siemens war die Mitarbeiterzahl Ende 2003 auf etwa 415 000 gesunken, davon 167 000 oder 41% in Deutschland, 26% im übrigen Europa, 20% in Amerika. Vom Umsatz entfielen nur noch etwa 23% auf Deutschland, 34% auf das übrige Europa, 25% auf Amerika, 12% auf Asien und den Pazifik. Infineon hatte 2003 noch etwa 30 000 Beschäftigte, eine Zahl, die jedoch bald drastisch reduziert werden sollte. Noch in diesem Jahr wurde Siemens auch im Irak tätig. 2004 wurde „Siemens China" die größte Konzerngruppe nach Deutschland und den USA mit 45 Beteiligungen an chinesischen Partnern. Der Konzern setzte dort vor allem auf die sprunghaft steigende Auto- und Mobiltelefonnachfrage. Im März 2004 erfolgten jedoch in Deutschland einschneidende Entlassungen. Der Vorstandsvorsitzende rechtfertigte sie damit, daß der Konzern jetzt 85% des Umsatzes im Ausland erzielte, 35% der Mitarbeiter aber noch in Deutschland beschäftigt seien, darunter 90 000 in Bayern. Die Arbeitnehmerproteste konnten dagegen nichts ausrichten. 2004 ging der neue, lange verzögerte Kernforschungsreaktor in Garching bei München in Betrieb – als internationales Forschungszentrum der US-amerikanischen Siemens-Weltkonkurrenten, des Mischkonzerns General Electric Company (GE).

Eine Reihe weiterer bayerischer Konzerne hatte mit der schwierigen konjunkturellen Lage zu kämpfen: Der Abstieg des Fürther Grundig-Konzerns endete 2004 mit seiner Auflösung; den Fernsehbereich übernahm eine türkisch-britische Investorengruppe. Der Daimler-Chrysler-Konzern mit dem deutsch-französisch-britischen Teilkonzern EADS verkaufte den Triebwerkbauer MTU 2003 an eine US-amerikanische Investorengruppe. Der Absatz im Bereich der Rüstungsindustrie ging insgesamt zurück, auch bei Diehl und Krauss-Maffei-Wegmann. In der Autoindustrie behauptete sich BMW hauptsächlich durch die Exporte in die USA. 2004 baute der Konzern gemeinsam mit einem amerikanischen Partner das Autowerk Shenyang in China. Der MAN-Konzern verlagerte seine größte Gruppe, die der Nutzfahrzeuge, nach Polen und in die Türkei. Ende 2003 hatte er noch 6700 Arbeitskräfte, etwa 20 000 weniger als 1999. 2004 produzierte der Konzern noch zu etwa 30% in Deutschland – für Bayern war eine große Zahl an Arbeitsplätzen durch die Produktionsverlagerungen ins Ausland verlorengegangen. EON Energie hatte Ende 2003 noch etwa 43 850 Beschäftigte, von denen ein Teil jedoch in den USA arbeitete. Schlimm sah es im Kredit- und Versicherungswesen aus. Schwere Verluste erlitten vor allem die drei großen „Vermögensvernichter" Allianz, Münchner Rück und HypoVereinsbank. Die von der Allianz erworbene Dresdner Bank schrieb laufend Verluste; Vorstandschef Henning Schulte-Noelle mußte 2003 zurücktreten. Die HypoVereinsbank mußte die Bank Austria wieder verkaufen, 2004 gab sie zudem ihre Mehrheitsbeteiligung bei der Gesellschaft Brau & Brunnen, Dortmund ab. Nicht lange danach veräußerte sie auch die Noris Bank und spaltete ihr internationales Immobiliengeschäft als Gruppe Hypo Real Estate, Genf, ab. Trotz aller Einbußen war München aber 2004 noch größter deutscher Finanzplatz mit rund 70 000 Beschäftigten. Die größte Privatbank Nordbayerns, die Schmidt-Bank, Hof, mußte Konkurs anmelden und wurde 2004 mit den verbliebenen Filialen in Ostbayern, Südthüringen und Westsachsen von der Commerzbank gekauft.

Im Verlagswesen war 2003 Bertelsmann der einzige deutsche Medienkonzern von Weltrang. Als der zum Springer-Konzern gehörende Ullstein-Verlag 2003 seine Münchner Verlagsgruppe an Bertelsmann verkaufen wollte, griff das Bundeskartellamt ein und legte schließlich die Zerschlagung der Ullsteingruppe fest. Die verbliebene Ullstein Buchverlage GmbH kaufte der schwedische Medienkonzern Bonnier auf. Ullstein Buchverlage zog 2004 wieder nach Berlin, entließ jedoch zuvor die Hälfte seiner Mitarbeiter.

Eine Art Erdbeben in der deutschen Medienwirtschaft hatte bereits 2002 der plötzliche Zusammenbruch des Kirch-Imperiums ausgelöst, bei dem ein Schuldenstand von über sechs Milliarden Euro zutage gekommen waren. Da weitere Bankkredite versagt wurden, mußte nacheinander für alle 200 Konzernfirmen Konkurs angemeldet werden. Größte Einzelgläubigerin war die Bayerische Landesbank. Der an die Deutsche Bank verpfändete Anteil am Springer-Konzern wurde an eine amerikanische Beteiligungsgesellschaft veräußert. Nach langem Tauziehen wurde im August 2003 die US-amerikanische Investmentgesellschaft Saban Capital Group Käuferin des Konzerns ProSiebenSat.1 Media AG. Kirch selbst wehrte sich juristisch noch weiterhin zäh mit Hilfe seines Hauptanwalts Peter Gauweiler, des früheren bayerischen CSU-Staatsministers für Landesentwicklung und Umweltfragen.

Aufgrund der verbreiteten Zahlungsschwierigkeiten und des Sparzwangs litt auch das Handwerk. Die steuerlichen Belastungen führten in dieser Situation zu einem zunehmenden Ausweichen in den Bereich der Schwarzarbeit. Das Einkommen der südbayerischen Bauern bestand – aufgrund des „planwirtschaftlichen" Systems der EU – in manchen Fällen bis zur Hälfte aus EU- und staatlichen Ausgleichszahlungen. Durch die neue Agrarordnung der Brüsseler Kommission von 2003 wurden die Subventionen grundsätzlich von den Produktionsmengen abgekoppelt und die Ankaufspreise für Überschüsse gesenkt.

Aufgrund der Versuche der Bundesregierung, das System der gesetzlichen Sozialversicherung durch eine Erhöhung der Staatsschulden zu retten, gehörten auch die Gemeinden und Gemeindeverbände mit ihren sozialen Pflichten zu den Hauptopfern der wirtschaftlichen Krise. Verhandlungen Ulla Schmidts für die SPD und Horst Seehofers für die CDU/CSU führten 2003 zu einem Kompromiß der großen Parteien für eine Gesundheitsreform mit harten Leistungseinsparungen der gesetzlichen Kassen; die übrige sogenannte Sozialreform scheiterte jedoch im Bundesrat.

Im November 2003 wurde eine Kommission zur Modernisierung der bundesstaatlichen Ordnung unter der gemeinsamen Leitung von Franz Müntefering und Edmund Stoiber eingesetzt, die sogenannte Föderalismuskommission. Die Haushaltskontrolle der Bezirksregierungen setzte einer weiteren Gemeindeverschuldung behördliche Grenzen. Besonders die Großstädte waren bereits überschuldet und konnten den staatlichen Sparzwang nur durch die Beschneidung der gesetzlich freiwilligen Leistungen erfüllen.

Das Sparprogramm der bayerischen Staatsregierung versuchte, die Bereiche der wirtschaftsnützlichen wissenschaftlichen Forschung und des Bildungswesens zu verschonen. Unter dem Druck des unaufhaltsamen gesellschaftlichen Wandels war auch das in dieser Hinsicht konservative Bayern 2004 genötigt, die Gymnasialzeit auf acht Jahre zu verkürzen. Als Modellversuch wurden zudem in einer Reihe von Gymnasien Ganztagsschulen eingerichtet. Münchens Hochschulen, die 1999 noch über 81 000 Studierende zählten, wurden deutlich kleiner, dabei lag die alte Ludwig-Maximilians-Universität 2002/2003 mit knapp 45 300 Studentinnen und Studenten weiterhin an der Spitze. Die bayerische Hochschullandschaft war seit 1999 um eine dritte Musikhochschule in Nürnberg und Augsburg bereichert worden, die von beiden Städten und den Bezirken Mittelfranken und Schwaben getragen wurde, die aber wegen deren Finanznöten ab 2004 stufenweise doch vom Staat übernommen werden mußte.

2004 wurde in Bayern die Initiative des Bundeskanzlers zur Neugründung deutscher Eliteuniversitäten amerikanischer Art umgesetzt, indem die gezielte Förderung bestimmter Fächer an bestehenden Hochschulen beschlossen wurde. Außerdem sollte eine Konzentration und Spezialisierung innerhalb der Universitätslandschaft erfolgen. Eine Vorzeigehochschule blieb die Technische Uni-

November 2004: Ministerpräsident Edmund Stoiber als Redner auf dem Festakt zum neu gegründeten „Elitenetzwerk Bayern" in der Pinakothek der Moderne. Das Elitenetzwerk dient der besonderen Förderung hochbegabter Studierender und herausragender Nachwuchswissenschaftler.

versität München. Der Nobelpreisträger für Physik 2001, Professor Wolfgang Ketterle, war an der Ludwig-Maximilians-Universität München promoviert worden, aber schon 1990 an die Harvard-Universität in den USA gegangen – ein neues Warnzeichen für die Abwanderung von hochqualifizierten Wissenschaftlern.

Kirchenpolitisch war es im Bereich der Ökumene ein Fortschritt, daß für die großen christlichen Volkskirchen Deutschlands am Reformationstag 1999 in der Augsburger Sankt-Anna-Kirche eine weltweit gültige Gemeinsame Erklärung zur Lehre von der menschlichen Rechtfertigung vor Gott unterzeichnet wurde, die allerdings für die römisch-katholische Kirche nur bedingt Gültigkeit hatte und nicht als lehramtliches Dokument angesehen wurde. Von katholischer Seite wurde das Dokument von Kardinal Walter Kasper, dem Präsidenten des Päpstlichen Rates zur Förderung der Einheit der Christen unterzeichnet, von evangelisch-lutherischer Seite vom Präsidenten des Lutherischen Weltbundes Pfarrer Dr. Ishmael Noko. Römischer Textverfasser war der Präfekt der Glaubenskongregation Kardinal Joseph Ratzinger, der seit 2001 außerdem Dekan des Kardinalskollegiums war – und im April 2005 zum Nachfolger Johannes Paul II. gewählt werden sollte. Das römische Verbot gemeinsamer Abendmahlsfeiern blieb jedoch bestehen, und Ratzingers Formulierung einer folgenden päpstlichen Enzyklika „Dominus Jesus" sprach später den evangelischen Kirchen die volle Kircheneigenschaft ab. Die innerprotestantische Ökumene der lutherischen und der evangelisch-reformierten Kirche sowie einiger Freikirchen durch die Leuenberger Konkordie (seit 2004 Bund evangelischer Kirchen) war durch die Augsburger Erklärung nicht berührt.

In der katholischen Weltkirche wurde 2001 der Münchner Theologieprofessor Leo Scheffczyk, ein gebürtiger Oberschlesier und besonderer Förderer der Marienverehrung, Kardinal in Rom. Als Erzbischof von Bamberg folgte 2002 auf Dr. Karl Braun der konservative Professor Ludwig Schick. Die Generalvikarin der Maria Ward-Schulschwestern Maria Meckel, eine in Bayern aufgewachsene Sudetendeutsche, wurde 2002 zur Generaloberin der Kongregation in Rom erhoben.[4] Die noch bestehenden kirchlichen Privatgymnasien in Bayern waren meist Mädchenschulen in klösterlicher Trägerschaft, so etwa von den Maria Ward-Schwestern, den Zisterzienserinnen, Dominikanerinnen und Franziskanerinnen von Maria

Stern. Die Benediktinerklöster Metten und Ettal unterhielten zudem sehr gefragte Gymnasialinternate. Das einzige Gymnasium in Trägerschaft der evangelischen Kirche war die Löheschule in Nürnberg. In der evangelischen Landeskirche wurden 1999 erstmals Pfarrerinnen Mitglieder des Münchner Landeskirchenrats und 2001 wurde Susanne Breit-Keßler die erste Regionalbischöfin Bayerns. 2003 trat zum erstenmal eine gewählte Laienvertreterin an die Spitze der Landessynode. 2004 gerieten beide Großkirchen auch in Bayern in ernste Finanzschwierigkeiten, besonders die Erzdiözese Bamberg. Die Klösterzentralen und Diakonissenmutterhäuser, die in Bayern mit schweren Überalterungs- und Nachwuchsproblemen zu kämpfen hatten, fanden regen Zulauf in ihren außereuropäischen Niederlassungen in Afrika und Ostasien.

Das Patriarchat Moskau der russisch-orthodoxen Kirche und der Metropolit der russischen Exilkirche für Ostamerika und New York traten 2003 in Verhandlungen über eine mögliche Wiedervereinigung ein, was auch die bayerischen Großstadtgemeinden betraf. Die erste weibliche Rabbinerin Bayerns Gesa Ederberg zog 2003 in die oberpfälzische Kultusgemeinde von Weiden ein. Die jüdische Glaubensgemeinschaft in Bayern war seit 1993, vor allem aufgrund der Zuwanderung aus Rußland, von rund 7000 auf 16500 Mitglieder im Jahr 2003 angewachsen; hiervon lebten etwa 9000 in München und Oberbayern, der zweitgrößten israelitischen Gemeinde Deutschlands. 2003 wurde der Plan der neonazistischen „Kameradschaft Süd" aufgedeckt, durch einen Bombenanschlag die Grundsteinlegung der geplanten zionistisch-liberalen Jakobs-Hauptsynagoge in der Münchner Innenstadt zu verhindern. Die Feier fand dann unter Mitwirkung des Bundespräsidenten Johannes Rau statt.

Die bayerische Schulpolitik ging dazu über, den Religionskunde-Unterricht nur noch in deutscher Sprache abzuhalten. Jedoch blieb es Moscheen und Konsulaten unbenommen, auch Islamunterricht auf Türkisch anzubieten. Seit der Reform des Staatsangehörigkeitsgesetzes im Jahr 2000 erhalten alle in Deutschland geborenen Kinder von Ausländern einen deutschen Paß, wenn ein Elternteil zum Zeitpunkt der Geburt seit acht Jahren seinen gewöhnlichen rechtmäßigen Aufenthalt in Deutschland hat.

Dies alles spielte sich in einer grundlegenden Veränderung der traditionellen bayerischen Religionskultur ab, die in

München am schnellsten fortschritt: Hier waren 2004 etwa 12% der Einwohner evangelisch, aber 40% ohne christliches Bekenntnis oder überhaupt konfessionslos.

Bayern und die europäische Osterweiterung

Die europäische Staatengemeinschaft hatte Ende 1995 fünfzehn Mitgliedstaaten: Frankreich, die Bundesrepublik Deutschland, Italien, Luxemburg, Belgien und die Niederlande seit 1952 beziehungsweise seit 1958, Großbritannien, Irland und Dänemark seit 1973, Griechenland seit 1981, Spanien und Portugal seit 1986 sowie Schweden, Finnland und Österreich seit 1995. Auf dem EU-Gipfel vom Dezember 2002 in Kopenhagen wurde die Erweiterung der Union um Lettland, Estland, Litauen, Polen, Tschechien, die Slowakei, Ungarn, Slowenien, Malta und Griechisch-Zypern für das Jahr 2004 beschlossen. Der Beitritt Bulgariens und Rumäniens wurde auf das Jahr 2007 verschoben. Bereits im Jahr 1993 hatte der Europäische Rat von Kopenhagen Kriterien für einen EU-Beitritt der Mittel- und Osteuropäischen Länder festgelegt („Kopenhagener Kriterien"). Demnach muß das beitrittswillige Land eine Reihe von Voraussetzungen erfüllen: Es soll über stabile Institutionen verfügen, die Demokratie, Rechtsstaatlichkeit und den Schutz der Menschenrechte gewährleisten können, im Land mußte eine funktionierende Marktwirtschaft existieren, es sollte in der Lage sein, Pflichten der Mitgliedschaft in der EU zu übernehmen, und mit ihren Zielen übereinstimmen. Bayern setzte sich für die baldige Aufnahme Kroatiens ein, die Bundesregierung jedoch für eine künftige Aufnahme der zwar islamischen, aber verfassungsmäßig schon seit acht Jahrzehnten laizistisch ausgerichteten Republik Türkei. Im Jahr 2004 betonte die türkische Regierung die durch die laizistische Verfassungsgrundlage getragene Trennung von Staat und Religion mit einem (freilich nur in Städten durchsetzbaren) Verbot des islamischen Frauenkopftuchs in der Öffentlichkeit. Meinungsführer für die grundsätzlich schon 2007 mögliche EU-Aufnahme der Türkei war in Deutschland Bundeskanzler Schröder; als Gegner eines Beitritts tat sich insbesondere Stoiber hervor.

Von den deutschen Innenministern betonte vor allem Beckstein immer wieder das Problem der inneren Sicherheit, das durch gewaltbereite Muslime in Deutschland entstehe. Nach Ermittlungen seines Verfassungsschutzes gab es 2003 in Bayern, insbesondere in München und Nürnberg, etwa 5500 grundsätzlich gewaltbereite Islamisten – das waren rund 0,5% der muslimischen Bevölkerung im Freistaat.

Im Zusammenhang mit der Erweiterung der EU entstand die Notwendigkeit, die innere Organisation der Staatengemeinschaft an ihre neue Größe anzupassen. Wichtige Reformvorhaben, die zur Klärung institutioneller und anderer Probleme beitragen sollten, waren bereits durch den 1999 in Kraft getretenen Vertrag von Amsterdam und den 2003 in Kraft getretenen Vertrag von Nizza umgesetzt worden. Um der Europäischen Union jedoch eine einheitliche Struktur und Rechtspersönlichkeit zu geben, wurde beschlossen, eine europäische Verfassung zu erarbeiten, die das bisherige Vertragswerk ersetzen sollte: Hierfür wurde schon im Dezember 2001 ein europäischer Verfassungskonvent unter dem Vorsitz des ehemaligen französischen Staatspräsidenten Valéry Giscard d'Estaing eingesetzt, an dem bereits die neuen Beitrittsländer teilnahmen. Unter den deutschen Mitgliedern des Konvents war aus Bayern der frühere SPD-Staatssekretär Professor Peter Glotz als Vertreter der Bundesregierung, der aber alsbald ausschied, um Direktor der Schweizer Universität Sankt Gallen zu werden. Vertreter der deutschen Länder war der CDU-Ministerpräsident von Baden-Württemberg Erwin Teufel. Es gelang nicht, die Verfassung vor Beitritt der neuen Mitgliedsländer zu verabschieden.

Beim internationalen Festakt zum EU-Beitritt der Tschechischen Republik in Budweis vertrat Minister Huber am 1. Mai 2004 den Freistaat Bayern. In Selb fand eine gemeinsame Feier statt, die von den beiden Staatsregierungen, der Europäischen Kommission und der Stadt selbst ausgerichtet wurde und in der der bayerische Minister für Europaangelegenheiten Eberhard Sinner und der regionale Vertreter der Kommission in München symbolisch den nahen Grenzschlagbaum anhoben. Kardinal Friedrich Wetter und Bayerns evangelischer Landesbischof Dr. Johannes Friedrich hielten Dankgottesdienste in München. Weitere Feiern gab es in Roßhaupt/ Rozvadov, in der Region Pilsen, im Landkreis Neustadt an der Waldnaab, in Waldsassen, Eger/Cheb, Bayerisch Eisenstein und Markt Eisenstein/Zelezna Ruda.

Die ersten Wahlen nach der Erweiterung der Europäischen Union im Juni 2004 zeichneten sich fast überall durch eine extrem geringe Wahlbeteiligung aus. In Bayern stimmten 57,4% der Wähler für die CSU und nur noch 15,3% für die SPD; die Grünen erzielten mit 11,7% ein sehr gutes Ergebnis. In Tschechien errangen bei nur 28,32% Wahlbeteiligung die euroskeptischen Konservativen (ODS) 30% der Stimmen, 20,3% stimmten für die EU-feindlichen Kommunisten.

Der europäische Verfassungskonvent mußte der nationalstaatlichen Souveränität ein Zugeständnis nach dem anderen machen. Als ein schwer beizulegender Streitpunkt erwies sich die Frage nach der Formulierung eines Gottesbezugs in der Präambel, wie er in der bayerischen Verfassung und im deutschem Grundgesetz zu finden ist. Die großen christlichen Kirchen mußten sich schließlich mit einer allgemeinen Erwähnung der „kulturellen, religiösen und humanistischen Überlieferungen" Europas begnügen. Als der Europäische Rat der 25 Regierungschefs die Verfassung am 18. Juni 2004 annahm, enthielt sie eine neue Definition der qualifizierten Mehrheit: Nach dem Verfassungsentwurf müssen Entscheidungen im Europäischen Rat von 55% der Mitgliedsstaaten getragen werden, die mindestens 65% der Bevölkerung der Union repräsentieren. Außen-, Militär- und großenteils auch Steuerpolitik sollen weiterhin in der weitgehend alleinigen Kompetenz der Mitgliedstaaten bleiben. Weiter sieht der Verfassungsentwurf vor, zwei Ämter neu einzurichten: Der „Präsident des Europäischen Rates" soll eine größere Kontinuität in der Zusammenarbeit der Regierungschefs gewährleisten, und der „Außenminister der Union" hat die Aufgabe, die europäische Außenpolitik zu koordinieren. Neue Machteinbußen gegenüber der Kommission bescherte die Verfassung dem Bundestag und vor allem den Landtagen. In Kraft treten sollte die Verfassung erst, nachdem sie in den Mitgliedstaaten durch die Parlamente oder auch durch Volksabstimmungen bestätigt wurde.

In einer Reihe von europäischen Ländern war das Vertragswerk bereits angenommen worden, als im Mai 2005 Frankreich als erster EU-Staat die neue Verfassung ablehnte: In einem Referendum stimmten 55% der Franzosen gegen den Entwurf. Kurz darauf sprachen sich auch die Niederländer in einem Referendum zu 61,5% gegen den Verfassungsvertrag aus.

Bayerns kulturelles Leben um die Jahrtausendwende

München war nach wie vor das Zentrum der kulturellen Landesentwicklung, mußte seinen Rang aber nicht mehr nur gegen das Rheinland, sondern jetzt vor allem auch gegen die Bundeshauptstadt Berlin verteidigen. Die Landesregierung versuchte Münchens Bedeutung durch die Förderung einschlägiger Hochschulen wie etwa der Akademie der Schönen Künste, der Staatstheater und staatlichen Museen sowie des Denkmalschutzes und durch die Verleihung dotierter Preise für Künstler und Schriftsteller zu untermauern. Das ehrgeizige und wichtigste Projekt von Wissenschafts- und Kunstminister Zehetmair war der Bau einer dritten Münchner Pinakothek, der Pinakothek der Moderne für Kunst des 20. Jahrhunderts – Vorbilder für ein solches Museum gab es nur in Paris, New York und London. Das Gebäude der neuen Pinakothek war ein Werk des Münchner Architekten Braunfels, mit hellen Ausstellungshallen und flacher Glaskuppel. Die dritte und größte Pinakothek vereinigte in sich vier Museen, die Staatsgalerie moderner Kunst seit dem Expressionismus, die 1938 begründete staatliche Graphische Sammlung, die staatliche Neue Sammlung für angewandte Kunst d. h. Design seit 1910 und die Architekturmuseen der Technischen Universität München und des Architektenbunds. Eine wertvolle Dauerleihgabe ist die Sammlung des Oberhaupts der ehemaligen Königsfamilie, Herzog Franz von Bayern, die einen Teil des Wittelsbacher Gesamtvermögens bildet. Der Herzog ist ein renommierter Kenner modernster Kunst und auch für das Museum of Modern Art in New York ein geschätzter Berater. Zeitlich reicht das Museumsgut mit elektronisch-optischen Medien bis zur Videokunst der Gegenwart. Die Pinakothek der Moderne konnte im September 2003 in Anwesenheit des Bundespräsidenten Johannes Rau eröffnet werden.[5] Für Franken war wichtig, daß der Freistaat Bayern ab 2005 die teilweise Trägerschaft – und damit auch einen erheblichen Teil der Finanzierung – des Theaters Nürnberg übernahm, das schon seit 2003 als einzige Bühne außerhalb Münchens den Namen Staatstheater führen durfte. Beteiligt blieb das Land auch an der bundesweiten Stiftung Germanisches Nationalmuseum Nürnberg und an der Stiftung Bayreuther Wagnerfestspiele. Die aufgrund der Kürzungen von Bundeszuschüssen in Not geratenen Bamberger Symphoniker wurden 2003 vom Freistaat aufgefangen. Die staatlichen Museen unterhielten auch in Franken und Schwaben weiterhin Zweigmuseen.

Für München leistete neben dem Land auch die Stadt selbst mit eigenen Museen, dem Kulturzentrum am Gasteig, dem Schauspielhaus, der Musiktheater-Biennale und eigenen Preisverleihungen Erhebliches. Auch städtebaulich veränderte sich München weiter. 2004 wurden die „Highlight Towers" fertiggestellt, zwei 126 und 113 m hohe Türme. Sie stehen genau im Blick stadtauswärts durch das Siegestor und riefen deshalb eine heftige Protestbewegung gegen weitere Kernstadt-Hochhäuser unter Anführung des früheren Bürgermeisters Georg Kronawitter hervor. Weil die beiden Türme in der Stadtsilhouette die Frauenkirche überragen, unterstützte diesen Protest auch die katholische Kirche. Trotzdem entstanden in der Folge noch weitere Hochhäuser, darunter ein 146 m hohes, schmuckloses Bürohaus mit dem Namen „Uptown Munich" im Nordwesten Münchens. Hochhäuser schoben sich auch in den berühmten Föhn-Südblick Münchens bis zu den Alpen.

Das bundesdeutsche Zuwanderungsgesetz von 2004 legte verstärktes Gewicht auf die Sprachförderung von Zuwanderern.[6] In Bayern versuchte man, schon im Grundschulwesen die Deutschkenntnisse ausländischer Kinder zu fördern. An den Augsburger Schulen waren beispielsweise 1990 noch 60 von der türkischen

Regierung entsandte Lehrer tätig gewesen, 2004 waren es nur noch sechs: Die sogenannten muttersprachlichen Klassen wurden nach und nach abgeschafft, und schließlich wurde auch in Bayern der islamische Religionsunterricht in deutscher Sprache gehalten. Gleichzeitig bestanden auch weiterhin die privaten Koranschulen. Das Problem der sprachlichen Integration war bei den jüdischen und rußlanddeutschen Zuwanderern aus der ehemaligen Sowjetunion ebenfalls gegeben. Zentrum von weltweiter Wirkung für das Angebot von vorbereitenden Deutschkursen und für die Vermittlung deutscher Kultur war und ist das Goethe-Institut in München. Neu war, daß die islamische Minderheit über das engere Religiöse hinaus eine eigene kulturelle Selbstdarstellung entwickelte, auch in deutscher Sprache.

Je mehr die deutsche Wohlstandsgesellschaft zur Freizeitgesellschaft wurde, desto größere Bedeutung bekam der Sport auf nationaler und auch regionaler Ebene. Dies gilt insbesondere auch für das Fußballspiel, das durch europäische Wettbewerbe zu einem Rückhalt des europäischen Gedankens wurde. Weltweite Bekanntheit als Berufssport-Verein mit internationaler Mannschaft der ersten Bundesliga erlangte der FC Bayern München, dessen Vereinswappen die Wittelsbacher Raute zeigt, ebenso wie der Name seines berühmten früheren Spielers und seit 1994 Vereinspräsidenten, des „Fußball-Kaisers" Franz Beckenbauer. Vorsitzender des Verwaltungsbeirats ist bis heute Edmund Stoiber. Auch mit Blick auf die in Deutschland stattfindende Fußballweltmeisterschaft 2006 finanzierten die beiden Münchner Spitzenvereine FC Bayern und TSV 1860 gemeinsam den Bau eines neuen Stadions, der „Allianz-Arena", die ein bedeutendes Projekt für die Bauindustrie und weitere Wirtschaftszweige darstellte. Auf der unteren Ebene spielten auch eigene türkische Fußballvereine mit. Zweitwichtigster Sportzweig in Bayern blieb landschaftsbedingt der Wintersport in den Alpen.

Für die große spätsommerliche Urlaubs- und Ferienzeit begnügten sich – auch angesichts der privaten Einkommensverluste – viele Familienurlauber mit einem Erholungsaufenthalt im ländlichen Südbayern. Doch auch der Ferntourismus blieb trotz der Sparzwänge lebhaft: Der Münchner Flughafen Franz Josef Strauß meldete 2004 Hunderttausende von Urlaubsflügen. Viele Bayern reisen noch immer mit großer Begeisterung in alle Welt.

ANHANG

Anmerkungen

1. Kapitel: Im Ausgang der Ära Adenauer-Erhard, S. 11–40

[1] Das Folgende bis 1967 meist im Anschluß an Wolfgang Zorn, Bayerns Geschichte im 20. Jahrhundert. Von der Monarchie zum Bundesland, München 1986, S. 627–690 und Ders., Bayern unter der Regierung Goppel 1962–1978. Erste Skizze zu einem Kapitel neuester bayerischer Zeitgeschichte, in: Andreas Kraus (Hg.), Land und Reich, Stamm und Nation. Probleme und Perspektiven bayerischer Geschichte. Festgabe für Max Spindler zum 90. Geburtstag, Bd. 3: Vom Vormärz bis zur Gegenwart, München 1984, S. 531–545. Vgl. jetzt auch Karl Ulrich Gelberg, Vom Kriegsende bis zum Ausgang der Ära Goppel (1945–78), in: Alois Schmid (Hg.), Handbuch der bayerischen Geschichte, Bd. 4: Das neue Bayern von 1800 bis zur Gegenwart, Teilbd. 1, 2., völlig neu bearb. Aufl., München 2003, S. 635–956, hier S. 873 ff.

[2] Reinhold L. Bocklet (Hg.), Das Regierungssystem des Freistaates Bayern, 2. Bde. München 1979; Hans F. Zacher, Vom Lebenswert der Bayerischen Verfassung, in: Kraus (Hg.), Land und Reich, S. 485–530; Helge Heidemeyer, Bayerische Aktivitäten im Bundesrat 1949–1969, in: ZBLG 67 (2004), S. 701–735; Peter Jakob Kock, Der bayerische Landtag. Eine Chronik, Würzburg 1996; Ursula Münch, Freistaat im Bundesstaat. Bayerns Politik in 50 Jahren Bundesrepublik Deutschland, München 1999.

[3] Alf Mintzel, Die CSU. Anatomie einer konservativen Partei 1945–1972, 2. Aufl., Opladen 1978; Burkhard Haneke (Hg.), Geschichte einer Volkspartei. 50 Jahre CSU. 1945–1995, Grünwald 1995; Franz Josef Strauß, Erinnerungen, Berlin 1989; Winfried Becker, Franz Josef Strauß (1915–1988), in: Jürgen Aretz u.a. (Hg.), Zeitgeschichte in Lebensbildern. Aus dem deutschen Katholizismus des 19. und 20. Jahrhunderts, Bd. 7, Mainz 1994, S. 227–244; Wolfram Bickerich, Franz Josef Strauß. Die Biographie, München u.a. 1996; Wolfgang Krieger, Franz Josef Strauß. Der barocke Demokrat aus Bayern, Göttingen u. Zürich 1995; Manfred Behrend, Franz Josef Strauß. Eine politische Biographie, Köln 1995; Horst Möller, Franz Josef Strauß 1915–1988, in: Lothar Gall (Hg.), Die großen Deutschen unserer Epoche, Berlin 1995, S. 535–553; Peter Siebenmorgen, Franz Josef Strauß: ein Leben im Übermaß, München 2002.

[4] Corinna Franz (Bearb.), Die CDU/CSU-Fraktion im Deutschen Bundestag. Sitzungsprotokolle 1961–1966, Teilbd. 1: September 1961–Juli 1963, Düsseldorf 2004, siehe insbes. in den Protokollen der 100. Fraktionssitzung am 6.11.1962, S. 396–405 sowie der 105. Fraktionssitzung am 6.11.1962, S. 409–418. Für die Gegenseite siehe Heinrich Potthoff (Bearb.), Die SPD-Fraktion im Deutschen Bundestag. Sitzungsprotokolle 1961–1966, Erster Halbbd.: 1.–72. Sitzung 1961–1963, Düsseldorf 1993, insbes. in den Protokollen der 31. Fraktionssitzung 6.11.1962, S. 143–149, der

34. Fraktionssitzung am 13. 11. 1962, S. 153–162 sowie der 51. Fraktionssitzung am 12. 3. 1963, S. 270–275.

5 Karl Hohmann, Ludwig Erhard (1897–1977), in: Alfred Wendehorst u. Gerhard Pfeiffer (Hg.), Fränkische Lebensbilder, Bd. 11, Neustadt/Aisch 1984, S. 211–245; Bernhard Löffler, Ludwig Erhard und Bayern. Überlegungen zu Bedeutung und Grenzen regionaler Bindung eines Politikers, in: Konrad Ackermann u. Alois Schmid (Hg.), Staat und Verwaltung in Bayern. Festschrift für Wilhelm Volkert zum 75. Geburtstag, München 2003, S. 725–750; Klaus Hildebrand, Ludwig Erhard 1897–1977, in: Lothar Gall (Hg.), Die großen Deutschen, Berlin 1995, S. 368–378; Volker Hentschel, Ludwig Erhard. Ein Politikerleben, Berlin 1998; Hans Ulrich Kempski, Um die Macht. Sternstunden und sonstige Abenteuer mit den Bonner Bundeskanzlern 1949 bis 1999, Berlin 1999, S. 91–118; Bernhard Löffler, Soziale Marktwirtschaft und administrative Praxis. Das Bundeswirtschaftsministerium unter Ludwig Erhard 1949–1963, Stuttgart 2003.

6 Hubert Zimmermann, „Nach Vietnam? No Sir", in: Die Zeit, 27. 3. 2003, S. 92.

7 Doris Middendorf, Die Politik des CSU-Abgeordneten von Guttenberg, Diss., München 1980; Ulrich Wirz, Karl Theodor von und zu Guttenberg und das Zustandekommen der Großen Koalition, Grub am Forst 1997.

8 Karl-Ulrich Gelberg, Alfons Goppel (1905–1991), in: Jürgen Aretz u. a. (Hg.), Zeitgeschichte in Lebensbildern. Aus dem deutschen Katholizismus des 19. und 20. Jahrhunderts, Bd. 10, Münster 2001, S. 261–279; Stefanie Siebers-Gfaller, Von Utopia nach Europa: Alfons Goppel 01. 10. 1905 bis 24. 12. 1991. Biographische Notizen, München 1996.

9 Kurt Georg von Stackelberg, Attentat auf Deutschlands Talisman. Ludwig Erhards Sturz. Hintergründe, Konsequenzen, Stuttgart u. a. 1967.

10 Kempski, Um die Macht, S. 119–145.

11 Reiner Vogel, Hermann Höcherl. Annäherung an einen politischen Menschen, Regensburg 1988.

12 Richard Stücklen, Mit Humor und Augenmaß. Geschichten, Anekdoten und eine Enthüllung, Forchheim 2001.

13 Richard Kölbel, Käte Strobel (1907–1996): Ehrenbürgerin der Stadt Nürnberg und Bundesministerin für Jugend, Familie und Gesundheit, in: Mitteilungen des Vereins für die Geschichte der Stadt Nürnberg 88 (2001), S. 233–245; Ders., Käte Strobel (1907–1996), in: Erich Schneider (Hg.), Fränkische Lebensbilder, Bd. 19, Neustadt/Aisch 2002, S. 219–234.

14 Hans Maier u. Hermann Bott, Die NPD. Struktur und Ideologie einer „nationalen Rechtspartei", 2., erw. Aufl., München 1968; Franz Florian Winter, Ich glaubte an die NPD, Mainz 1968.

15 Walter Becher, Zeitzeuge. Ein Lebensbericht. München 1990; Rudolf Ohlbaum, Bayerns vierter Stamm – Die Sudetendeutschen. Herkunft–Neubeginn–Persönlichkeiten, 2. Aufl., München 1981.

16 Bernhard Zittel, Alois Hundhammer (1900–1974), in: Jürgen Aretz u. a. (Hg.), Zeitgeschichte in Lebensbildern. Aus dem deutschen Katholizismus des 19. und 20. Jahrhunderts, Bd. 5, Mainz 1982, S. 253–265.

17 Bruno Merk (Vortrag am 12. 11. 1987), in: Hans-Otto Mühleisen u. Theo Stammen (Hg.), Politik aus Bayerisch-Schwaben. Autobiographische Vorträge 1983–1988, München 1989, S. 121–134.

[18] Ludwig Huber, Mein politischer Weg, in: Karl Böck (Hg.), Was nicht in den Akten steht ... Für Ludwig Huber zum 65. Geburtstag, München 1996, S. 59–88. Siehe auch die Beiträge von Hans Zehetmair (S. 11–26), Kurt Biedenkopf (S. 29–41) und Rudolf Bensegger (S. 43–48) in diesem Band.

[19] Kurzbiographie Franz Heubl, in: Haneke (Hg.), Geschichte einer Volkspartei, S. 707.

[20] Heinz Rosenbauer, Rudolf Hanauer – Lebensbild eines bayerischen Parlamentspräsidenten, in: Heinz Rosenbauer u. Volkmar Gabert (Hg.), Parlamentarismus und Föderalismus. Festschrift für Rudolf Hanauer aus Anlaß seines 70. Geburtstages, München 1978, S. 7–25.

[21] Daniela Taschler, Vor neuen Herausforderungen. Die außen- und deutschlandpolitische Debatte in der CDU/CSU-Bundestagsfraktion während der Großen Koalition (1966–1969), Düsseldorf 2001.

[22] Ludwig Huber, Schulreform aus erster Hand. Von der Bekenntnisschule zu einer modernen Schulstruktur, in: Böck (Hg.), Was nicht in den Akten steht, S. 89–110.

[23] Hildegard Kronawitter, Ein politisches Leben. Gespräche mit Volkmar Gabert, München 1996, S. 87–97.

[24] Karl Böck, Die Änderung des Bayerischen Konkordats von 1968. Das Ende der Auseinandersetzungen über die Bekenntnisschule und die rechtliche Sicherung katholischer Erziehung in Bayern. Vortrag anläßlich der Verleihung der Ehrendoktorwürde durch die Katholisch-Theologische Fakultät der Universität Augsburg am 17. Februar 1989, Augsburg 1989, S. 11–28; Hugo Maser, Evangelische Kirche im demokratischen Staat. Der bayerische Kirchenvertrag von 1924 als Modell für das Verhältnis von Staat und Kirche, München 1983, S. 180–228; Strauß, Erinnerungen, S. 532–538.

[25] Winfried Müller u. a., „Vor uns liegt ein Bildungszeitalter". Umbau und Expansion – das bayerische Bildungssystem 1950 bis 1975, in: Thomas Schlemmer u. Hans Woller (Hg.), Bayern im Bund, Bd. 1: Die Erschließung des Landes 1949 bis 1973, München 2001, S. 273–355, hier S. 273–290.

[26] Max Liedtke (Hg.), Handbuch der Geschichte des bayerischen Bildungswesens, Bd. 3: Geschichte der Schule in Bayern von 1918 bis 1990, S. 747–841, hier S. 756, sowie Bd. 4/1: Geschichte der Schule in Bayern. Epochenübergreifende Spezialuntersuchungen, Bad Heilbrunn 1997.

[27] Andreas Renz, Die Studentenproteste von 1967/68 im Spiegel der Münchner Presse, München 1992; Gerhard Fürmetz (Konzeption u. Bearb.), Protest oder „Störung"? Studenten und Staatsmacht in München um 1968. Eine Ausstellung des Staatsarchivs München [28. Oktober 1999 bis 7. Januar 2000], München 1999; Stefan Hemler, München '68 – war da was? Überlegungen zur Erforschung der Studentenbewegung anhand bedeutsamer Marginalien, in: 1999. Zeitschrift für Sozialgeschichte des 20. und 21. Jahrhunderts 13 (1998), S. 117–136; Venanz Schubert (Hg.), 1968. 30 Jahre danach, St. Ottilien 1999; Herbert R. Ganslandt, Die '68er Jahre und die Friedrich-Alexander-Universität, in: Henning Kößler (Hg.), 250 Jahre Friedrich-Alexander-Universität Erlangen-Nürnberg. Festschrift, Erlangen 1993, S. 839–870; Thomas P. Becker u. Ute Schröder (Hg.), Die Studentenproteste der 60er Jahre. Archivführer – Chronik – Bibliographie, Köln–Weimar–Wien 2000, S. 96–301, siehe insbes. S. 183–186.

[28] Alexander Dubček, Leben für die Freiheit, München 1993, S. 169–354; Jan Pauer,

Prag 1968: Der Einmarsch des Warschauer Paktes. Hintergründe – Planung – Durchführung, Bremen 1995; Alfred Hyna u. Milada Krausová, Die Besetzung Westböhmens im Jahr 1968 in der Berichterstattung der bayerischen Presse, in: ZBLG 65 (2002), S. 563–581.

[29] Gelberg, Vom Kriegsende bis zum Ausgang der Ära Goppel, S. 878. Zur Änderung des Grundgesetzes vgl. Siegfried Marnitz, Die Gemeinschaftsaufgaben des Artikels 91a GG als Versuch einer verfassungsrechtlichen Institutionalisierung der bundesstaatlichen Kooperation. Eine verfassungsrechtliche und verfassungspolitische Untersuchung, Berlin 1974.

[30] Udo Wengst, Willy Brandt und Franz Josef Strauß – Ihre „Erinnerungen" im Vergleich, in: HZ 252 (1991), S. 627–641.

[31] Josef Ertl (Vortrag am 20. 2. 1986), in: Mühleisen u. Stammen (Hg.), Politik aus Bayerisch-Schwaben, S. 93–107.

[32] Joachim Hauschild, Philip Rosenthal, Berlin 1999.

[33] Alfons Frey, Die industrielle Entwicklung Bayerns von 1925–1975. Eine vergleichende Untersuchung über die Rolle städtischer Agglomerationen im Industrialisierungsprozess, Berlin 2003; Klaus Schreyer, Bayern – ein Industriestaat. Die importierte Industrialisierung. Das wirtschaftliche Wachstum nach 1945 als Ordnungs- und Strukturproblem, München 1969; Hermann Bößenecker, Bayern, Bosse und Bilanzen. Hinter den Kulissen der weiß-blauen Wirtschaft, München u. a. 1972; Wolfgang Zorn, Bayerns Gewerbe, Handel und Verkehr (1806–1970), in: Handbuch der bayerischen Geschichte, begr. v. Max Spindler, hg. von Andreas Kraus, Bd. 4: Das neue Bayern 1800–1970, Teilbd. 2, München 1979, S. 782–845; Ders., Die Sozialentwicklung der nichtagrarischen Welt (1806–1970), in: ebd., S. 846–882; Adolf Sandberger, Die Landwirtschaft, in: ebd., S. 732–748; Pankraz Fried, Die Sozialentwicklung im Bauerntum und Landvolk, in: ebd., S. 751–780; Andreas Eichmüller, Landwirtschaft und bäuerliche Bevölkerung in Bayern. Ökonomischer und sozialer Wandel 1945–1970. Eine vergleichende Untersuchung der Landkreise Erding, Kötzting und Obernburg, München 1997.

[34] Deutsches Industrieinstitut (Hg.), Das Wirtschaftsvermögen der deutschen Bundesländer, Köln 1963.

[35] Wilfried Feldenkirchen, Siemens: von der Werkstatt zum Weltunternehmen, München 1997; Bernhard Plettner, Abenteuer Elektrotechnik. Siemens und die Entwicklung der Elektrotechnik seit 1945, München u. Zürich 1994.

[36] Der MAN Konzern, in: Süddeutsche Zeitung. Sonderveröffentlichung, 10. 2. 1989, S. 1–12.

[37] Jürgen Seidl, Die bayerischen Motorenwerke (BMW). Staatlicher Rahmen und unternehmerisches Handeln 1945–1969, München 2002; Rüdiger Jungbluth, Die Quandts. Ihr leiser Aufstieg zur mächtigsten Wirtschaftsdynastie Deutschlands, Frankfurt/M. 2002.

[38] Christl Bronnenmeyer, Max Grundig, Berlin 1999.

[39] Jürgen Schneider (unter Mitarbeit von Peter Moser), Gustav Schickedanz (1895–1977), in: Alfred Wendehorst u. Gerhard Pfeiffer (Hg.), Fränkische Lebensbilder, Bd. 12, Neustadt/Aisch 1986, S. 306–327; Christian Böhmer, Grete Schickedanz. Vom Lehrmädchen zur Versandhauskönigin, Berlin 1996.

[40] Peter Borscheid, 100 Jahre Allianz 1890–1990, München 1990; Peter Koch, München als Versicherungsstadt, München 1960, S. 11.

[41] Walter Brandmüller (Hg.), Handbuch der bayerischen Kirchengeschichte, Bd. 3: Vom Reichsdeputationshauptschluß bis zum Zweiten Vatikanischen Konzil, St. Ottilien 1991; Gerhard Müller, Kirchliche Zusammenschlüsse, in: Gerhard Müller u. a. (Hg.), Handbuch der Geschichte der evangelischen Kirche in Bayern, Bd. 2: 1800–2000, St. Ottilien 2000, S. 509–524, hier S. 521–524; Georg Schwaiger (Hg.), Das Erzbistum München und Freising im 19. und 20. Jahrhundert, 2 Bde., München 1984.

[42] Klaus Wittstadt (Hg.), Julius Kardinal Döpfner. 26. August 1913 bis 24. Juli 1976, Würzburg 1996.

[43] Elmar Klinger (Hg.), Christentum innerhalb und außerhalb der Kirche. Karl Rahner zugeeignet, Freiburg u. a. 1976.

[44] Hermann Blendinger, Aufbruch der Kirche in die Moderne. Die Evangelisch-Lutherische Kirche in Bayern 1945–1990, Stuttgart u. a. 2000, S. 119–280; Hermann Dietzfelbinger, Veränderung und Beständigkeit. Erinnerungen, München 1984.

[45] Christian Wallenreiter, Versuch einer Bilanz, in: Internationale Vierteljahresschrift Fernsehen und Bildung 7 (1973), S. 269–286; Ludwig Maaßen, Der Kampf um den Rundfunk in Bayern. Rundfunkpolitik in Bayern 1945 bis 1973, Berlin 1979.

[46] Walter J. Schütz (Hg.), Aus der Schule der Diplomatie. Beiträge zu Außenpolitik, Recht, Kultur, Menschenführung. Festschrift zum 70. Geburtstag von Peter H. Pfeiffer, Düsseldorf–Wien 1965.

[47] Wolfgang Wagner, Lebens-Akte. Autobiographie, München 1994.

[48] Robert Roßmann u. Hans Kratzer (Hg.), Stadt, Land, Wort. Bayerns Literaten: 22 Porträts, Waldkirchen 2004.

[49] Jörg Lau, Hans M. Enzensberger. Ein öffentliches Leben, Berlin 1999; Rainer Wieland (Hg.), Der Zorn altert, die Ironie ist unsterblich. Über Hans M. Enzensberger, Frankfurt/M. 1999.

2. Kapitel: Der „widerspenstige Freistaat" in der Zeit sozialliberaler Bundespolitik (1969–1978), S. 41–78

[1] „Die Schizophrenie des Ganzen". Spiegel-Gespräch mit Altkanzler Helmut Schmidt über seine Jugend unter „Adolf Nazi", seinen Weg zu den Sozialdemokraten und Deutschlands Rolle in Europa, in: Spiegel, 11. 6. 2001, S. 182–187, hier S. 187.

[2] Arnulf Baring, Machtwechsel. Die Ära Brandt-Scheel, Stuttgart 1982, S. 267–283; Anselm Tiggemann, CDU/CSU und die Ost- und Deutschlandpolitik 1969–1972. Zur „Innenpolitik der Außenpolitik" der ersten Regierung Brandt/Scheel, Frankfurt/M. u. a. 1998, S. 47–80; Strauß, Erinnerungen, S. 458 ff.

[3] Sprecher der sudetendeutschen Landsmannschaft war von 1968 bis 1982 der CSU-Bundestagsabgeordnete Dr. Walter Becher, der zuvor (1950 bis 1962) als Abgeordneter des Bundes der Heimatvertriebenen (BHE) einen Sitz im Münchner Landtag gehabt hatte. Vgl. hierzu Becher, Zeitzeuge.

[4] Stefan Aust, Der Baader-Meinhof-Komplex, erw. u. aktualisierte Ausg., Hamburg 1997.

[5] Michael Stephan (Bearb.), Wirtschaftsminister Anton Jaumann (1927–1994). Eine

Ausstellung aus dem neuerworbenen Nachlaß anläßlich seines 70. Geburtstags, München 1997; Wulf-Dietrich Kavasch (Hg.), Anton Jaumann, 5. Dezember 1927–23. Januar 1994, in: Ders., Lebensbilder aus dem Ries. Vom 13. Jahrhundert bis zur Gegenwart, Nördlingen 2002, 720–737; Hans Huber, Hans Maier. Wegbereiter moderner beruflicher Bildung, hg. v. Verband der Lehrer an Beruflichen Schulen in Bayern, München 2001; Gerhard Friedl, Max Streibl. Bayerischer Ministerpräsident, München 1989; Peter Köpf, Stoiber. Die Biographie, Hamburg u. Wien 2001; Michael Stiller, Edmund Stoiber. Der Kandidat, München 2002.

[6] Friedrich Zimmermann, Kabinettstücke. Politik mit Strauß und Kohl 1976–1991, München 1991.

[7] Herbert Hupka, Unruhiges Gewissen. Ein deutscher Lebenslauf. Erinnerungen, München 1994, siehe insbes. S. 56–67, 124–129 und 196–209.

[8] Gescheiterter Kanzlersturz, in: Spiegel, 27.11.2000, S. 17; Der „Fall" Wagner. Vieles deutet darauf hin, daß die Bundesrepublik von der DDR unterwandert war, in: FAZ, 4.12.2000, S. 16. Wie die im August 2006 von der Stasi-Unterlagenbehörde freigegebenen Rosenholz-Dateien belegen, war Wienand in der Tat als Inoffizieller Mitarbeiter für die Staatssicherheit der DDR tätig [red. Anm.].

[9] Eduard Wallnöfer, Föderalistische Ordnung und internationale Zusammenarbeit am Beispiel der „Arbeitsgemeinschaft Alpenländer", in: Ludwig Huber (Hg.), Bayern, Deutschland, Europa. Festschrift für Alfons Goppel zum 70. Geburtstag, Passau 1975, S. 129–143, hier S. 132–143.

[10] Hans-Jochen Vogel, Nachsichten. Meine Bonner und Berliner Jahre, München 1996, S. 21–23. Zur Amtszeit Hans Jochen Vogels als Oberbürgermeister von München vgl. Hans-Jochen Vogel, Die Amtskette. Meine zwölf Münchner Jahre. Ein Erlebnisbericht, München 1972.

[11] Rudolf Hagelstange (Red.), Die Spiele der XX. Olympiade München–Kiel 1972 und die XI. Olympischen Winterspiele Sapporo 1972, München 1972; Bruno Merk, Klarstellungen, Günzburg/Donau 1996, S. 21–36; Simon Reeve, One Day in September. The Story of the 1972 Munich Olympics Massacre, a government cover-up and a covert revenge mission, London 2000; Johann Freudenreich, Die neue Kriminalität. Bomben, Rauschgift, Menschenraub, München 1973, S. 142–146. Siehe auch den Dokumentarfilm „Ein Tag im September" des britischen Regisseurs Kevin Mac Donald (1999), in dem u.a. der damals letzte überlebende Geiselnehmer interviewt wird.

[12] Rainer Ostermann (Hg.), Freiheit für den Freistaat. Kleine Geschichte der bayerischen SPD, Essen 1994.

[13] Vogel, Nachsichten, S. 27–39.

[14] Walter Grasser u. Friedrich H. Hettler, Der „rote Schorsch". Georg Kronawitter – ein bayerischer Politiker, Wallmoden 1998.

[15] Volker Hornung, Zehn Jahre Grundlagenvertrag 1972–1982, Rheinfelden 1985; Christian Hacke, Die deutschlandpolitischen Konzeptionen von CDU und CSU in der Oppositionszeit (1969–1982), Historisch-Politische Mitteilungen 1 (1994), S. 33–48, hier S. 44; Strauß, Erinnerungen, 489 ff.

[16] Stenographischer Bericht (7/17) der 17. Sitzung des Bayerischen Landtags vom 22.6.1971. Aktuelle Stunde zum Thema: „Die augenblickliche Lage der ausländischen Arbeitnehmer in Bayern", in: Verhandlungen des Bayerischen Landtags. VII. Wahlperiode 1970/74. Stenographische Berichte Nr. 1–22. 1. Sitzung am 3. De-

zember 1970 bis zur 22. Sitzung am 15. Juli 1971. Bd. 1, München 1972, S. 775–789; Wilfried Rudloff, Im Schatten des Wirtschaftswunders. Soziale Probleme, Randgruppen und Subkulturen 1949 bis 1973, in: Thomas Schlemmer u. Hans Woller (Hg.), Bayern im Bund, Bd. 2: Gesellschaft im Wandel 1949 bis 1973, München 2002, S. 347–467, hier S. 429; Gabi Müller-Ballin (Hg.), Xenitia. Griechinnen und Griechen in Nürnberg 1960–1996. Erinnerungen, Stationen, Berichte, Nürnberg 1996.

[17] Ulrich Kirchner, Geschichte des bundesdeutschen Verkehrsflugzeugbaus. Der lange Weg zum Airbus, Frankfurt/M. u. New York 1998.

[18] Bayerisches Staatsministerium des Innern (Hg.), Verordnung zur Neugliederung Bayerns in Landkreise und kreisfreie Städte: Gesetz zur Neuabgrenzung der Regierungsbezirke vom 27. Dezember 1971, München 1972; Merk, Klarstellungen, S. 65–82; Theo Stammen u. Hans-Otto Mühleisen (Hg.), Gemeinde- und Gebietsreform in Bayern. Politikwissenschaftliche Fragen und Untersuchungen 10 Jahre nach Abschluß der Reformmaßnahmen. Forschungsbericht der Lehrstühle für Politikwissenschaft an der Universität Augsburg, Augsburg 1986; Bruno Merk, Sinn oder Unsinn? Eine Nachbetrachtung der bayerischen Gebietsreform. Vortrag am Donnerstag, 21. 09. 2000 im Großen Sitzungssaal des Landratsamtes Augsburg, in: Jahresbericht des Heimatvereins für den Landkreis Augsburg 27 (2000), S. 185–198.

[19] Zu dieser Problematik aus politischer Perspektive vgl. Christiane Kuller, „Stiefkind der Gesellschaft" oder „Trägerin der Erneuerung"? Familien und Familienpolitik in Bayern 1945 bis 1974, in: Schlemmer u. Woller (Hg.), Bayern im Bund, Bd. 2, S. 269–345, hier S. 328 f.; Dies., Familienpolitik im föderativen Sozialstaat. Die Formierung eines Politikfeldes in der Bundesrepublik 1949–1975, München 2004, S. 135–148.

[20] Die Würzburger Synode vor 25 Jahren. Wenig ist daraus geworden, in: Bayernkurier, 30. 11. 2000, S. 14.

[21] Oekumenisches Pfingsttreffen Augsburg 1971. Dokumente, hg. v. Deutschen Evangelischen Kirchentag und vom Zentralkomitee der Deutschen Katholiken, Stuttgart u. Paderborn 1971.

[22] Joachim Track, Theologische Strömungen, in: Gerhard Müller u. a. (Hg.) Handbuch der Geschichte der evangelischen Kirche in Bayern, Bd. 2: 1800–2000, St. Ottilien 2000, S. 493–508, hier S. 498; Blendinger, Aufbruch der Kirche in die Moderne, S. 172–187.

[23] Kronawitter, Ein politisches Leben, S. 97–100.

[24] Dieter Blumenwitz, Der Prager Vertrag. Eine Einführung und Dokumentation zum Vertrag vom 11. Dezember 1973 unter besonderer Berücksichtigung des Münchner Abkommens und seiner Auswirkung auf Deutschland als Ganzes, Bonn 1985, S. 13–64.

[25] Hermann Schreiber, Der Kanzlersturz. Warum Willy Brandt zurücktrat, München 2003.

[26] Oliver Gnad (Bearb.), CSU. Christlich-Soziale Union. Mitgliedschaft und Sozialstruktur, in: Corinna Franz u. Oliver Gnad (Bearb.), Handbuch zur Statistik der Parlamente und Parteien in den westlichen Besatzungszonen und in der Bundesrepublik Deutschland. Teilband II: CDU und CSU. Mitgliedschaft und Sozialstruktur 1945–1990, Düsseldorf 2005, S. 515–858. Für die CDU siehe zum Vergleich: Corinna Franz (Bearb.), CDU. Christlich-Demokratische Union. Mitgliedschaft und Sozialstruktur, in: Ebd., S. 33–513.

²⁷ Helmut Kohl, Erinnerungen, Bd. 1: 1930–1982, München 2004; Ders., Erinnerungen, Bd. 2: 1982–1990, München 2005; Klaus Dreher, Helmut Kohl. Leben mit Macht, Stuttgart 1998.

²⁸ Walter Althammer, Abgeordnete des Deutschen Bundestages. Aufzeichnungen und Erinnerungen, Bd. 16, München 2002, S. 146–152; Merk, Klarstellungen, S. 37–63.

²⁹ Frey, Die industrielle Entwicklung Bayerns, S. 123 ff.

³⁰ Peter von Siemens, Die Elektroindustrie als Beispiel für die leistungsfähige und zukunftsorientierte Wirtschaft Bayerns, in: Huber (Hg.), Bayern, Deutschland, Europa, S. 173–179.

³¹ Hilde Balke, „Sie waren die Ersten ... Frauen im Bayerischen Landtag nach 1945", München 1996, S. 132–147.

³² Joseph Ratzinger, Aus meinem Leben. Erinnerungen 1927–1977, München 1998 [red. Anmerkung: seit 19. April 2005 Papst Benedikt XVI.].

³³ Johannes Hanselmann, Ja, mit Gottes Hilfe. Lebenserinnerungen, München 2000.

³⁴ Michael Martin, Ökumenische Entwicklungen und interreligiöse Kontakte, in: Müller u.a. (Hg.), Handbuch der Geschichte der evangelischen Kirche in Bayern, Bd. 2, S. 525–539, hier S. 530 f.

³⁵ Josef H. Biller u. Hans-Peter Rasp, München. Kunst- und Kulturlexikon. Stadtführer und Handbuch, München 1978.

³⁶ Thomas Leuerer, Die Stationierung amerikanischer Streitkräfte in Deutschland: Militärgemeinden der U.S. Army in Deutschland seit 1945 als ziviles Element der Stationierungspolitik der Vereinigten Staaten, Würzburg 1997.

³⁷ Thomas Goppel, Lästern war streng verboten: Die Goppels predigten Toleranz. Ein Interview mit Waltraud Taschner, in: Maximilianeum. Aus dem Bayerischen Landtag 13 (2001), S. 133.

3. Kapitel: „Strauß-Bayern" (1978–1988), S. 79–123

¹ Helmut Wald-Wagenburg u. Hans Klein, Franz Josef Strauß. Großer Bildband, Percha 1979; Überlebensgroß Herr Strauß. Spiegel-Reporter Jürgen Leinemann über den Kanzlerkandidaten der Union, in: Spiegel, 31.3. 1980, S. 32–73; Hans Maier, Strauß als Rhetor. Redekunst und Parlamentarismus heute, in: Friedrich Zimmermann u. Kurt Biedenkopf (Hg.) Anspruch und Leistung. Widmungen für Franz Josef Strauß, Stuttgart 1980, S. 261–280.

² Michael Stiller, Strauß, Schreiber & Co. Das weißblaue Amigo-System, in: Hans Leyenecker u.a. (Hg.), Helmut Kohl. Die Macht und das Geld, Göttingen 2000, S. 245–472; Das Geld, die Macht und FJS. Wie Franz Josef Strauß Politik und Geschäft miteinander verquickte (I), in: Spiegel, 22.07. 1996, S. 52–55; „Das macht uns keiner nach". Wie der bayerische Staat Parteispendensünder bevorzugt behandelte, in: Ebd., S. 56–60; Das Geld, die Macht und FJS. Wie Franz Josef Strauß Politik und Geschäft miteinander verquickte (II), in: Spiegel, 29.07. 1996, S. 50–58; Karl Rudolf Korte, Deutschlandpolitik in Helmut Kohls Kanzlerschaft. Regierungsstil und Entscheidungsprozesse 1982–1989, Stuttgart 1998; Peter Köpf, Stoiber. Die Biografie, Hamburg 2001.

3 Petra Kelly, Lebe, als müsstest Du heute sterben: Texte und Interviews, Düsseldorf 1997; Alice Schwarzer, Eine tödliche Liebe. Petra Kelly und Gert Bastian, 9. Aufl., Köln 1993.

Siehe hierzu auch den Dokumentarfilm von Andreas Kleinert: „Kelly Bastian – Geschichte einer Hoffnung" (2001).

4 Ulrich Chaussy, Oktoberfest. Ein Attentat, Darmstadt u. Neuwied 1985.

5 Peter Koch, Das Duell. Franz Josef Strauß gegen Helmut Schmidt, 2. Aufl., Hamburg 1980.

6 Hans Schachtner (Hg.), Der Papst in Bayern. Ein Buch der Erinnerung, München 1980. Siehe allgemein auch Karlies Absmeier u. Karl-Joseph Hummel, Der Katholizismus in der Bundesrepublik Deutschland 1980–1993. Eine Bibliographie, Paderborn 1997; Bayerisches Landesamt für Statistik und Datenverarbeitung (Hg.), Volkszählung 1987, Teil A1/9: Strukturdaten der römisch-katholischen Bevölkerung in Bayern nach Diözesen, Regionen und Dekanaten, München 1989; Bayerisches Landesamt für Statistik und Datenverarbeitung (Hg.), Volkszählung 1987, Teil A1/8: Strukturdaten der evangelischen Bevölkerung in Bayern nach Kirchenkreisen und Dekanaten, München 1989.

7 Jürgen W. Möllemann, Klartext. Für Deutschland, München 2003.

8 Richard Stöss, Die Republikaner. Woher sie kommen, was sie wollen, wer sie wählt, was zu tun ist, 2., überarb. u. erw. Aufl., Köln 1990; Hans-Gerd Jaschke, Die Republikaner. Profile einer Rechtsaußen-Partei, 2., aktualisierte u. erw. Aufl. Bonn 1993; Claus Leggewie (Hg.), Die Republikaner. Phantombild der Neuen Rechten, Berlin 1989; Dieter Roth, Die Republikaner. Schneller Aufstieg und tiefer Fall einer Protestpartei am rechten Rand, in: APuZ 37/38 (1990), S. 27–39; Michael Stiller, Die Republikaner. Franz Schönhuber und seine rechtsradikale Partei, München 1989; Franz Schönhuber, Freunde in der Not, München u. Wien 1983; Ders., In Acht und Bann. Politische Inquisition in Deutschland, 2. Aufl., Berg/Starnberger See 1996.

9 Wilhelm Christbaum, Strauß, die CSU und die Bayern – selbstbewusst und auch eigensinnig, in: Münchner Merkur, 14./15. 9. 1985, S. 8.

10 Bayerisches Landesamt für Statistik und Datenverarbeitung (Hg.), Volkswirtschaftliche Gesamtrechnung für Bayern: Entstehung, Verteilung und Verwendung des Sozialprodukts. Revidierte Ergebnisse von 1960 bis 1982. Berechnungsstand Mai 1982, München 1983; Alfred Mechtersheimer u. Peter Barth, Militarisierungsatlas der Bundesrepublik Deutschland. Streitkräfte, Waffen und Standorte. Kosten und Risiken, Darmstadt u. Neuwied 1986, S. 183–194; Burkhardt J. Huck u. a., Rüstungsindustrie und Rüstungskonversion in der Region München. Firmen, Produkte, Beschäftigte und Perspektiven für die 90er Jahre, Frankfurt u. a. 1989; Otfried Nassauer, Rüstung zu Wasser, zu Lande und in der Luft: Messerschmidt – Bölkow – Blohm, in: Jo Angerer u. Erich Schmidt-Eenboom (Hg.), Rüstung in Weiß-Blau. Politik und Waffenwirtschaft in Bayern, Starnberg 1988, S. 38–63.

11 Alexander Schalck-Golodkowski, Deutsch-deutsche Erinnerungen, Reinbek 2000, S. 284–308; Schlußbericht des Untersuchungsausschusses (06. 07. 94): Verhandlungen des Bayerischen Landtags. XII. Wahlperiode 1990/94, Drucksachen Band 42: Drs. 16 401–16 650, München 1994, hier Drs. 16 598, S. 39.

12 Winfried Kretschmer, Wackersdorf: Wiederaufarbeitung im Widerstreit, in: Ulrich Linse u. a. (Hg.), Von der Bittschrift zur Platzbesetzung. Konflikte um technische Großprojekte. Laufenburg, Walchensee, Wyhl, Wackersdorf, Berlin u. Bonn 1988, S. 165–218.

[13] Balke, „Sie waren die Ersten ...", S. 116–131.

[14] Martin Hübler, Die Europapolitik des Freistaats Bayern. Von der Einheitlichen Europäischen Akte bis zum Amsterdamer Vertrag, München 2002, S. 88–100, insbes. S. 88 f.

[15] Strauß, Erinnerungen; Gespräch mit Franz Josef Strauß, in: Erich Honecker, Moabiter Notizen. Letztes schriftliches Zeugnis und Gesprächsprotokolle vom BRD-Besuch 1987 aus dem persönlichen Besitz Erich Honeckers, 2. Aufl., Berlin 1994, S. 212–217.

[16] Josef Birkenhauer (Hg.), München. Weltstadt in Bayern, Kallmünz 1987; Die Szene blüht auf, in: Art. Das Kunstmagazin 6 (1988), S. 1–113; Hans Werner-Henze, Reiselieder mit böhmischen Quinten. Autobiographische Mitteilungen 1926–1995, Frankfurt 1996.

[17] Werner K. Blessing, Pompe funèbre für F.J.S. Zur politischen Repräsentation in der Demokratie, in: Helmut Altrichter (Hg.), Bilder erzählen Geschichte, Freiburg im Breisgau 1995, S. 299–338, hier S. 299–306, S. 325 f. sowie S. 329.

[18] Werner Burger, Die CDU in Baden-Württemberg und die CSU in Bayern. Eine vergleichende Analyse, Freiburg 1984.

[19] Der Mann mit Eigenschaften. Rudolf Augstein über die „Erinnerungen" von Franz Josef Strauß, in: Spiegel, 28. 8. 1989, S. 28–40.

4. Kapitel: Deutsche Wiedervereinigung, Europäische Union und Spätzeit der Regierung Kohl (1989–1998), S. 125–161

[1] Daimler kann bei MBB das Steuer übernehmen, Süddeutsche Zeitung, 9. 11. 1988, S. 30; Huck u. a., Rüstungsindustrie; Alle Waffen unter einem guten Stern, in: Die Zeit, 7. 4. 1989, S. 15–18.

[2] Feldenkirchen, Siemens; Plettner, Abenteuer Elektrotechnik.

[3] Barbara Himmel, Öffnung des Grenzübergangs zwischen Sonneberg und Neustadt bei Coburg vor zehn Jahren, in: Der Staatsbürger. Beilage zur Bayerischen Staatszeitung 9 (1999), S. 2–4.

[4] Hans Modrow, Ich wollte ein neues Deutschland, Berlin 1998.

[5] Ute Schmidt, Transformation einer Volkspartei – Die CDU im Prozeß der deutschen Vereinigung, in: Oskar Niedermayer u. Richard Stöss (Hg.), Parteien und Wähler im Umbruch. Parteiensystem und Wählerverhalten in der ehemaligen DDR und den neuen Bundesländern, Opladen 1994, S. 37–74; Wolfgang Jäger u. Michael Walter, Die Allianz für Deutschland: CDU, Demokratischer Aufbruch und Deutsche Soziale Union 1989/90, Köln u. a. 1998, S. 149–202.

[6] Theo Waigel u. Manfred Schell (Hg.), Tage, die Deutschland und die Welt veränderten. Vom Mauerfall zum Kaukasus. Die deutsche Währungsunion, 2. Aufl., München 1994; Hans Klein, Es begann im Kaukasus. Die entscheidenden Schritte in die Einheit Deutschlands, Frankfurt 1991; Johannes Leithäuser, Die Anwesenden beschreiben den Abwesenden, in: Frankfurter Allgemeine Zeitung, 16. 11. 2000, S. 7.

[7] Max Strauß wurde im Juli 2004 wegen Steuerhinterziehung zu drei Jahren und drei Monaten Haft ohne Bewährung verurteilt. Diese Entscheidung wurde jedoch im Oktober 2005 vom Bundesgerichtshof wieder aufgehoben [red. Anm.].

8 Merklich kühler. Was weiß Edmund Stoiber über die trickreichen Wege der Finanzierung der CSU? In seiner Partei fürchtet man peinliche Fragen des Spenden-Untersuchungsausschusses im Bundestag, in: Spiegel, 3.6.2002, S. 50. Erst im Sommer 2004 konnte Pfahls in Paris verhaftet werden. Nach seiner Auslieferung nach Deutschland wurde er im August wegen Steuerhinterziehung und Vorteilsnahme zu einer Haftstrafe von zwei Jahren und drei Monaten verurteilt. Pfahls wurde jedoch bereits am 1. September 2005 unter Anrechnung seiner Auslieferungshaft in Frankreich, nach 13,5 Monaten Haft unter Auflagen wieder freigelassen [red. Anm.].

9 Von dieser Tätigkeit berichtet etwa Werner Heermann, Erfahrungen aus zwei bewegten Jahren richterlicher Tätigkeit in Thüringen, Bayerische Verwaltungsblätter 39 (1993), S. 617–621.

10 Balke, „Sie waren die Ersten ...", S. 148–163.

11 Der König von Hof, in: Die Zeit, 13.5.2004, S. 30 f.

12 Hans Leyendecker, Die Korruptionsfalle. Wie unser Land im Filz versinkt, Reinbek 2003.

13 Hans-Dieter Haas u. a., Die Internationalisierung der bayerischen Wirtschaft im Spiegel der Direktinvestitionen, in: Sicherung des Wirtschaftsstandortes Bayern durch Landesentwicklung, hg. v. d. Akademie für Raumforschung und Landesplanung, Hannover 1997, S. 80–89.

14 Bayerischer Agrarbericht 2000, hg. v. Bayerischen Staatsministerium für Ernährung, Landwirtschaft und Forsten, München 2000, S. 65 f. u. S. 70.

15 Ebd., S. 173–176.

16 Hubert Hierl (Hg.), Europa der Regionen. Eine Idee setzt sich durch. Ausschuß der Regionen, Bonn 1995.

17 Werner Filmer u. Heribert Schwan, Roman Herzog. Die Biographie, München 1996.

18 Balke, „Sie waren die Ersten ...", S. 80–91.

19 Ulrike Albrecht, Türkei in München, hg. v. der AusländerInnenbeauftragten der Landeshauptstadt München, München 1998.

5. Kapitel: Berliner Republik, Globalisierung und Europa-Osterweiterung (seit 1999), S. 163–192

1 Wolfgang Stock, Angela Merkel. Eine politische Biographie, 2. erw. u. überarb. Aufl., München 2005.

2 Bayern auf Patrouille in Kabul, in: Bayernkurier, 18.6.2003, S. 3.

3 Immer unter Strom und immer im Dienst, in: Augsburger Allgemeine, 14.5.2003, S. 3.

4 Die Bayern im Vatikan. Eine Spurensuche, in: Bayernkurier, 15.4.2004, S. 19.

5 Cathrin Klingsöhr-Leroy, Die Pinakothek der Moderne München. Malerei, Skulptur, Fotografie, Videokunst, München u. London 2005.

6 Red. Anm.: Das Gesetz trat zum 1. Januar 2005 in Kraft.

203

Bibliographie

1. Quellen

1.1 Autobiographische Literatur

Walter Althammer, Abgeordnete des Deutschen Bundestages. Aufzeichnungen und Erinnerungen, Bd. 16, München 2002.

Walter Becher, Zeitzeuge. Ein Lebensbericht, München 1990.

Hermann Dietzfelbinger, Veränderung und Beständigkeit. Erinnerungen, München 1984.

Alexander Dubček, Leben für die Freiheit, München 1993.

Josef Ertl (Vortrag am 20. 2. 1986), in: Hans-Otto Mühleisen u. Theo Stammen (Hg.), Politik aus Bayerisch-Schwaben. Autobiographische Vorträge 1983–1988, München 1989, S. 93–107.

Thomas Goppel, Lästern war streng verboten: Die Goppels predigten Toleranz. Ein Interview mit Waltraud Taschner, in: Maximilianeum. Aus dem Bayerischen Landtag 13 (2001), S. 133.

Johannes Hanselmann, Ja, mit Gottes Hilfe. Lebenserinnerungen, München 2000.

Werner Heermann, Erfahrungen aus zwei bewegten Jahren richterlicher Tätigkeit in Thüringen, Bayerische Verwaltungsblätter 39 (1993), S. 617–621.

Ludwig Huber, Mein politischer Weg, in: Karl Böck (Hg.), Was nicht in den Akten steht … Für Ludwig Huber zum 65. Geburtstag, München 1996, S. 59–88.

Herbert Hupka, Unruhiges Gewissen. Ein deutscher Lebenslauf. Erinnerungen, München 1994.

Hans Ulrich Kempski, Um die Macht. Sternstunden und sonstige Abenteuer mit den Bonner Bundeskanzlern 1949 bis 1999, Berlin 1999.

Helmut Kohl, Erinnerungen, Bd. 1: 1930–1982, München 2004.

Ders., Erinnerungen, Bd. 2: 1982–1990, München 2005.

Bruno Merk (Vortrag am 12. 11. 1987), in: Hans-Otto Mühleisen u. Theo Stammen (Hg.), Politik aus Bayerisch-Schwaben. Autobiographische Vorträge 1983–1988, München 1989, S. 121–134.

Ders., Klarstellungen, Günzburg/Donau 1996.

Hans Modrow, Ich wollte ein neues Deutschland, Berlin 1998.

Jürgen W. Möllemann, Klartext. Für Deutschland, München 2003.

Joseph Ratzinger, Aus meinem Leben. Erinnerungen 1927–1977, München 1998.

Alexander Schalck-Golodkowski, Deutsch-deutsche Erinnerungen, Reinbek 2000.

Franz Schönhuber, Freunde in der Not, München u. Wien 1983.

Ders., In Acht und Bann. Politische Inquisition in Deutschland, 2. Aufl., Berg/Starnberger See 1996.

Franz Josef Strauß, Erinnerungen, Berlin 1989.

Richard Stücklen, Mit Humor und Augenmaß. Geschichten, Anekdoten und eine Enthüllung, Forchheim 2001.

Hans-Jochen Vogel, Die Amtskette. Meine zwölf Münchner Jahre. Ein Erlebnisbericht, München 1972.

Ders., Nachsichten. Meine Bonner und Berliner Jahre, München 1996.

Wolfgang Wagner, Lebens-Akte. Autobiographie, München 1994.

Hans Werner-Henze, Reiselieder mit böhmischen Quinten. Autobiographische Mitteilungen 1926–1995, Frankfurt 1996.

Friedrich Zimmermann, Kabinettstücke. Politik mit Strauß und Kohl 1976–1991, München 1991.

1.2 Presse

Augsburger Allgemeine
Bayernkurier
Frankfurter Allgemeine Zeitung
Münchner Merkur
Spiegel
Süddeutsche Zeitung
Die Zeit

1.3 Sonstige gedruckte Quellen

Bayerisches Landesamt für Statistik und Datenverarbeitung (Hg.), Volkswirtschaftliche Gesamtrechnung für Bayern: Entstehung, Verteilung und Verwendung des Sozialprodukts. Revidierte Ergebnisse von 1960 bis 1982. Berechnungsstand Mai 1982, München 1983.

Bayerisches Landesamt für Statistik und Datenverarbeitung (Hg.), Volkszählung 1987, Teil A1/9: Strukturdaten der römisch-katholischen Bevölkerung in Bayern nach Diözesen, Regionen und Dekanaten, München 1989.

Bayerisches Landesamt für Statistik und Datenverarbeitung (Hg.), Volkszählung 1987, Teil A1/8: Strukturdaten der evangelischen Bevölkerung in Bayern nach Kirchenkreisen und Dekanaten, München 1989.

Bayerisches Staatsministerium des Innern (Hg.), Verordnung zur Neugliederung Bayerns in Landkreise und kreisfreie Städte: Gesetz zur Neuabgrenzung der Regierungsbezirke vom 27. Dezember 1971, München 1972.

Bayerisches Staatsministerium für Ernährung, Landwirtschaft und Forsten (Hg.), Bayerischer Agrarbericht 2000, München 2000.

Deutsches Industrieinstitut (Hg.), Das Wirtschaftsvermögen der deutschen Bundesländer, Köln 1963.

Corinna Franz (Bearb.), Die CDU/CSU-Fraktion im Deutschen Bundestag. Sitzungsprotokolle 1961–1966, Teilbd. 1: September 1961–Juli 1963, Düsseldorf 2004.

Dies. (Bearb.), CDU. Christlich-Demokratische Union. Mitgliedschaft und Sozialstruktur, in: Corinna Franz u. Oliver Gnad (Bearb.), Handbuch zur Statistik der Parlamente und Parteien in den westlichen Besatzungszonen und in der Bundesrepublik Deutschland. Teilband II: CDU und CSU. Mitgliedschaft und Sozialstruktur 1945–1990, Düsseldorf 2005, S. 33–513.

Oliver Gnad (Bearb.), CSU. Christlich-Soziale Union. Mitgliedschaft und Sozialstruktur, in: Corinna Franz u. Oliver Gnad (Bearb.), Handbuch zur Statistik der Parlamente und Parteien in den westlichen Besatzungszonen und in der Bundesrepublik Deutschland. Teilband II: CDU und CSU. Mitgliedschaft und Sozialstruktur 1945–1990, Düsseldorf 2005, S. 515–858.

Erich Honecker, Moabiter Notizen. Letztes schriftliches Zeugnis und Gesprächsprotokolle vom BRD-Besuch 1987 aus dem persönlichen Besitz Erich Honeckers, 2. Aufl., Berlin 1994.

Petra Kelly, Lebe, als müsstest Du heute sterben: Texte und Interviews, Düsseldorf 1997.

Hildegard Kronawitter, Ein politisches Leben. Gespräche mit Volkmar Gabert, München 1996.

Oekumenisches Pfingsttreffen Augsburg 1971. Dokumente, hg. v. Deutschen Evangelischen Kirchentag und vom Zentralkomitee der Deutschen Katholiken, Stuttgart u. Paderborn 1971.

Heinrich Potthoff (Bearb.), Die SPD-Fraktion im Deutschen Bundestag. Sitzungsprotokolle 1961–1966, Erster Halbbd.: 1.–72. Sitzung 1961–1963, Düsseldorf 1993.

Schlußbericht des Untersuchungsausschusses (06. 07. 94): Verhandlungen des Bayerischen Landtags. XII. Wahlperiode 1990/94, Drucksachen Band 42: Drs. 16401–16650, München 1994, hier Drs. 16598, S. 39.

Stenographischer Bericht (7/17) der 17. Sitzung des Bayerischen Landtags vom 22. 6. 1971. Aktuelle Stunde zum Thema: „Die augenblickliche Lage der ausländischen Arbeitnehmer in Bayern", in: Verhandlungen des Bayerischen Landtags. VII. Wahlperiode 1970/74. Stenographische Berichte Nr. 1–22. 1. Sitzung am 3. Dezember 1970 bis zur 22. Sitzung am 15. Juli 1971. Bd. 1, München 1972, S. 775–789.

2. Sekundärliteratur

Karlies Absmeier u. Karl-Joseph Hummel, Der Katholizismus in der Bundesrepublik Deutschland 1980–1993. Eine Bibliographie, Paderborn 1997.

Ulrike Albrecht, Türkei in München, hg. v. der AusländerInnenbeauftragten der Landeshauptstadt München, München 1998.

Stefan Aust, Der Baader-Meinhof-Komplex, erw. u. aktualisierte Ausg., Hamburg 1997.

Hilde Balke, „Sie waren die Ersten ... Frauen im Bayerischen Landtag nach 1945", München 1996.

Arnulf Baring, Machtwechsel. Die Ära Brandt-Scheel, Stuttgart 1982.

Thomas P. Becker u. Ute Schröder (Hg.), Die Studentenproteste der 60er Jahre. Archivführer – Chronik – Bibliographie, Köln–Weimar–Wien 2000.

Winfried Becker, Franz Josef Strauß (1915–1988), in: Jürgen Aretz u. a. (Hg.), Zeitgeschichte in Lebensbildern. Aus dem deutschen Katholizismus des 19. und 20. Jahrhunderts, Bd. 7, Mainz 1994, S. 227–244.

Manfred Behrend, Franz Josef Strauß. Eine politische Biographie, Köln 1995.

Wolfram Bickerich, Franz Josef Strauß. Die Biographie, München u. a. 1996.

Josef H. Biller u. Hans-Peter Rasp, München. Kunst- und Kulturlexikon. Stadtführer und Handbuch, München 1978.

Josef Birkenhauer (Hg.), München. Weltstadt in Bayern, Kallmünz 1987.

Hermann Blendinger, Aufbruch der Kirche in die Moderne. Die Evangelisch-Lutherische Kirche in Bayern 1945–1990, Stuttgart u. a. 2000.

Werner K. Blessing, Pompe funèbre für F.J.S. Zur politischen Repräsentation in der

Demokratie, in: Helmut Altrichter (Hg.), Bilder erzählen Geschichte, Freiburg im Breisgau 1995, S. 299–338.

Dieter Blumenwitz, Der Prager Vertrag. Eine Einführung und Dokumentation zum Vertrag vom 11. Dezember 1973 unter besonderer Berücksichtigung des Münchner Abkommens und seiner Auswirkung auf Deutschland als Ganzes, Bonn 1985.

Reinhold L. Bocklet (Hg.), Das Regierungssystem des Freistaates Bayern, 2 Bde., München 1979.

Karl Böck, Die Änderung des Bayerischen Konkordats von 1968. Das Ende der Auseinandersetzungen über die Bekenntnisschule und die rechtliche Sicherung katholischer Erziehung in Bayern. Vortrag anläßlich der Verleihung der Ehrendoktorwürde durch die Katholisch-Theologische Fakultät der Universität Augsburg am 17. Februar 1989, Augsburg 1989.

Christian Böhmer, Grete Schickedanz. Vom Lehrmädchen zur Versandhauskönigin, Berlin 1996.

Hermann Bößenecker, Bayern, Bosse und Bilanzen. Hinter den Kulissen der weißblauen Wirtschaft, München u. a. 1972.

Peter Borscheid, 100 Jahre Allianz 1890–1990, München 1990.

Walter Brandmüller (Hg.), Handbuch der bayerischen Kirchengeschichte, Bd. 3: Vom Reichsdeputationshauptschluß bis zum Zweiten Vatikanischen Konzil, St. Ottilien 1991.

Christl Bronnenmeyer, Max Grundig, Berlin 1999.

Werner Burger, Die CDU in Baden-Württemberg und die CSU in Bayern. Eine vergleichende Analyse, Freiburg 1984.

Ulrich Chaussy, Oktoberfest. Ein Attentat, Darmstadt u. Neuwied 1985.

Klaus Dreher, Helmut Kohl. Leben mit Macht, Stuttgart 1998.

Andreas Eichmüller, Landwirtschaft und bäuerliche Bevölkerung in Bayern. Ökonomischer und sozialer Wandel 1945–1970. Eine vergleichende Untersuchung der Landkreise Erding, Kötzting und Obernburg, München 1997.

Wilfried Feldenkirchen, Siemens: von der Werkstatt zum Weltunternehmen, München 1997.

Werner Filmer u. Heribert Schwan, Roman Herzog. Die Biographie, München 1996.

Johann Freudenreich, Die neue Kriminalität. Bomben, Rauschgift, Menschenraub, München 1973.

Alfons Frey, Die industrielle Entwicklung Bayerns von 1925–1975. Eine vergleichende Untersuchung über die Rolle städtischer Agglomerationen im Industrialisierungsprozess, Berlin 2003.

Pankraz Fried, Die Sozialentwicklung im Bauerntum und Landvolk, in: Handbuch der bayerischen Geschichte, begr. v. Max Spindler, hg. von Andreas Kraus, Bd. 4: Das neue Bayern 1800–1970, Teilbd. 2, München 1979, S. 751–780.

Gerhard Friedl, Max Streibl. Bayerischer Ministerpräsident, München 1989.

Gerhard Fürmetz (Konzeption u. Bearb.), Protest oder „Störung"? Studenten und Staatsmacht in München um 1968. Eine Ausstellung des Staatsarchivs München [28. Oktober 1999 bis 7. Januar 2000], München 1999.

Herbert R. Ganslandt, Die '68er Jahre und die Friedrich-Alexander-Universität, in: Henning Kößler (Hg.), 250 Jahre Friedrich-Alexander-Universität Erlangen-Nürnberg. Festschrift, Erlangen 1993, S. 839–870.

Karl-Ulrich Gelberg, Alfons Goppel (1905–1991), in: Jürgen Aretz u. a. (Hg.), Zeitgeschichte in Lebensbildern. Aus dem deutschen Katholizismus des 19. und 20. Jahrhunderts, Bd. 10, Münster 2001, S. 261–279.

Ders., Vom Kriegsende bis zum Ausgang der Ära Goppel (1945–78), in: Alois Schmid (Hg.), Handbuch der bayerischen Geschichte, Bd. 4: Das neue Bayern von 1800 bis zur Gegenwart, Teilbd. 1, 2., völlig neu bearb. Aufl., München 2003, S. 635–956.

Walter Grasser u. Friedrich H. Hettler, Der „rote Schorsch". Georg Kronawitter – ein bayerischer Politiker, Wallmoden 1998.

Hans-Dieter Haas u. a., Die Internationalisierung der bayerischen Wirtschaft im Spiegel der Direktinvestitionen, in: Sicherung des Wirtschaftsstandortes Bayern durch Landesentwicklung, hg. v. d. Akadmie für Raumforschung und Landesplanung, Hannover 1997, S. 80–89.

Christian Hacke, Die deutschlandpolitischen Konzeptionen von CDU und CSU in der Oppositionszeit (1969–1982), Historisch-Politische Mitteilungen 1 (1994), S. 33–48.

Rudolf Hagelstange (Red.), Die Spiele der XX. Olympiade München–Kiel 1972 und die XI. Olympischen Winterspiele Sapporo 1972, München 1972.

Burkhard Haneke (Hg.), Geschichte einer Volkspartei. 50 Jahre CSU. 1945–1995, Grünwald 1995.

Joachim Hauschild, Philip Rosenthal, Berlin 1999.

Helge Heidemeyer, Bayerische Aktivitäten im Bundesrat 1949–1969, in: ZBLG 67 (2004), S. 701–735.

Stefan Hemler, München '68 – war da was? Überlegungen zur Erforschung der Studentenbewegung anhand bedeutsamer Marginalien, in: 1999. Zeitschrift für Sozialgeschichte des 20. und 21. Jahrhunderts 13 (1998), S. 117–136.

Volker Hentschel, Ludwig Erhard. Ein Politikerleben, Berlin 1998.

Hubert Hierl (Hg.), Europa der Regionen. Eine Idee setzt sich durch. Ausschuß der Regionen, Bonn 1995.

Klaus Hildebrand, Ludwig Erhard 1897–1977, in: Lothar Gall (Hg.), Die großen Deutschen unserer Epoche, Berlin 1995, S. 368–378.

Barbara Himmel, Öffnung des Grenzübergangs zwischen Sonneberg und Neustadt bei Coburg vor zehn Jahren, in: Der Staatsbürger. Beilage zur Bayerischen Staatszeitung 9 (1999), S. 2–4.

Karl Hohmann, Ludwig Erhard (1897–1977), in: Alfred Wendehorst u. Gerhard Pfeiffer (Hg.), Fränkische Lebensbilder, Bd. 11, Neustadt/Aisch 1984, S. 211–245.

Volker Hornung, Zehn Jahre Grundlagenvertrag 1972–1982, Rheinfelden 1985.

Ludwig Huber, Schulreform aus erster Hand. Von der Bekenntnisschule zu einer modernen Schulstruktur, in: Karl Böck (Hg.), Was nicht in den Akten steht … Für Ludwig Huber zum 65. Geburtstag, München 1996, S. 89–110.

Ders., Hans Maier. Wegbereiter moderner beruflicher Bildung, hg. v. Verband der Lehrer an Beruflichen Schulen in Bayern, München 2001.

Burkhardt J. Huck u. a., Rüstungsindustrie und Rüstungskonversion in der Region München. Firmen, Produkte, Beschäftigte und Perspektiven für die 90er Jahre, Frankfurt u. a. 1989.

Martin Hübler, Die Europapolitik des Freistaats Bayern. Von der Einheitlichen Europäischen Akte bis zum Amsterdamer Vertrag, München 2002.

Alfred Hyna u. Milada Krausová, Die Besetzung Westböhmens im Jahr 1968 in der Berichterstattung der bayerischen Presse, in: ZBLG 65 (2002), S. 563–581.

Wolfgang Jäger u. Michael Walter, Die Allianz für Deutschland: CDU, Demokratischer Aufbruch und Deutsche Soziale Union 1989/90, Köln u. a. 1998.

Hans-Gerd Jaschke, Die Republikaner. Profile einer Rechtsaußen-Partei, 2., aktualisierte u. erw. Aufl., Bonn 1993.

Rüdiger Jungbluth, Die Quandts. Ihr leiser Aufstieg zur mächtigsten Wirtschaftsdynastie Deutschlands, Frankfurt/M. 2002.

Wulf-Dietrich Kavasch (Hg.), Anton Jaumann, 5. Dezember 1927–23. Januar 1994, in: Ders., Lebensbilder aus dem Ries. Vom 13. Jahrhundert bis zur Gegenwart, Nördlingen 2002, S. 720–737.

Ulrich Kirchner, Geschichte des bundesdeutschen Verkehrsflugzeugbaus. Der lange Weg zum Airbus, Frankfurt/M. u. New York 1998.

Hans Klein, Es begann im Kaukasus. Die entscheidenden Schritte in die Einheit Deutschlands, Frankfurt 1991.

Elmar Klinger (Hg.), Christentum innerhalb und außerhalb der Kirche. Karl Rahner zugeeignet, Freiburg u. a. 1976.

Cathrin Klingsöhr-Leroy, Die Pinakothek der Moderne München. Malerei, Skulptur, Fotografie, Videokunst, München u. London 2005.

Peter Koch, München als Versicherungsstadt, München 1960.

Ders., Das Duell. Franz Josef Strauß gegen Helmut Schmidt, 2. Aufl., Hamburg 1980.

Peter Jakob Kock, Der bayerische Landtag. Eine Chronik, Würzburg 1996.

Richard Kölbel, Käte Strobel (1907–1996): Ehrenbürgerin der Stadt Nürnberg und Bundesministerin für Jugend, Familie und Gesundheit, in: Mitteilungen des Vereins für die Geschichte der Stadt Nürnberg 88 (2001), S. 233–253.

Ders., Käte Strobel (1907–1996), in: Erich Schneider (Hg.), Fränkische Lebensbilder, Bd. 19, Neustadt/Aisch 2002, S. 219–234.

Peter Köpf, Stoiber. Die Biographie, Hamburg u. Wien 2001.

Karl Rudolf Korte, Deutschlandpolitik in Helmut Kohls Kanzlerschaft. Regierungsstil und Entscheidungsprozesse 1982–1989, Stuttgart 1998.

Winfried Kretschmer, Wackersdorf: Wiederaufarbeitung im Widerstreit, in: Ulrich Linse u. a. (Hg.), Von der Bittschrift zur Platzbesetzung. Konflikte um technische Großprojekte. Laufenburg, Walchensee, Wyhl, Wackersdorf, Berlin u. Bonn 1988, S. 165–218.

Wolfgang Krieger, Franz Josef Strauß. Der barocke Demokrat aus Bayern, Göttingen u. Zürich 1995.

Christiane Kuller, „Stiefkind der Gesellschaft" oder „Trägerin der Erneuerung"? Familien und Familienpolitik in Bayern 1945 bis 1974, in: Thomas Schlemmer u. Hans Woller (Hg.), Bayern im Bund, Bd. 2: Gesellschaft im Wandel 1949 bis 1973, München 2002, S. 269–345.

Dies., Familienpolitik im föderativen Sozialstaat. Die Formierung eines Politikfeldes in der Bundesrepublik 1949–1975, München 2004.

Jörg Lau, Hans M. Enzensberger. Ein öffentliches Leben, Berlin 1999.

Claus Leggewie (Hg.), Die Republikaner. Phantombild der Neuen Rechten, Berlin 1989.

Thomas Leuerer, Die Stationierung amerikanischer Streitkräfte in Deutschland: Militärgemeinden der U.S. Army in Deutschland seit 1945 als ziviles Element der Stationierungspolitik der Vereinigten Staaten, Würzburg 1997.

Hans Leyendecker, Die Korruptionsfalle. Wie unser Land im Filz versinkt, Reinbek 2003.

Max Liedtke (Hg.), Handbuch der Geschichte des bayerischen Bildungswesens, Bd. 3: Geschichte der Schule in Bayern von 1918 bis 1990, Bad Heilbrunn 1997.

Ders. (Hg.), Handbuch der Geschichte des bayerischen Bildungswesens, Bd. 4/1: Geschichte der Schule in Bayern. Epochenübergreifende Spezialuntersuchungen, Bad Heilbrunn 1997.

Bernhard Löffler, Ludwig Erhard und Bayern. Überlegungen zu Bedeutung und Grenzen regionaler Bindung eines Politikers, in: Konrad Ackermann u. Alois Schmid (Hg.), Staat und Verwaltung in Bayern. Festschrift für Wilhelm Volkert zum 75. Geburtstag, München 2003, S. 725–750.

Ders., Soziale Marktwirtschaft und administrative Praxis. Das Bundeswirtschaftsministerium unter Ludwig Erhard 1949–1963, Stuttgart 2003.

Ludwig Maaßen, Der Kampf um den Rundfunk in Bayern. Rundfunkpolitik in Bayern 1945 bis 1973, Berlin 1979.

Hans Maier u. Hermann Bott, Die NPD. Struktur und Ideologie einer „nationalen Rechtspartei", 2., erw. Aufl., München 1968.

Hans Maier, Strauß als Rhetor. Redekunst und Parlamentarismus heute, in: Friedrich Zimmermann u. Kurt Biedenkopf (Hg.) Anspruch und Leistung. Widmungen für Franz Josef Strauß, Stuttgart 1980, S. 261–280.

Siegfried Marnitz, Die Gemeinschaftsaufgaben des Artikels 91a GG als Versuch einer verfassungsrechtlichen Institutionalisierung der bundesstaatlichen Kooperation. Eine verfassungsrechtliche und verfassungspolitische Untersuchung, Berlin 1974.

Michael Martin, Ökumenische Entwicklungen und interreligiöse Kontakte, in: Gerhard Müller u. a. (Hg.), Handbuch der Geschichte der evangelischen Kirche in Bayern, Bd. 2: 1800–2000, St. Ottilien 2000, S. 525–539.

Hugo Maser, Evangelische Kirche im demokratischen Staat. Der bayerische Kirchenvertrag von 1924 als Modell für das Verhältnis von Staat und Kirche, München 1983.

Alfred Mechtersheimer u. Peter Barth, Militarisierungsatlas der Bundesrepublik Deutschland. Streitkräfte, Waffen und Standorte. Kosten und Risiken, Darmstadt u. Neuwied 1986.

Bruno Merk, Sinn oder Unsinn? Eine Nachbetrachtung der bayerischen Gebietsreform. Vortrag am Donnerstag, 21. 09. 2000 im Großen Sitzungssaal des Landratsamtes Augsburg, in: Jahresbericht des Heimatvereins für den Landkreis Augsburg 27 (2000), S. 185–198.

Doris Middendorf, Die Politik des CSU-Abgeordneten von Guttenberg, Diss., München 1980.

Alf Mintzel, Die CSU. Anatomie einer konservativen Partei 1945–1972, 2. Aufl., Opladen 1978.

Horst Möller, Franz Josef Strauß 1915–1988, in: Lothar Gall (Hg.), Die großen Deutschen unserer Epoche, Berlin 1995, S. 535–553.

Gerhard Müller, Kirchliche Zusammenschlüsse, in: Gerhard Müller u. a. (Hg.), Handbuch der Geschichte der evangelischen Kirche in Bayern, Bd. 2: 1800–2000, St. Ottilien 2000, S. 509–524.

Winfried Müller u. a., „Vor uns liegt ein Bildungszeitalter". Umbau und Expansion – das bayerische Bildungssystem 1950 bis 1975, in: Thomas Schlemmer u. Hans Woller (Hg.), Bayern im Bund, Bd. 1: Die Erschließung des Landes 1949 bis 1973, München 2001, S. 273–355.

Gabi Müller-Ballin (Hg.), Xenitia. Griechinnen und Griechen in Nürnberg 1960–1996. Erinnerungen, Stationen, Berichte, Nürnberg 1996.

Ursula Münch, Freistaat im Bundesstaat. Bayerns Politik in 50 Jahren Bundesrepublik Deutschland, München 1999.

Otfried Nassauer, Rüstung zu Wasser, zu Lande und in der Luft: Messerschmidt – Bölkow – Blohm, in: Jo Angerer u. Erich Schmidt-Eenboom (Hg.), Rüstung in Weiß-Blau. Politik und Waffenwirtschaft in Bayern, Starnberg 1988, S. 38–63.

Rudolf Ohlbaum, Bayerns vierter Stamm – Die Sudetendeutschen. Herkunft–Neubeginn–Persönlichkeiten, 2. Aufl., München 1981.

Rainer Ostermann (Hg.), Freiheit für den Freistaat. Kleine Geschichte der bayerischen SPD, Essen 1994.

Jan Pauer, Prag 1968: Der Einmarsch des Warschauer Paktes. Hintergründe – Planung – Durchführung, Bremen 1995.

Bernhard Plettner, Abenteuer Elektrotechnik. Siemens und die Entwicklung der Elektrotechnik seit 1945, München u. Zürich 1994.

Simon Reeve, One Day in September. The Story of the 1972 Munich Olympics Massacre, a government cover-up and a covert revenge mission, London 2000.

Andreas Renz, Die Studentenproteste von 1967/68 im Spiegel der Münchner Presse, München 1992.

Heinz Rosenbauer, Rudolf Hanauer – Lebensbild eines bayerischen Parlamentspräsidenten, in: Heinz Rosenbauer u. Volkmar Gabert (Hg.), Parlamentarismus und Föderalismus. Festschrift für Rudolf Hanauer aus Anlaß seines 70. Geburtstages, München 1978, S. 7–25.

Robert Roßmann u. Hans Kratzer (Hg.), Stadt, Land, Wort. Bayerns Literaten: 22 Porträts, Waldkirchen 2004.

Dieter Roth, Die Republikaner. Schneller Aufstieg und tiefer Fall einer Protestpartei am rechten Rand, in: APuZ 37/38 (1990), S. 27–39.

Wilfried Rudloff, Im Schatten des Wirtschaftswunders. Soziale Probleme, Randgruppen und Subkulturen 1949 bis 1973, in: Thomas Schlemmer u. Hans Woller (Hg.), Bayern im Bund, Bd. 2: Gesellschaft im Wandel 1949 bis 1973, München 2002, S. 347–467.

Adolf Sandberger, Die Landwirtschaft, in: Handbuch der bayerischen Geschichte, begr. v. Max Spindler, hg. von Andreas Kraus, Bd. 4: Das neue Bayern 1800–1970, Teilbd. 2, München 1979, S. 732–748.

Hans Schachtner (Hg.), Der Papst in Bayern. Ein Buch der Erinnerung, München 1980.

Ute Schmidt, Transformation einer Volkspartei – Die CDU im Prozeß der deutschen Vereinigung, in: Oskar Niedermayer u. Richard Stöss (Hg.), Parteien und Wähler im Umbruch. Parteiensystem und Wählerverhalten in der ehemaligen DDR und den neuen Bundesländern, Opladen 1994, S. 37–74.

Jürgen Schneider (unter Mitarbeit von Peter Moser), Gustav Schickedanz (1895–1977), in: Alfred Wendehorst u. Gerhard Pfeiffer (Hg.), Fränkische Lebensbilder, Bd. 12, Neustadt/Aisch 1986, S. 306–327.

Hermann Schreiber, Der Kanzlersturz. Warum Willy Brandt zurücktrat, München 2003.

Klaus Schreyer, Bayern – ein Industriestaat. Die importierte Industrialisierung. Das wirtschaftliche Wachstum nach 1945 als Ordnungs- und Strukturproblem, München 1969.

Venanz Schubert (Hg.), 1968. 30 Jahre danach, St. Ottilien 1999.

Walter J. Schütz (Hg.), Aus der Schule der Diplomatie. Beiträge zu Außenpolitik, Recht, Kultur, Menschenführung. Festschrift zum 70. Geburtstag von Peter H. Pfeiffer, Düsseldorf–Wien 1965.

Georg Schwaiger (Hg.), Das Erzbistum München und Freising im 19. und 20. Jahrhundert, 2 Bde., München 1984.

Alice Schwarzer, Eine tödliche Liebe. Petra Kelly und Gert Bastian, 9. Aufl., Köln 1993.

Jürgen Seidl, Die bayerischen Motorenwerke (BMW). Staatlicher Rahmen und unternehmerisches Handeln 1945–1969, München 2002.

Peter Siebenmorgen, Franz Josef Strauß: ein Leben im Übermaß, München 2002.

Stefanie Siebers-Gfaller, Von Utopia nach Europa: Alfons Goppel 01.10. 1905 bis 24.12.1991. Biographische Notizen, München 1996.

Peter von Siemens, Die Elektroindustrie als Beispiel für die leistungsfähige und zukunftsorientierte Wirtschaft Bayerns, in: Ludwig Huber (Hg.), Bayern, Deutschland, Europa. Festschrift für Alfons Goppel zum 70. Geburtstag, Passau 1975, S. 173–179.

Kurt Georg von Stackelberg, Attentat auf Deutschlands Talisman. Ludwig Erhards Sturz. Hintergründe, Konsequenzen, Stuttgart u. a. 1967.

Theo Stammen u. Hans-Otto Mühleisen (Hg.), Gemeinde- und Gebietsreform in Bayern. Politikwissenschaftliche Fragen und Untersuchungen 10 Jahre nach Abschluß der Reformmaßnahmen. Forschungsbericht der Lehrstühle für Politikwissenschaft an der Universität Augsburg, Augsburg 1986.

Michael Stephan (Bearb.), Wirtschaftsminister Anton Jaumann (1927–1994). Eine Ausstellung aus dem neuerworbenen Nachlaß anläßlich seines 70. Geburtstags, München 1997.

Michael Stiller, Die Republikaner. Franz Schönhuber und seine rechtsradikale Partei, München 1989.

Ders., Strauß, Schreiber & Co. Das weißblaue Amigo-System, in: Hans Leyenecker u. a. (Hg.), Helmut Kohl. Die Macht und das Geld, Göttingen 2000, S. 245–472.

Ders., Edmund Stoiber. Der Kandidat, München 2002.

Wolfgang Stock, Angela Merkel. Eine politische Biographie, 2., erw. u. überarb. Aufl., München 2005.

Richard Stöss, Die Republikaner. Woher sie kommen, was sie wollen, wer sie wählt, was zu tun ist, 2., überarb. u. erw. Aufl., Köln 1990.

Daniela Taschler, Vor neuen Herausforderungen. Die außen- und deutschlandpolitische Debatte in der CDU/CSU-Bundestagsfraktion während der Großen Koalition (1966–1969), Düsseldorf 2001.

Anselm Tiggemann, CDU/CSU und die Ost- und Deutschlandpolitik 1969–1972. Zur „Innenpolitik der Außenpolitik" der ersten Regierung Brandt/Scheel, Frankfurt/M. u. a. 1998.

Joachim Track, Theologische Strömungen, in: Gerhard Müller u. a. (Hg.), Handbuch der Geschichte der evangelischen Kirche in Bayern, Bd. 2: 1800–2000, St. Ottilien 2000, S. 493–508.

Reiner Vogel, Hermann Höcherl. Annäherung an einen politischen Menschen, Regensburg 1988.

Theo Waigel u. Manfred Schell (Hg.), Tage, die Deutschland und die Welt veränderten. Vom Mauerfall zum Kaukasus. Die deutsche Währungsunion, 2. Aufl., München 1994.

Helmut Wald-Wagenburg u. Hans Klein, Franz Josef Strauß. Großer Bildband, Percha 1979.

Christian Wallenreiter, Versuch einer Bilanz, in: Internationale Vierteljahresschrift Fernsehen und Bildung 7 (1973), S. 269–286.

Eduard Wallnöfer, Föderalistische Ordnung und internationale Zusammenarbeit am Beispiel der „Arbeitsgemeinschaft Alpenländer", in: Ludwig Huber (Hg.), Bayern, Deutschland, Europa. Festschrift für Alfons Goppel zum 70. Geburtstag, Passau 1975, S. 129–143.

Udo Wengst, Willy Brandt und Franz Josef Strauß – Ihre „Erinnerungen" im Vergleich, in: HZ 252 (1991), S. 627–641.

Rainer Wieland (Hg.), Der Zorn altert, die Ironie ist unsterblich. Über Hans M. Enzensberger, Frankfurt/M. 1999.

Franz Florian Winter, Ich glaubte an die NPD, Mainz 1968.

Ulrich Wirz, Karl Theodor von und zu Guttenberg und das Zustandekommen der Großen Koalition, Grub am Forst 1997.

Klaus Wittstadt (Hg.), Julius Kardinal Döpfner. 26. August 1913 bis 24. Juli 1976, Würzburg 1996.

Hans F. Zacher, Vom Lebenswert der Bayerischen Verfassung, in: Andreas Kraus (Hg.), Land und Reich, Stamm und Nation. Probleme und Perspektiven bayerischer Geschichte. Festgabe für Max Spindler zum 90. Geburtstag, Bd. 3: Vom Vormärz bis zur Gegenwart, München 1984, S. 485–530.

Bernhard Zittel, Alois Hundhammer (1900–1974), in: Jürgen Aretz u. a. (Hg.), Zeitgeschichte in Lebensbildern. Aus dem deutschen Katholizismus des 19. und 20. Jahrhunderts, Bd. 5, Mainz 1982, S. 253–265.

Wolfgang Zorn, Bayerns Gewerbe, Handel und Verkehr (1806–1970), in: Handbuch der bayerischen Geschichte, begr. v. Max Spindler, hg. von Andreas Kraus, Bd. 4: Das neue Bayern 1800–1970, Teilbd. 2, München 1979, S. 782–845.

Ders., Die Sozialentwicklung der nichtagrarischen Welt (1806–1970), in: Handbuch der bayerischen Geschichte, begr. v. Max Spindler, hg. von Andreas Kraus, Bd. 4: Das neue Bayern 1800–1970, Teilbd. 2, München 1979, S. 846–882.

Ders., Bayern unter der Regierung Goppel 1962–1978. Erste Skizze zu einem Kapitel neuester bayerischer Zeitgeschichte, in: Andreas Kraus (Hg.), Land und Reich, Stamm und Nation. Probleme und Perspektiven bayerischer Geschichte. Festgabe für Max Spindler zum 90. Geburtstag, Bd. 3: Vom Vormärz bis zur Gegenwart, München 1984, S. 531–545.

Ders., Bayerns Geschichte im 20. Jahrhundert. Von der Monarchie zum Bundesland, München 1986.

Register

215

218